山西 文坛十张
脸谱

陈为人 ◎ 著

山西出版传媒集团
山西人民出版社

图书在版编目（CIP）数据

山西文坛十张脸谱／陈为人著．—太原：山西人民出版社，2012.7
ISBN 978-7-203-07748-0

Ⅰ.①山… Ⅱ.①陈… Ⅲ.①地方文学史-研究-山西省-当代②作家-评传-中国-现代
Ⅳ.① I 209.925②K 825.6

中国版本图书馆 CIP 数据核字（2012）第 134032 号

山西文坛十张脸谱

著　　者：	陈为人
责任编辑：	吕绘元
特约编辑：	陈　洋
装帧设计：	张永文

出　版　者：	山西出版传媒集团·山西人民出版社
地　　　址：	太原市建设南路 21 号
邮　　　编：	030012
发行营销：	0351-4922220　4955996　4956039
	0351-4922127（传真）　4956038（邮购）
E-mail：	sxskcb@163.com　发行部
	sxskcb@126.com　总编室
网　　　址：	www.sxskcb.com
经　销　者：	山西出版传媒集团·山西人民出版社
承　印　者：	山西出版传媒集团·山西新华印业有限公司
开　　本：	787mm×1096mm　1/16
印　　张：	20
字　　数：	310 千字
印　　数：	1-5 000 册
版　　次：	2012 年 6 月第 1 版
印　　次：	2012 年 7 月第 1 次印刷
书　　号：	ISBN 978-7-203-07748-0
定　　价：	36.00 元

如有印装质量问题请与本社联系调换

《山西文坛十张脸谱》序

—丁 东

以回忆唐达成的长篇散文为发端,为人兄进入作家传记写作,一晃已有十年。十年来,他坚持鸡鸣即起,笔耕不辍,已经完成了十余部沉甸甸的书稿。国内许多期刊选登其中的段落,颇受读者的青睐;《唐达成文坛风雨五十年》在海外付梓,得到行家的激赏。但在内地出书一直不顺。直到2011年入夏,局面顿开,先是《插错搭子的一张牌》和《马烽无刺》两书在广东和北京的出版社分别面世,接着又有两部书稿签约,将在近期出版,他的十部作家传记的精华又结集为《山西文坛的十张脸谱》,由山西人民出版社隆重推出。像是一个辛勤的老农,终于迎来了丰收的季节。

我推崇陈为人的作家传记,并不仅仅因为他是老朋友,我亲眼目睹他在这条路上艰苦跋涉,一路走来。更因为我的兴趣,一直关注国内的史传写作和当代文学研究。在这两个领域横向比较,陈为人都可称独树一帜的高手。尤其与时下的中国当代文学研究相比,他就更显棋高一着。从本书评说的十位作家,不难看出他的鲜明特色:

其一是他审视作家的重点在人本而不在文本。他关注的重点是作家的人格、命运、操守、个性,是作家所处的政治环境、生存状态和人际关系,是作品背后的故事,而不是阐释作品本身,更不是用学院派的方法,依据某种理论概念对作品进行分析和归纳。这样写作家,关心当代文学的人们可以看,不关心文学的读者也可以看,从中得到知人论世的乐趣。因为作家也是人,也和我们在同一时代背景中生活,他们的喜怒哀乐、成败得失和我们相通。读他们的人生,也是读我们自己的人生。

其二,本书讲述的十位作家,除了赵树理去世较早,其他都是作者的熟人、师长、朋友、同事。他写这些人,有直观的感受,有他与对象的直接沟通和互动。写熟人,但他不是一味溢美,而是力求把握真实的分寸。古人曰:"誉人不增其美,毁人不溢其恶。"其实做起来很不容易。赵树理、马烽、孙谦、胡正、钟道新等人已经去世,生后对他们言说还好办一些。其他几位李国涛、田东照、周宗奇、韩石山、潞潞都健在,写他们如同近距离的灵魂搏斗,难度之大可想而知。虽然不能说每一次搏斗都能达到灵魂毕现,但毕竟有的篇什达到了这种深度。

其三,他走进作家心灵的途径,主要不是通过已有的出版物、印刷品,而是采用口述史学的方法,尽可能采访作家本人和知情人。口述采访的重要性不仅在于增加传记的生动性,更重要的是,本身就是独家的新鲜史料,大大提升了传记的史学价值。这种研究文学家和文学史的路径选择,当然不是陈为人的独创,在他前后,李辉、陈徒手、徐庆全等学者都有成功的实践。李辉、徐庆全研究当代文坛的著作经常被其他文学研究者所引用,我相信陈为人的传记也有这种价值。

与这几位学者相比,陈为人还有自己的独特之处,就是他有担任作协官员的经历。陈徒手在中国作协创联部工作过几年,成为他研究作家命运的心理动力,但他没有当过负责人。陈为人却当过一任山西省作协秘书长。这是一个处于省级作协机关权力枢纽的位置。这使他对文坛的官场游戏规则、文艺体制的微妙和人际关系的复杂,有更直观的感受,几多苦闷、几多踌躇、几多无奈、几多虚荣,是酸、是甜、是苦、是辣,他都见识过,品尝过。更多的文坛官员,沉浸在其中,陶醉在其中,自得其乐,久而久之,本身也成了官场文化的一部分。而陈为人志不在此。他从官场退休以后,同时在精神上跳将出来。他以人类古今中外的文明为参照,上下五千年,纵横八万里,反思自己的经历和周围的世象,透视当代中国文学和权力之间五光十色的冲突和纠结,这就使他笔下的作家有了一种厚重的命运感。经历给予他的这种优势也算得天独厚。

为人兄已逾花甲之年,笔底势头正健,虽非老骥伏枥,但是志在千里。我相信,他一定会写出分量更重的大作。

2011 年冬　于北京

当代中国作家的宿命
——读陈为人系列有感

—赵 瑜

陈为人先生以十几位当代作家为主体,写出多部纪实文学作品,构成独特系列,给今日中国非虚构文坛增添了分量。

陈为人所著长篇纪实《唐达成文坛风雨五十年》,动笔于 2002 年,出版于 2005 年,这是陈氏系列的首部作品,一经发表即引发文坛关注,获得好评。此后十载光阴无间断,陈为人先后创作和发表了有关赵树理、马烽、胡正、孙谦、李国涛、田东照、周宗奇、韩石山、钟道新、潞潞等作家与诗人的纪实评传。尚有焦祖尧、张石山以及我本人的几部新著,也在续写和修订中。总体上相加,这个系列已经超过二百五十万字,影响越来越大,各方面评价较高,同时伴以多种争议之声,当然也可以听到少量反对意见。

究竟怎样看待陈为人先生系列作品的得失,作品的认识价值在哪里,成为一个令人深思的问题。由于作品所描述的传主都是当代作家,这些作家多为广大读者所熟悉,于是,如何评价陈为人系列这件事,就不容我们轻视和回避。

从品读《唐达成文坛风雨五十年》开始,我陆续阅览了大部分陈著,或长或短,内容相当丰厚,若要全面评价这批作品,依我的智力很难论述得当,需要大家做出专门研究。我只能如实讲述自己的几点想法,参与同仁讨论。

一

我首先想到:陈为人先生笔下这批作家,全部是同一个机关,或称同一个单位的人。这个单位在 1986 年之前，称为"中国作家协会山西分会"，后来改称"山西省作家协会"。陈为人笔下诸位作家，清一色"中国作家协会会员"。唐达成先生曾任"总会"领导，他当然也是这个庞大系统的重要成员。

这批作家具备了同一法定机构从业者的共同特色。这个机构，则是中国政治体制下的一大产物。我们身在多年来恒定不变的作协系统内，或属事业人马，或是公务员编制，专业从事文学艺术的编辑和创作。这批人自赵树理先生始，在长达六十多年的漫漫岁月里，生生死死延续至今，内中赵树理、唐达成、马烽、胡正、钟道新等人已经去世，剩下各位传主，都在六旬以上、古稀左右，我和潞潞最小，也过了五十六岁了。

长期以来，这个系统级别分明。中国作协为正部级，各省市作协多为厅局级。为官从政色彩浓厚，大伙还要领取不同级差的工资，享受着公有制国家干部的相关待遇。只不过此类单位普遍权微势弱，经济状况欠佳，时下已被人们戏称为"清水衙门"罢了。

二

早在 1949 年 7 月，天安门广场尚未奏响《义勇军进行曲》，全国第一次文代会就先行召开了。来自解放区和国统区的革命文艺代表，云集北平。首先参加中共"七一"纪念大会，经受鲜红的政治化洗礼，然后于 7 月 2 日隆重举行开幕式，朱德出席大会致辞。7 月 6 日，周恩来做政治报告，毛泽东亲临大会接见全体代表同时发表讲话。规格之高，六十多年沿承不变。

这次大会，不仅继承了毛泽东《在延安文艺座谈会上的讲话》精神，确立了革命文艺的政治路线，而且一统全国杂牌旧制，完成了国家文艺体制的组织化建设，全国文联和"中华文协"宣告成立。完全效法前苏联文艺统治体系，把文学艺术一举封闭起来进行管理。到 1953 年 10 月，"文协"转化为中国作家协会，从文联分离出来，进一步独立而成正部级行政单位，与文联平行。因而"作代会"比文联代表大会少了一届。作协独立，由中宣部直接领导，反映了中国革命的文学生产关系的形成。

中国传统读书人和"五四"以来知识分子所共同积淀的优良品质，从此经历了一场严酷改造。作家们经过多次"洗澡"再加深度"洗脑"，迅速脱胎换骨。有学者认为："五四"以来，中国作家在追求文学现代化的道路上，注重传统批判，同时注重向世界优秀文学展开广泛的学习与借鉴,已经取得了充盈、鲜活的新经验和大成果,如此难能可贵的创作实践,却在后来者身上中断,未能得到时代应有的尊重,更谈不上继承与发展。是的,我们漠忘和中断了"五四"前辈作家的艰辛探索。想一想,鲁迅先生对于"吃人"历史的洞见,郭沫若对充满自由个性的"天狗"形象的呼唤,郁达夫对古代"三不朽"人生价值的否定,巴老曹对专制主义的长期控诉,施蛰存以人性主题对古代文学道德主题的颠覆,张爱玲对常态的人性弱点的细腻剖析,穆旦对所谓文明极其不满的揭示等等,这些优秀的成果、可贵的探索,在1949年以后被切断,被斥为背离红色革命的文学乃至反动的文学。

三

作协体制确立以后,我们说话写文章,被规范了一个全新的模式,千百年间曾经的文学个体自主方式被归结为同一政治体系,任何作品只能诠释同一种思想。作家们被有力地管辖起来,共同遵循着列宁和毛泽东为无产阶级革命文学所确定的党性原则。作家们置身全国一元化体制内,不越雷池半步。在已经被"准入"的作家之间,相互关系极其险恶,唯有斗争不息才是保全自身和上升求荣的出路。先灭胡风集团,继打右派分子,直至"横扫一切牛鬼蛇神"的暴烈大革命。于是我想说:陈为人先生所撰写的作家人生系列,大致上贯穿着一条反抗、叛逆的主线和一条妥协、求荣的主线,两条主线在陈著系列中拧为一股,构成繁杂悲痛的情景剧,让人惊悚不已。

今日的年轻朋友自会坚持说:我写我的,我老老实实写我的发现和思考,我忠实于生活,我不斗争不求荣,还不行吗?问得好。这个坚守很深刻,而历史的恐怖更深刻。看一看陈为人作品即知,赵树理老实不老实?他忠于自己的发现与思考,忠于太行山区的现实生活,却根本活不下去。他在体制内曾经无上荣光,最后终被极"左"势力活活打死。陈为人先生所揭示的悲剧意义,就在于告诉后人:无数个像赵树理这样忠于生活并坚守党性的优秀作家,无法安度人生,无路可以通行。

通读陈著系列,我时常联想到李洁非先生对于此事的思考。李先生曾经发表文章指出:几十年来,作协系统对于当代作家客观上构成一具"范型",用以禁锢作家们的自主写作,最终扭曲了中国作家群体的全部行为与人生轨迹。把作协系统比作制约文学创作的"范型",真是妙极。这使我忆起了去年的上海世博会——中国馆正中央的核心展品是什么?正是从山西挖掘出土的一套古代青铜器"模范"工具,而不是世界公认的精美青铜器产品。道理很简单:没有高级范具,怎会有青铜器成品呢?如果说青铜器价值连城,这套"范型"模具岂不更有代表意义更令人叹服更可以敬畏吗?

　　李洁非先生揭示这一"范型"的历史作用并加以阐述:"无论作家还是他写出来的作品,事实上并不是初始的东西。早在创作发生之前,甚至还根本没有进入具体作品的创作之前,已经有一些必须依循的观念、原则和规范先于创作、先于作家而存在。"年纪大一些的作家,都不乏深刻体会,"它们或远或近、或抽象或具体,构成了文学的生产标准。而作协则是文学生产标准执行中的监督者,或者说,是使文学能够依照标准生产的管理者。在文学体制比较完整的时代,没有哪个文学生产者不是事先根据这些标准来写作,也没有哪个文学产品可以逾出标准之外而出品!"

　　对此,我在想,半个多世纪以来的中国文学的确是一个封闭体系,封闭的标准,封闭的理论,封闭起来的创作实践。知识分子作家的话语立场以及话语方式,终被特有的历史语境所改造。危害直至今天——中国文学不仅落后于世界先进文学,而且落后于本国文化的演进和发展。大量作品难以从其他进步的文化体系中获得支撑与渗透,中国文学失去了先进的魂魄,我们的文学与其他社会学科失去了逻辑上的依存关系。无数中青年作家满足于自说自话,思想空洞,远离现实,极大地削减了文学作品应有的力量,直至放弃崇高,丧失理性,构成狭隘而又落后的所谓圈子。

四

　　李洁非等一批学人用学术文章表达批判与思考,陈为人以形象塑造揭示这场悲剧。记得陈为人写唐达成,有这样一件事:在1957年的"鸣放"中,唐达成以唐挚笔名,发表《烦琐公式可以指导创作吗?——与周扬同志商榷几个关于创造英雄人物的论点》一文。这在今日看来,写英雄人物当然不需要任何公式,甚至连"商榷"都不必要。但在当时,人们却吃惊的不得了。邵燕祥认为唐挚"真正是初生牛犊不怕虎",唐文敢于声张"不能用条条框框、庸俗社会学来指导创作,这在当时确实是振聋发聩之论",需要巨大勇气。此文此议何至于此呢？其原因不仅在于唐文的内容和观点,更在于青年唐挚斗胆商榷的对象,是整个中国文艺总管。而周扬的观点,几乎就是毛泽东的观点,因而周扬有着"文化沙皇"的别称。于是,唐文一发,马上有蒋和森等人对唐说："你胆子够大,敢在太岁头上动土,老虎嘴里拔牙。"人们无不认为,青年唐挚所面对的,是一座圣坛上的庞然大物,不可动摇,而唐却不计利害。陈为人形容唐挚"像堂吉诃德一般,挺着投枪冲了上去"。

因之唐达成戴上了沉重的"右派"帽子,付出了二十余年屈辱管制的代价,全家遣送山西太钢改造。唐常常和比他更年轻的陈为人在一起,私下里讲一些无奈的话语。唐痛苦地对陈说："往前走还是往回返？这是一个走在路上常常思索的问题。领跑者往往是吃力不讨好的事情。它包含了启蒙中冒险的全部内容。承担风险,付出代价,说不好还落个爱出风头的褒贬。跟着跑,倒可能是一种智者的策略。"

作家协会系统,在"文化大革命"的血雨腥风中被无情摧垮,连周扬先生也进了秦城监狱。"文革"之后系统恢复,唐达成回京并走上中国作协领导岗位,可叹文艺春天的复来,并不能从根本上改变该系统管制与被管制的悲苦实质。令人深思的是:唐达成告别了昔日唐挚,反过来维护了旧有体制。他的坚守底线在于不做坏人,力图做个好人,而远离了知识分子应有的批判立场。倘若有人还在思考什么批判什么,他还将遵照上面的旨意,调转枪口对批判者展开批判。他撰写《批〈苦恋〉的错误倾向》一文,便是其例。毫无疑问,中年以后的唐达成抗不过体制的力量。他重新创造了一个笔名,叫做"魏平",就是遵命不抗,"为评而评"之意。我们不难想象曾经叫做"唐挚"的那位著名评论家内心的痛楚。

熟悉他的人也跟着痛苦起来。丁玲秘书张凤珠女士感慨道："二十年后相见,我在达成身上,简直看不出一点当年唐挚的影子。"陈丹晨先生同样感慨万千："难以想象,我简直无法想象面前的达成,怎会写出当年唐挚那样锋芒毕露的文章。"古鉴兹先生对比唐的前后二十多年说："一个叛逆者的形象毁灭了,活生生毁了,完全让没完没了的政治运动毁了。唐挚是唐达成后来这样吗？"李子云女士则直率表述："我不知道唐达成,我只知道唐挚。"

唐达成忍痛对陈为人宣布："唐挚已经死了。"

陈为人先生的当代作家系列纪实,史实详尽,案例繁多,诉说了丰富内容,而我认为,"从唐挚到唐达成"这一转变,是其核心内容,也是最值得我们品读与思考的一部分。也许《唐达成文坛风雨五十年》,是陈为人系列作品中最具代表性的一部吧。

五

重新认识中国当代文学体制历史,在这一背景下研读陈为人先生笔下"同一系统"诸多作家,我们就会看出更多的"趣味"来。陈为人先生以一己之力,十多年风雨兼程,完成着和正在完成着中国文坛真面目的人物画卷,很不容易。

当我们从陈为人笔下把这群文学人物的种种面貌看到真切时,也就看穿了六十多年中国文学历史的重要面貌。陈著在手,我想起了陆游诗句:夜阑卧听风吹雨,铁马冰河入梦来。

而今,我们置身其中的作协系统依然存在,这是一个事实,也是一代中国作家无可逃避的宿命。甚至可以说,这个系统就结构配备而言,比过去任何时候还要完整,更显发达。但另一个事实是:这个系统的权势越来越弱,其文学版图的边界越来越小,在所谓发达表相下,本系统实则衰微下来,日趋边缘,版图之外的各方异军正在崛起。更重要的是,许多作家、诗人、评论家的独立意识和自主精神,正在上升。封闭的系统不可不放开。改革开放三十年,最主要的一条,就是冲击着和改变着各行各业衙门化。当然,改革开放所面对的最大负面力量,仍在于此,今天乃至今后中国,政治体制改革的焦点仍在于此。

2012 年春节于晋

目 录 Contents

◆ — 引　言　　　　　　　　　　　　　　　　　　　　　　001

◆ — 005 壹
斗争正未有穷期——赵树理悲剧命运的"百慕大"
1. 作品中一个不经意的细节，昭示了作家一生的命运　　　006
2. "旗手"遭遇"方向"问题　　　　　　　　　　　　　　008
3. "批评与自我批评"有着丰富的时代内涵以及难以言说的历史外延　014
4. 迂腐的文化人尝到了政治家"上纲上线"的滋味　　　　020
5. 1959年冬天，赵树理命运的拐点　　　　　　　　　　025
6. 乍暖还寒的"小阳春"　　　　　　　　　　　　　　　030
7. 赵树理在批斗会上的"黑色幽默"　　　　　　　　　　033
8. 插错"搭子"的一张牌　　　　　　　　　　　　　　　043
9. 卡夫卡小说《判决》的中国版本　　　　　　　　　　　050

◆ — 057 贰
从丁玲展开的马烽人生——回眸中国文坛的一个视角
1. 马烽人生的第一次政治危机　　　　　　　　　　　　058
2. 欲说当年好困惑　　　　　　　　　　　　　　　　　062
3. 马烽说，怀疑归怀疑，你是党员，必须站在党的立场　065
4. 马烽两次看望丁玲的心理内容　　　　　　　　　　　070
5. "板块"冲撞挤压中的马烽　　　　　　　　　　　　　074
6. 丁玲身后的余波，对马烽"涛声依旧"　　　　　　　　082

◆ — 085 叁
一道永恒风景线——胡正对"山药蛋派"的超越
1. 谁见过这样的正厅级一把手　　　　　　　　　　　　086

 2. 胡正说：我们是提一个主编，又不是树道德楷模　　089

 3. 你是不是他们自由化的总后台？　　093

 4. 小荷初露尖尖角　　096

 5. 胡正悲剧意识的觉醒　　100

 6. 让人间充满温情　　104

 7. 一道永恒的风景线　　113

◆── 121 **肆**

虎头山拜谒孙谦墓——遗失信仰的悼祭

 1. 郭沫若墓前的失之不恭　　122

 2. 叶落归根与《言大必空》　　126

 3. 孙谦与大寨、与陈永贵的不解情缘　　131

 4. 对孙谦生命具有重要意义的紫团洞　　135

 5. 生前友好身后伴　　138

 6. 跪拜是发自肺腑的敬仰　　142

◆── 145 **伍**

夜半钟声到客船——李国涛先生印象记

 1. 停泊在枫桥边　　146

 2. 破书与断砚　　147

 3. 吃对虾品出的滋味　　150

 4. 世味如茶，杯中已空　　151

 5. 成一身后的身影　　153

 6. 钟道新说：李国涛那双眼睛很"毒"　　155

 7. 汪曾祺请李国涛写序　　157

 8. 马烽与李国涛的情义　　158

 9. 从评论家到小说家　　159

 10. 无情的文学史名单尚可添几人　　160

 11. 为李国涛"正名"　　161

◆── 163 **陆**

命在右，运在左——田东照官场文坛双轨迹

 1. 从姓名引出的命运话题　　164

2. "聚长"演变为"东照"的心理潜意识　　　　　　　　　　166
3. 有心栽花花不开,无意插柳柳成荫　　　　　　　　　　168
4. 若为创作故,二者皆可抛　　　　　　　　　　　　　　171
5. 一个五彩缤纷的梦:谁持彩练当空舞　　　　　　　　　174
6. 转折点回望"盘山路"　　　　　　　　　　　　　　　176
7. 田东照打造的"官场系列"　　　　　　　　　　　　　179
8. "三朝不遇"的故事新编　　　　　　　　　　　　　　182
9. 对人生命运的泛宗教解读　　　　　　　　　　　　　183
10. 田东照的"望尽天涯路"　　　　　　　　　　　　　187
11. 一个令人深思的结尾　　　　　　　　　　　　　　　191

◆ 193 柒
人天生是政治的动物——周宗奇叛逆性格写真
1. "政治"一词引出的文人话题　　　　　　　　　　　　194
2. "接班人之歌"的序曲部分　　　　　　　　　　　　　195
3. 马烽与周宗奇共同演绎了"伯乐相马"的故事新编　　　197
4. "生瓜蛋"是否是个贬词?　　　　　　　　　　　　　199
5. 西戎怎么变成了"西戒"　　　　　　　　　　　　　　201
6. "犯上"成性　　　　　　　　　　　　　　　　　　　203
7. 脑后的"反骨"是遗传还是后天生成　　　　　　　　　205
8. 政治是只"九头鸟"　　　　　　　　　　　　　　　　207
9. 写作,成为精神的支撑,成为生命的一部分　　　　　　211
10. 周宗奇笔下的杨深秀:写人物其实是在写自己　　　　212
11. 世上多见《阴阳魂》　　　　　　　　　　　　　　　215
12. 为雍正皇帝定位的当代语境　　　　　　　　　　　　219

◆ 223 捌
恶人韩石山—— 一种文学现象的剖析
1. 韩石山说:我就是个恶人,你不用加引号　　　　　　　224
2. 一个偷祭器者的自供　　　　　　　　　　　　　　　226
3. 韩石山拿谢冕初试"韩刀"　　　　　　　　　　　　　230
4. 韩石山顽强地要发出"自己的声音"　　　　　　　　　233
5. 韩石山的"千古绝唱"　　　　　　　　　　　　　　　235

003

6. "战罢玉龙三百万","残鳞败甲满天飞" 239
7. 韩石山的"寻根"文学 242
8. 韩石山心灵深处永久的创伤 245
9. 张石山说,韩石山吓的,见了南华门的狗都要作揖 249
10. 韩石山"孤傲人生"的背后 251

◆ 259 玖
何不潇洒走一回——钟道新的智者人生

1. 科技神笔凭空折 260
2. 蜗牛,背负着生命的沉重 262
3. 钟道新说,本人现在什么都不缺,就缺高兴 264
4. 钟道新说,不是金子就能闪光 265
5. 海市蜃楼也是现实中某一场景的折光反射 266
6. 钟道新理解的《应帝王》 270
7. 文化哲学意义上的"假晶现象" 273
8. 人生选择的智慧和困惑 276
9. 小船也曾有过舵 278
10. 杯中本是烧心物,借酒浇愁愁更愁 279
11. 生命的记忆如硬刺插入生存的现实 281
12. 海德格尔哲学的深刻之处 286
13. 钟道新处理家庭关系的智慧 287
14. 一个智者的思想,盖棺未必能论定 291

◆ 293 拾
孤独的行走——诗人潞潞印象记

1. 潞潞拒绝合唱 294
2. 单数复数中的意识形态 296
3. "自我"的迷失,是因为在寻找"自我" 298
4. "灵魂出窍"和"超越生命" 302
5. 孤独的灵魂之旅 306

引 言

自2004年完成《唐达成文坛风雨五十年》一书之后,我开始把目光投向"晋军人物"系列。我认为,山西文坛对共和国文学史而言,具有非常典型之意义。山西作为老延安们的根据地,自始至终实践了一种文学体制。从建国初始在"讲话"照耀下成长起来的"山药蛋派",到新时期的"晋军崛起",无不蕴涵着深刻的社会文学潜意识。解剖一个麻雀,可以窥一斑以见全豹,看清整个体制的肌理。

近些年来,不断有人发出"重写文学史"的呼唤,当代文学史已让主流话语的"春秋笔法"搞得支离破碎面目全非。每个人只能根据自己的生存环境认识当代史、当代文学史。山西文坛是我三十年生命体验的地方,是我熟悉的一块资源。我无法忘怀也无法轻言放弃。

文学史无疑是由文学家构成。正是一个个具有鲜明个性特点的文学家的文学活动,才构成一部鲜活的文学史。

撰写人物传记,似乎已形成一个固定模式,经常听到这样的指教:你撰写的人物格局不够大,人物不够典型。

我们已经习惯了那种大人物大事件的"宏大叙事",崇尚"春秋笔法",认为芸芸众生的生存状况何足挂齿。这一正统主流史学观,早就引起胡适的质疑。他在1930年写的《上海小志序》中说:"贤者识其大者,不贤者识其小者",提出"大"与"小"的历史辩证关系。随着时代的变迁,那些朝代的兴替、君主的废立、革命的道义等等都在我们的眼中小化,而《史记》中偶然提到的一笔"奴婢与牛马同栏"或"蹠利屣",这些闲笔却引起我们极大的兴趣。管中窥豹,从中我们了解到诸如汉代奴隶如何生活,妇女缠足由何而起等有关一个时代生存状况的问题。这种有关人类生命进程,一个时代的文明性质的问题,才是人类文化史上有重大意义的史料。这可否算是"小中见大"的另一层含义?

别林斯基在评述到巴尔扎克《欧也妮·葛朗台》中欧也妮为给她表哥咖啡中加一小勺糖所经历的心理斗争时说,欧也妮此时下决心的勇气并不弱于拿破仑越过阿尔卑斯山时的决心,小人物也有一颗七巧灵珑之心。一滴水可见太阳,一个人的生存状态是诸多复杂人际关系的总和。真实地写出一个人的生存状况,也就写出了他赖以生存的全部复杂时代背景和社会风貌。而正是在这一点上,也许将来的史学家还得靠那些"识小"的不贤者们所记录下的小人物身上,去寻找已经逝去的时代的特征。

在中国这样的特定语境中,作家的想象力可以说是苍白的。只有你想象力难以企及的真实,而绝无超越真实的想象。那些富于想象力的小说家们,过分自信自己能够构造出一个高于生活的"艺术真实",然而他忽略了一个基本事实:历史进程的方向,从来不会以任何天才的精心构想而转轨,它是以无数人的聪明才智(这是一种争夺生存空间而由本能所激发出来的能量),无数用力方向,相辅相成,抵触消解,阴错阳差,最后由合力所综合形成的一个生存真实。它不是任何个人的"一厢情愿",这个"真实"到最后一刻仍充满变数,仍使任何天才始料不及,大跌眼镜。正是在这一前提下,我们借助于纪实手段所发掘出来的,不是个人而是整个集权社会的深层潜意识。我想,大概这也正是写出"真实"的价值所在。写出了某种社会形态下一个人的"真实",也就写出了这个"真实"的人赖以发生并生存的所有环境因素和人为因素。"人是社会关系的总和",这大概也正是写出一个小人物的意义所在。

与着意于历史中杰出人物和惊心动魄的事件研究的传统史学观不同,现代人的史学观越来越注重普通人的日常习俗和由生存环境形成的社会集体潜意识。认为这才是历史中最重要、最持久的因素。小人物的日常生活成为研究历史的珍贵史料,都在现代人的观念中获得意义。我想,小人物的"日常生活"大概终有一天会由"稗史"成为"正史"。这种转变,是历史观的重大变化。

正是基于上述观点,我写了一个个晋军"个案",我想通过这些在同一体制同一生存环境下,极具个性特色的生旦净末丑的脸谱,为将来文学史的撰写留一份原始资料。

令我始料不及的是,原本以为"寂寞开无主"、"弦断有谁听"的写作,却得到了诸多报纸刊物的错爱,《中国作家》、《人物》、《新文学史料》、《良友》丛书、《闲话》丛书、《温故》、《老照片》、《读书文摘》、《读者文摘》、《文学报》、香港《文汇报》等,或连载,或选载,《人物》杂志甚至于2010年第二期开始辟出"山西作家人物系列"专栏。文章发表后,得到了文坛诸多专家学者的赞许和好评。

现我在这一系列的赵树理、马烽、胡正、孙谦、李国涛、田东照、周宗奇、韩石山、钟道新、潞潞等十位山西作家评传中,精选其核心章节构成《山西文坛十张脸谱》一书。

斗争正未有穷期

——赵树理悲剧命运的"百慕大"

斗争正未有穷期

——赵树理悲剧命运的"百慕大"

1. 作品中一个不经意的细节,昭示了作家一生的命运

谢泳在《百年中国文学中的"赵树理悲剧"——从〈小二黑结婚〉的一个细节说起》一文中,揭示了一个十分深刻的现象:

> 就赵树理本人的命运观察"赵树理悲剧",可以发现,在赵树理的成名小说《小二黑结婚》中,事实上隐含了作家本人的命运,但作家在叙述当时生活场景时,对于自己笔下的这个生活现象并没有察觉。……他以"大团圆"结局形式完成了这个反抗旧婚姻制度的故事。赵树理的思考停止在这个层面上,这是启蒙者的局限。一般说来,启蒙运动追求的理想目标主要是平等、公正、自由、人权、民主、解放、发展、进步等,但这些目标中,人权应当是最重要的价值。赵树理没有自觉意识到,他在这篇小说中偶然提及的一个细节,在以后的历史中会发展成为一种远比旧式婚姻制度更为有害的侵犯人权的基本形式,这就是"斗争会"。

《小二黑结婚》的第六节,赵树理命名的小标题就叫"斗争会":

> 金旺自从碰了小芹的钉子以后,每日怀恨,总想设法报一报仇。有一次武委会训练村干部,恰巧小二黑发疟疾没有去。训练完毕之后,金旺就向兴旺说:"小二黑是装病,其实是被小芹勾引住了,可以斗争他

一顿。"兴旺就是武委会主任,从前也碰过小芹一回钉子,自然十分赞成金旺的意见,并且又叫金旺回去和自己的老婆说一下,发动妇救会也斗争小芹一番。金旺老婆现任妇救会主席,因为金旺好到小芹那里去,早就恨得小芹了不得。现在金旺回去跟她说要斗争小芹,这才是巴不得的机会,丢下活计,马上就去布置。第二天,村里开了两个斗争会,一个是武委会斗争小二黑,一个是妇救会斗争小芹。

无独有偶,尤为具有深长意味的是,作为小二黑、小芹对立面的兴旺、金旺兄弟,当否定了他们迫害小二黑、小芹的"斗争会"后,"以其人之道还治其人之身",他们面临的同样也是"斗争会"的命运:"午饭后,庙里开了一个群众大会,村长报告了开会宗旨,就请大家举报他两个人的作恶事实。"

赵树理在对这些斗争会做描述时,没做任何解释和说明,一切似乎顺理成章地如行云流水水到渠成。农民对"斗争会"的形式不但认同,也非常熟悉这种斗争形式,而这种形式在赵树理眼里也是天经地义的。

正是这种群众运动的方式构成了中国社会以后侵犯人权的基本形式。

对"斗争会"场面的描述,在共和国作家的作品里屡见不鲜比比皆是。丁玲的《太阳照在桑干河上》,周立波的《暴风骤雨》,柳青的《创业史》,浩然的《艳阳天》、《金光大道》等等。在作家笔下这一现象频率极高地反复出现验证着一个事实:从1942年延安整风发生后,在中国共产党控制的区域内,这种形式事实上已经司空见惯非常普遍。李维汉回忆了延安抢救运动,他曾主持过一个"斗争会",他对此的评价是:"场内群情激奋,如果有人提议处以死刑,也是一定会得到拥护通过的。"

法国古斯塔夫·勒邦所著:《乌合之众——大众心理研究》一书对此做出这样的分析:参与社会革命事件中的群众,感情无论善恶,皆夸张率真、冲动易变、缺少理智,更多受生物本能影响,有如原始人,易被煽动鼓舞。

1960年代赵树理接见文艺演出团

当情感的磁场在人群中迅疾传染蔓延积累到一定的量时，人非常容易流于暴戾。此时若稍加暗示或鼓动甚而导致犯罪，群众还自以为是高尚之举。而行动中的个人于对象并无明确的恩怨仇愤，在无意识状态下作恶犯罪，形成一股极为疯狂可怕的力量。心理学家荣格称为"兽性的上层建筑"。

毛泽东可说是发动、操控这种群众运动的大手笔。"共产党的哲学就是斗争的哲学"；"八亿人民，不斗行吗"；"与天奋斗其乐无穷，与地奋斗其乐无穷，与人奋斗其乐无穷"……于是，人类的历史就被解读为一部阶级斗争史。"一些阶级胜利了，一些阶级消灭了。这就是历史，这就是几千年的文明史"，推动历史前进的杠杆成为阶级斗争，"斗则进，不斗则退。"

谢泳说："赵树理悲剧的深刻意义就在于，当他在平静中叙述解放区日常生活里'斗争会'这种普遍存在的现象时，没有任何警觉，这种把'斗争会'形式自觉合理化的潜意识行为中，表达了作家自己对这种现象的正面评价，但它在事实上却隐含了作家自己的悲剧命运。启蒙者在启蒙的时候，对自己命运中的悲剧因素没有产生警觉，自己的悲剧命运也就不可避免了。"

作为生活在毛泽东时代的作家赵树理，命运之荒诞诡谲也就宿命般地落入这无休无止无边无际无可奈何无所适从的斗争会的"百慕大"魔魇之中。

2. "旗手"遭遇"方向"问题

1947年7月25日至8月10日，晋冀鲁豫边区文联召开文艺座谈会。8月10日大会闭幕的那天，《人民日报》上刊登了晋冀鲁豫边区文联副理事长陈荒煤根据座谈会上发言整理的《向赵树理方向迈进》一文。就此，确立了赵树理自《延安文艺座谈会上的讲话》发表以来的"旗手"地位。在中国百年文学发展中，只有鲁迅和赵树理这两位作家，被一种意识形态所高度认同。鲁迅和赵树理都被作为中国作家学习的"方向"提出。

小说家史铁生在《好运设计》一文中，说了这样一句富有哲学意味的话："阴影最初是这样露头的：你能在一场如此称心、如此顺利、如此圆满的爱情和婚姻中饱尝幸福吗？"

"赵树理方向"与"《讲话》精神"的结缘，"蜜月"短暂得如同夏夜里的闪电。

当1947年晋冀鲁豫边区文艺座谈会上提出"向赵树理方向迈进"的时候,赵树理已经面临着"如何正确掌握革命大方向"的困惑。

1947年,共和国历史上一场轰轰烈烈的土改运动开始了。在粉碎了国民党蒋介石的"全面进攻"和"重点进攻"之后,中国人民解放军展开了全面的军事大反攻。为了配合这一飞速发展的形势,1947年10月10日,不知是巧合还是刻意,就在国民党的双十节,中共中央公布了《中国土地法大纲》。与"收拾金瓯一片"相配合的,自然是"分田分地真忙"。当时的口号是"前方打老蒋,后方挖蒋根"。这是彻底铲除国民党统治根基的一场深刻社会变革。实现"耕者有其田"的土地制度,极大地调动了释放了解放区一亿农民中蕴藏的积极性,在解放区出现了如火如荼的"母亲送儿""妻子送郎"上战场的场面。有几位亲身参加了这场土改运动的外国友人说,新发布的《中国土地法大纲》在1946年至1950年的中国内战时期的作用,恰如林肯的《黑奴解放宣言》在1861年至1865年美国南北战争期间的作用。

这是一次向私有制宣战的尝试,这是一场剥夺与反剥夺的搏杀,其惨烈程度复杂程度都是不言而喻的。赵树理根据自己参加土改的亲身体验,写出了中篇小说《邪不压正》。

在小说中,赵树理对一次"布置斗争会"的场面,做了如下描述:

> 晚饭后,还是这四十来个人,开了布置斗争会。元孩是政治主任,大家推他当了主席。元孩说:"区上的会大家都参加过了,那个会决定叫咱们回来挤封建,帮助没有翻透身的人继续翻身。咱们怎么样完成这个任务,要大家讨论,讨论一下谁还是封建?谁还没有翻身?谁还没有翻透?"
>
> 他说完了,小昌就发言。小昌说:"我看咱村还有几户封建,第一个就是刘忠!"有人截住他的话说:"刘忠父子们这几年都学会种地,

赵树理《邪不压正》初版

参加了生产,我看不能算封建了!"小昌说:"他哪种地?家里留二十来亩自耕地,一年就雇半年短工,全凭外边那四十来亩出租地过活。这还不是地主?还不是剥削人的封建势力?"这意见大多数都同意,就把刘忠算做一户封建尾巴。

接着,别人又提出了四五户,都有些剥削人的事实,大家也都同意,其余马上就再提不出什么户来,会场冷静了一大会。

元孩说:"……现在咱们再算算咱村还有多少没翻身或者翻也没翻透的户!"大家都说,那多了,七嘴八舌提了一大串。数了四十七个户……元孩屈着指头计算了一下说:"上级说这次斗争,是叫填平补齐,也就是割了封建尾巴填窟窿。现在数了一下:封建尾巴共总五六个,又差不多都是清算过几次的,可是窟窿就有四五十个,那怎么能填起来?"……又有人说,光补窟窿啦,咱们就不用再分点?元孩说:"区分委讲话不是说过了吗?不是说已经翻透身的就不要再照顾了吗?"小旦说:"什么叫个透?当干部当积极分子的管得罪人,斗出来的果实光叫填窟窿,自己一摸光不用得,那只好叫他们那四十七个窟窿户自己干吧。谁有本事他翻身,没本事他不用翻,咱不给他当那个驴。"元孩说:"小旦,你说那不对,在区上不是说过……"元孩才要批评这自私自利的说法,偏有好多人打断了他的话,七嘴八舌说:"小旦说得对,一摸光我先不干","我也不干","谁得果实谁去斗"。

元孩摆着两只手好久好久才止住了大家的嚷吵。元孩说:"咱们应该先公后私。要是果实多了的话,除填了窟窿,大家自然也可以分一点。现在人多饭少,填窟窿还填不住,为什么先要把咱们说到前头。咱们已经翻得不少了,现在就应该先帮助咱们的穷弟兄。"小昌说:"还是公私兼顾吧,我看叫这伙人不分也行不通,因为这任务要在两个月内完成,非靠这伙人不行。要是怕果实少分不过来,咱们想想还能不能再找出些封建尾巴来。"这意思又有许多人赞成。

小旦说:"有的是封建尾巴,刘锡恩还不是封建尾巴?他爹在世时候不是当过几十年总社头?还不跟后来的刘锡元一样?"元孩说:"照你那么提起来可多啦。"跟小旦一样的那些人说:"多啦就提吧,还不是越多越解决问题?"元孩说:"不过那都是三四十年前的事,从我记得事,他家就不行了……"有人说:"不行了现在还能抵你两户。"元孩说:"那是人家后来劳动生产置来的。"又有人说:"置来的就不给他爹还一还老账?"元孩听见他们这些话,跟在区上开会那精神完全不对头,就又提出在区上开会时候,区分委说那不动中农的话来纠正他们。小旦他们又七嘴八舌说:"那叫区上亲自做吧。"元孩说:"不要抬杠,有什么好意见正正经经提出来大家商量。"那些人又都一起说:"没意见了!"以后就谁也不开口。元孩一个一个问着也不说,只说"没意见"。会场又冷静了好大一会。

有些人就交头接耳三三两两开小会。差不多都是嘟噜着说:"像锡恩那些户要不算,哪里还有户啦?""要不动个几十户,哪里还轮得上咱分果实。"……元孩听了听风,着实做了难:上级不叫动中农,如今不动中农,一方面没有东西填窟窿,一方面积极分子分不到果实不干,任务就完不成。他又在会场上走了一圈,又听得不止是积极分子,有些干部也说分不到果实不干,这更叫他着急。他背着手转来转去想不出办法。小昌说:"我看还是叫大家提户吧,提出来大家再讨论。该动就动,不该动就不动。"

……一说提户,会场又热闹起来,哗啦哗啦就提出了二十多户。……元孩越觉着不对头,他觉得尽是些中农。他说:"我一个人也扭不过大家,不过我觉着这些户都不像是封建尾巴。咱们一户一户讨论吧。要说哪一户应该斗,总该说出个条件来。"小昌说:"可以,咱们就一户一户说。"元孩叫记录的人把大家提出来的户一户一户念出来,每念一户,就叫大家说这一户应斗的条件。像小旦这些积极分子专会找条件,又是说这家放过一笔账,又是说那家出租过二亩地,连谁家爷爷打过人,谁家奶奶骂过媳妇都算成封建条件。元孩和小宝他们几个说公理的人,虽然十分不赞成,无奈大风倒在"户越多越好"那一边,几个人也扭不过来。

赵树理不愧是状写农村题材的"铁笔圣手",寥寥几笔把土改中各类"积极分子"的心态刻画得惟妙惟肖淋漓尽致。这就是当年"剥夺剥削者"的秘密,或者换言之,是描绘了一个阶级斗争的形象画面。

看着在斗倒地富后,勤劳致富的中农又成为斗争对象,赵树理总觉得不对劲,他知道中农的生活富裕点,全靠自己勒紧裤带用双手从地里刨挖来的,没有剥削过什么人,哪能算是封建尾巴呢?所以他坚决反对斗争劳动致富的中农。认为这样做既不符政策也不合民意。赵树理正是根据自己对党的政策的理解,在《邪不压正》中塑造了"流氓无产者"小旦和"打倒皇帝做皇帝"的村干部小昌的典型形象。

1950年1月15日的《人民日报》上,刊登了赵树理的《关于〈邪不压正〉》一文,文中赵树理说:"我写那篇东西的意图是,想写出当时当地土改全部过程中的各种经验教训,使土改中的干部和群众读了知所趋避。"赵树理还说:"我在写那篇东西的时候,把重点放在不正确的干部和流氓上,同时又想说明受了冤枉的中农作何观感,故对小昌、小旦写得比较突出一点。"

赵树理后来在"文革"的第三份检查《回忆历史,认识自己》的文章中,还回顾了当年写《邪不压正》时的创作意图:"……不少地方每次运动开始,常有贫下中农尚未动步之前,而流氓无产阶级趁势捷足先登,抓取便宜的现象。"

赵树理笔下塑造的"小昌"形象,面对我们今天农村的现状,面对那一个个把持了农村基层政权,以权谋私"前腐后继"成为"一部分先富起来"的人群,面对那一批批当土皇帝唯我独尊,让广大村民"敢怒而不敢言"的村官,典型形象的意义是超越时空的,它能"与时俱进"地引发当代思索,获得当代意义。怪不得周扬后来在《赵树理文集》的序言中,对《邪不压正》说了这样一番话:"赵树理在作品中描绘了农村基层党组织的严重不纯,描绘了有些基层干部是混入党内的坏分子,是化装的地主恶霸,这是赵树理同志深入生活的发现,表现了一个作家的卓见和勇敢。'客观意义大于主观思想'是赵树理小说的一个显著特征!"

杨品在《颠沛人生——赵树理传》一书中,记述了赵树理在写作《邪不压正》时所承受的压力:

……遗憾的是,赵树理的认识并不为上级领导赏识,认为他有右倾思想。一位边区土改工作负责人很严肃地约他谈话:"老赵同志,土改运动是一场大革命,我们不能像老太婆一样慢腾腾的,要克服右的观念。你是有影响的人物,尤其要和上级保持一致。"

赵树理却认真地辩解说:"我们应当实事求是,根据群众的思想状况做细致的工作,否则会造成无穷后患。"

"老赵,你不要固执嘛!"

"我不是固执,我是说真话。"

"中央负责土改工作的康生同志要求我们要克服右倾思想。"

"不管是哪位领导,脱离实际情况的指示就需要研究。"

……

"我不怕别人说什么,我还是那老观点,替农民说说心里话。"

也许,真话未必就是真理;然而,说出真话离真理就不远了。

毛泽东的中宣部长陆定一,曾提出过一个著名的口号:"把尊重事实与革命立场结合起来",虽然从字面上看,陆定一似乎也强调新闻必须尊重事实,完全真实。然而这个"事实"必须置于"革命立场"的统帅之下。于是,官方的意识形态由此从列宁那儿引进了"两种真实性"的观点:一种是所谓"本质真实性"即代表了历史发展方向的事实,尽管它尚处于萌芽状态或尚未发生,但从本质上讲它却是真实的;相反,"虚假真实性"只反映事物的"表象"和"假象",而不反映事物的本质,因此它必定是不真实的。如果以为它是新近发生的事实,"把个别现象夸大成为整体现象"而加以报道,那就必然会犯"客观主义"和"自由主义"的错误,而无产阶级的"真实性"与这种"客观主义"、"自由主义"是截然对立的。

在这一理论逻辑的指导下,"真实性"遭到"片面性"责难;而"虚假"则冠冕堂皇地带上"事物本质"的桂冠登上文艺的神圣殿堂。

赵树理在无意识间,触犯了革命文艺的一条禁忌。

赵树理在《邪不压正》写出后不久,看到了毛主席的《目前形势和我们的任务》,其中谈到:"有许多地主分子、富农分子和流氓分子乘机混进了我们的党,他们在农村中把持许多党的政府的和民众团体的组织,作威作福,欺压人民,歪曲党的政策,使这些组织脱离群众,使土地改革不能彻底。这种严重的情况,就在我们面前提出了整编党的队伍的任务。全党同志必须明白,解决这个党内不纯的问题,整编党的队伍,使党能够和最广大的劳动群众完全站在一个方向,并领导他们前进,是解决土地问题和支援长期战争的一个决定性的环节。"

赵树理兴奋异常,认为是毛泽东又一次肯定了他来源于现实的创作。

然而,作为作家的赵树理没能深切地领会政治家毛泽东此一时彼一时的"革命辩证法"。

毛泽东早在《湖南农民运动考察报告》中,已经对把小旦这类人的"积极性"称之为"痞子运动"的人大张挞伐。并把它提到一个"依靠什么人,打击什么人"

的原则性问题的高度。

《邪不压正》自 1948 年 10 月 13 日起在《人民日报》连载后,马上引起激烈的争议:

1948 年 12 月 21 日的《人民日报》发表了党自强的《〈邪不压正〉读后感》和韩北生的《读〈邪不压正〉后的感想与建议》两篇相互对立的文章。1949 年 1 月 16 日的《人民日报》又用一个版的篇幅,发表了耿西的《漫谈〈邪不压正〉》、而东的《读了〈邪不压正〉》、乔雨舟的《我也来插几句——关于〈邪不压正〉争论的我见》、王青的《关于〈邪不压正〉》一组文章展开讨论和争鸣。同时还配发了编者的《展开论争推动文艺运动》一文。

据《人民日报》编者的话:当时"论争的重点,主要集中在作品的现实指导意义上,因而也就牵涉到对农村阶级关系、对农村党的领导、对几年来党的政策在农村的实施……一些基本问题的认识的分歧"。那些持否定观点的同志认为,小说"将地主的'腿'小旦,涂上满脸黑灰去顶替地主的罪恶是阶级观点的含糊",使人感到"把党在农村各方面变革中所起的决定作用忽视了",使人感到"纸上的共产党不是现实的共产党"。

还有文章批判作者:"到底小旦是什么成分呢?作者没交待清楚。……真正坏透了的,不应该是小旦之流的人物,而是不可调和的封建统治者——地主阶级。"并且严厉地指出:"如果模糊了这一点",就是"阶级观点上的含混"。

关于《邪不压正》一文的争论,鉴于当时的大形势,最后虽说是有惊无险,没有变为声势浩大的批判运动,但已然为赵树理的创作亮起了"黄牌警告",也让赵树理初次领略了革命大批判锋芒的逼人寒光。

3. "批评与自我批评"有着丰富的时代内涵以及难以言说的历史外延

走进共和国文学,赵树理第一次经历的批判风波是对小说《金锁》的批判。

赵树理任主编的《说说唱唱》创刊后,孟淑池送来一部中篇小说《金锁》。赵树理自己把小说故事概括出一个轮廓:"一个流浪的难民,流落在一家恶霸地主家里当长工。恶霸地主欠下他的工资不给,又用公家的粮食骗来了另一个女难民,名义上是替他这个长工娶妻,实质上别有用心。后来因强奸不从,竟将男女一同治死。不料男的没有死去,投入了解放军,最后把案情弄明白了。"

就是这样一篇稿件,发表后却遭来一场批判。其时适逢中共中央发布《关于在报纸刊物上展开批评和自我批评的决定》,要求报纸刊物吸纳广大人民群众,"经常地有系统地监督我们的工作,注意我们工作中的缺点和错误,加以改正。使我们能够继续不断地向前进步"。

《文艺报》随即发表了响应的社论,并对《金锁》展开批评。邓友梅于《文艺报》第二卷第五期(1950 年 5 月出版)撰《评〈金锁〉》一文,厉声指责:"这是农民吗?是劳动群众吗?简直是地痞,连一点骨气都没有的脓包,只是地主的狗腿,旧社会的渣滓才有这样的性格。才可能为了吃饭连地主调戏老婆都无动于衷。而作者把这当做劳动人民的正路。"有个"非常愤怒"的读者甚至耸人听闻地指责道:小说"让市侩的色情在其中奔驰",因而"要提出严重的抗议"。

批判的矛头虽说对准的是小说的作者,但是力主小说发表的赵树理放出了这样一株"大毒草",自然也难辞其咎。就是在这一背景下,赵树理做出了他的第一份检查《〈金锁〉发表前后》:

《金锁》这篇小说,在《说说唱唱》上发表之后,收到读者意见如下:

人物不真实,侮辱了劳动人民;

下三烂话太多;

结尾矫揉造作;

摹仿《阿 Q 正传》。

为了答复读者对《说说唱唱》的爱护热诚,"大众文艺创作研究会"开了三次讨论,我只赶上在第二次参加了个会尾巴,有些意见不曾谈出,再加上在编辑过程中我还有值得检讨的地方,现在把它一并写出来,作为对讨论会的一个补充和对作者读者及其他编委的道歉。

一、编辑经过

在收到这一稿件后,"大众创研会"小说组的几个人和少数编委传阅了一下,发现以下几个问题:

1.故事轮廓脱胎于《阿 Q 正传》。

2.解放以后的尾巴是加上去的。

3.假如删去了尾巴看,主题只在于暴露恶霸的罪恶,而未给被压迫者指出出路。

4.在趣味主义支配下，用了些不必要的人物，强调了些不必要的段落。

稿子传到了我，我主张发表，理由是作者真正了解未解放以前的农村。虽用了《阿Q正传》的架子，其内容并无抄袭之嫌，也没有一般写农村者只写概念的毛病，发表了可使人了解革命势力未到以前自然状态下的农村具体情况如何。

也有人提议改一改，我主张不大改，理由是尊重作者。

主意一定，发稿期也到了，没有和其他编委商量，就那样发出去了。

二、自我检讨

处理这一稿件，我有两点错误：

第一是其他编辑提出来的意见自己不同意，不和人家再商量，就按自己的意见处理了，在作风上欠民主。

第二是以迁就毛病为尊重作者，其实就是对作者不诚恳。《金锁》的作者孟淑池曾要求对他这个作品提出意见，我自己和看过这篇稿的编委也曾看出作品的毛病，但在谈话时候，忽然觉得一个作品发表出去能起一定的进步作用就算了，不必强叫人家和自己的观点完全一致，因此就和人家客气了两句就走开了，现在检讨起来这是一个原则的错误——因为正确的观点只能有一个，自己对了就该说服人家，自己错了就该服从人家。从这篇作品上看，局部地从趣味出发，因而损害了对事物的选择与批判，原是艺术观点上的错误，而我则既不向作者提出，又不在文章上改正，对作者是一种"外气"，对读者也没有负到应该负的责任。

三、一点辩护

读者意见中，有一条是说这篇作品中的主角金锁是不真实的，是对劳动人民的侮辱。我以为这是不对的。我所以选登这篇作品，也正因为有些写农村的人，主观上热爱劳动人民，有时候就把一切农民都理想化了，有时与事实不符，所以才选一篇比较现实的作品来作个参照。事实上破过产的农民，于扫地出门之后，其谋生之道普遍有五种："赚"、"乞"、"偷"、"抢"、"诈"，金锁不过是开始选了个"乞"，然后转到

"赚"。"有骨头"这话是多少有点社会地位的人才讲得起的,凡是靠磕头叫大爷吃饭的人都讲不起,但不能就说他们都不是劳动人民。他们对付压迫者的方法差不多只有四种:"求饶"、"躲避"、"忍受"、"拼命",有时选用,有时连用,金锁也不例外。这些人的出路只有一条,就是参加革命:有的是在革命势力未

早年的赵树理

到之前自动找去,有的是在革命势力到达之后,得到了土地,再加以组织教育,才能挺起腰来。在新解放区的农村,这种人虽不占多数,可也不是个别的,只是容易被一般人(连贫农在内)忽略,因为在一般人的意识中没有给他们列下户口。

做农村工作的同志们,如果事先把农民都设想为解放军那样英雄好汉,碰上金锁这类人就无法理解,其实只要使他的生活有着落,又能在社会上出头露面,他并不是没有骨头的,解放军中像金锁这一类出身的人也不少,经过教育之后,还不是和其他的英雄一样吗?

这篇作品中对金锁这个人物的处理,最大的缺陷是没有写出他进步的过程——也就是尾巴接得太短了一点,使金锁一类人读了不知道该怎样挺起腰来。"瞎闯王"、"么二愣"等农民读了不知道对解放后的金锁在日常生活中应取什么态度,做农村工作的人读了不知道对金锁该如何做工作。虽有这个缺陷,只能说是美中不足。并不能说是没有真实性或是作者故意侮辱劳动人民。

我之所以比较详尽地摘录了赵树理的这份检查,是因为从这份检查中,颇可以显现出赵树理的个性特征。从某种意义上说,赵树理的检查比他的作品,更具备认识价值。

曾任山西作家协会主席的焦祖尧在评价到赵树理时,说了这样一段话:"赵树理身上最根本的东西是什么?这是一个真人。我就给你举一个例子:1959年批

判他的时候,大概有半个月通不过。他当时有句话:'按照我的观点来检查,你们通不过。按照你们的要求来检查,我自己又通不过。'有在批判会上这么说话的吗？他就是这么个人。"

从以上这份检查中,我们可以看出,赵树理的创作观与当年的"主流意识形态"已经有了很大的差异。这样一份检查当然过不了关。于是,在做出第一次检查的两个月后,又有了赵树理的第二份检查:《对〈金锁〉问题的再检讨》。把两份检查对照着看,倒是一个饶有意味的事情。从中我们可以看出赵树理的思想觉悟在"政治压力"下,仅用两个月就有了哪些"提高":

  《说说唱唱》第三、第四两期上,发表了孟淑池一篇题名《金锁》的小说,作者对农民作了不正确的描写,我在编辑的时候,没有接受其他编委的意见,未把可能改正的地方改正,以至发表出去之后,引起文艺界同人和其他读者好多意见。我收到这些反映后,曾在《文艺报》第十七期上作了检讨和辩护(题名《〈金锁〉发表前后》),但检讨得不够详尽,辩护得不够正确,我现在感觉有重新来检讨一下的必要。

  一、对"检讨"的检讨

  我在原来的检讨中,虽然也曾提到原作是"局部地从趣味出发,因而损害了对事物的选择和批判",也曾提到这是作者的错误,可是只是那么略略提到,轻轻放过,其原因是着重检讨自己,不愿多把错误向作者身上推。我在那时对原作的看法是这样的:

  从这篇小说的主要内容上看,……要是正正派派写,这个题材没有多大毛病(略有点公式化),可惜作者嫌它不足,故意把主角(长工)丑化了,又加上些除了色情再无其他的低级趣味部分来凑趣,竟弄得这篇东西局部地变了质。

  这便是我原来对这篇小说的认识。原检讨中不足之处是没有把"对事物的选择"问题看成立场问题——以为对"金锁"本人的挖苦只是"语言"、"口吻"的无选择。现在看来,这一点是非常不正确的,这实际上是一个立场问题。作者主观上是要替劳动人民说话的,可是因为生活、思想、感情与劳动人民有些脱离(虽然作者原来是农民家庭出身),因而就不能把劳动人民的事当做自己一家人的事来讲。例如:小说中一开始介绍了曹家的"驴宅"(这个词也有毛病,不应把宗族和阶级混为一谈)之后,接着便说"金锁这个人虽然也姓曹,却不是'驴'家的正支正派……"这等于说:"这个忘八蛋与那一伙忘八蛋虽然都是忘八蛋,可是不同种"。这种口吻,贯穿全篇,使人读了不知道作者是站在哪一方面说话。

二、对辩护的检讨

我的辩护中需要检讨之处甚多,现在先举两条重要的:

1.好多人指出这篇小说"是对劳动人民的侮辱",我的辩护说"不是"。大家是对的,我是错误的。把恶霸地主和农民平列起来,一例地挑着眼用俏皮话骂下去,还能说不是侮辱劳动人民吗?

2.说"有些写农村的人……把一切农民理想化了,所以才选一篇比较现实的作品来作个参照"也是错误的。指导我作这样辩护的思想是自己比较熟悉农村的包袱。当时收到的稿件中,《……翻身记》就有好几篇,可惜都好像新闻,看不出农村的生活,而看到《金锁》之后,觉得其中写到的事物有不少地方和我自己观念中已有的事物都相差不多,因此就说它是"比较现实的作品",还要叫给别人作个参照。仔细一想,别人如果真的参照了这个讥讽农民的风格来写东西,不是都讥讽起农民来了吗?因为自己有了熟悉农村这个包袱,在感情上总觉着千篇一律的概念化的作品讨厌,没有认识到,只有概念或千篇一律固然不好,但是写的人主观上诚诚恳恳的歌颂劳动人民,自己如果比人家多知道一点什么,应该把自己的意见提出来给人家作个参考,为什么要以为人家的作品"讨厌"呢?

三、对辩护的保留与保留中的检讨

我所担心的一个问题是做农村工作的人怎样对待破产后流入下流社会那一层人的问题。这一层人在有些经过土改的村子还是被歧视的,例如遇了红白大事,村里人都还以跟他们坐在一起吃饭为羞。……我在辩护中说,他们讲不起"骨头",只是说"讲不起",并非说他"没有";说"多少有点社会地位的人",才讲得起,指的是比金锁稍强一点,在社会上还有人愿意跟他谈话的人,而并非指什么能挤到地主边上的人。我对这一层人的分析还认为没有大错,不过要是选举农民代表,当未做过适当工作之前我可也不选他们。

这一段分析不论对与错（错了再研究），写在辩护中也只能算是狡辩，因为《金锁》这篇小说根本不是以解决那个问题为主题的。根据这种说法推论下来，就得出原辩护中末一段的结论："……对金锁这个人物的处理，最大缺陷是没有写出他进步的过程……"其实是这样吗？假如补出他的进步过程来，该算一篇呀该算两篇？补出进步过程来就能把前边立场上的错误撤消了吗？显然是不妥的。

四、对作者的认识

最后，我仍认为作者具有写农村的特殊条件：生活熟悉，文字通俗流利，只要经过相当的政治学习，一定是能写出好作品来的。

建国之初对赵树理的批判，采用的还是"批评与自我批评"这一较为"温和"的形式。

画家陈丹青对"批评与自我批评"有一段精辟而深刻的论述：

"'批评与自我批评'相传起于延安时期，很前卫，很管用，它不是真的'批评'，而是整合队伍、便于掌控的辅助手段。到了和平年代，'批评与自我批评'、'敌我与内部矛盾'成为我国泛政治生活中两大'武器'。邓小平同志著名的'三起三落'，都是靠高瞻远瞩的'自我批评'才能再起，才能复出。……那么，谁来判别你的错误属于哪一种'矛盾'呢？还是权力……要之，在现代中国，'批评'是'权力'与'正确'的代名词；'自我批评'则是'检讨'与'认输'的代名词。最微妙的一层是：如果权力一方主动'自我批评'，意即'我错了，但我做了自我批评。因此我仍然正确'。……小小文艺界，所有老权威均曾一再做过'自我批评'，或升级为敌我矛盾，'低头认罪'，或降级为内部矛盾，'重新做人'。"

"批评与自我批评"有着丰富的时代内涵以及难以言说的历史外延。

4. 迂腐的文化人尝到了政治家"上纲上线"的滋味

在共和国成立之初，从1951年至1955年，在我国思想文化领域先后开展了三次全国规模的批判运动。第一次就是对电影《武训传》的批判。

电影《武训传》1950年摄制完成后，1951年起在上海、北京、天津和全国各大城市开始放映。放映以后，报刊上发表了许多评介文章，一开始几乎是一片叫好声。让我们略看几段对它的赞扬：

> 武训站稳了阶级立场，向统治者作了一生一世的斗争。他对本阶级的热爱使他终身劳动，忍受艰苦，坚韧地，百折不挠地为穷孩子们兴办义学。
>
> 武训是一个劳动人民的伟大典型。
>
> 武训是中国近代历史上的一个农民劳动模范的具体代表人物。
>
> 武训典型地表现了聪明智慧，心眼深，记性强，能说能行，是富有反抗精神的人物。
>
> 武训这种斗争反映了中国农民的顽强不屈的精神，这意志是劳动英雄的意志。
>
> 武训甘心做人民大众的牛，他全心全意为人民服务。
>
> 武训是中国第一位热心办教育的人，他是中国历史上劳动人民企图本阶级从文化上翻身的一面旗帜。
>
> 武训这种忘我精神，为广大贫苦阶级服务的精神，任何人都会为之深深感动。
>
> ……

从这些对《武训传》的初始评论中，我们不难品验出创作意图中的"拍马屁"倾向。但这个"马屁"没拍好，"马屁拍到了马蹄子上"。很快，出现了不同意见：《文艺报》1951年第四卷第一期发表了贾霁的文章《不足为训的武训》。文章指出：武训和《武训传》对于历史以至于今天，没有任何意义和价值。武训的行为是不值得表扬歌颂的。《文艺报》第四卷第二期又发表了杨耳的《陶行知先生表扬"武训精神"有积极作用么？》。文章认为："不管是今天或是昨天，'武训精神'都是不值得表扬的"；陶行知先生在蒋介石反动统治下表扬"武训精神"，也没有什么"积极作用"，"在某种意义上说，在反动统治下宣扬'武训精神'，比起今天人民取得政权之后宣扬'武训精神'，它的危害绝不可能更小些。相反，倒不如说是可能更大些。因为，在反动统治下面宣扬'武训精神'，就会更直接地'降低和腐蚀群众的文化和政治上的战斗力'。那不更加是不应该吗？"5月16日《人民日报》转载了此文。

一时间，《武训传》成为社会议论的热点。在此大形势下，1951年6月20日出版的第18期《说说唱唱》上，为了使广大民众了解这一争论，赵树理用"吉成"

的笔名,发表了一篇《"武训"问题介绍》。让我们先看一下这篇短文:

  满清末年,山东堂邑县有个要饭的名叫武七,这人当年受过地主的欺负,误以为因为自己没有念过书,才比人家低半截,因此想弄些钱办个"义学",让穷人的子弟们也能读书上进。主意一定,他就一边宣传一边做。

  那时候,正是满清朝庭、地主阶级和外国侵略者各种压迫压得农民不能过日子的时候,办上义学,也不过能叫少数穷孩子念了五经四书,功成名就,回头帮着反动统治者再来压迫别的穷孩子罢了,哪里能解决穷人受欺负的问题?懂事的穷苦农民,知道那个不是路,因此成千上万的人都去参加太平军、捻军去打满清的官兵,却没有一个人来帮他办义学。

  地主阶级的官员和士绅,非常懂得这些道理,因此就非常看中武七——他们见农民革命压不下去,穷苦农民的心都不稳,急切想不出办法,恰巧遇着武七宣传"义学主义",就都自觉的,不约而同地捧他的场,想借他这个怪念头来稳定一些人心,因此文武举人就帮着他出放存款,知县官请吃饭又送银两,山东巡抚赐他官印缘簿,学台也捐银,士绅也留他住宿……不几年工夫,就帮着他办了三座用举人进士当教员来教五经四书的奴才学校,乐得他摸不着头脑,和人家算成一伙,不过还觉得比人家小几辈子,不敢和人家平起平坐。后来反动政府从西太后到蒋介石,对他都各有封号,连他的"训"字还是一个州官给起的,用意也都和当时的官绅一样。

  解放以后,有些人把他当成民族英雄,用电影、图画、传记来宣传他,因此才又有些人写了好多批评文章登在报上,叫咱们大家认识这武训的本像。

  这就是近来报上登着的"武训"问题。

这完全是一篇站在客观公正立场上的介绍。从字里行间能品验出,赵树理在撰写这篇文章时,还是很注意了一下自己的"阶级立场"。我想,赵树理一定做梦也不会想到,就是这样一篇普通介绍文字,竟然也会"撞在了枪口上"。

文艺界关于《武训传》的这场论争,引起了毛泽东的注意。他敏感地嗅到,这是一个整肃文艺界的契机,可以"借题发挥""大做文章"。毛泽东亲自执笔为《人民日报》写下社论《应当重视电影〈武训传〉的讨论》。社论中写道:"《武训传》所提出的问题带有根本的性质。像武训那样的人,处在清朝末年中国人民反对外国侵略者和反对国内的反动封建统治者的伟大斗争的时代,根本不去触动封建经济基础及其上层建筑的一根毫毛,反而狂热地宣传封建文化,并为了取得自己所没有的宣传封建文化的地位,就对反动的封建统治者竭尽奴颜婢膝的能事,这种丑恶的行为,甚至打出'为人民服务'的革命旗号来歌颂,甚至用革命的农民斗争的失败作为反衬来歌颂,这难道是我们所能容忍的吗?承认或者容忍这种歌颂,就是承认或者容忍污蔑农民革命斗争,污蔑中国历史,污蔑中国民族的反动宣传为正当的宣传。"毛泽东还声色俱厉地责问:"电影《武训传》的出现,特别是对于武训和电影《武训传》的歌颂竟至如此之多,说明了我国文化界的思想混乱达到了何等程度!"

毛泽东的"最新指示",又为"方向"拨正了"方向"。

仅仅一个月之后,在1951年7月20日出版的《说说唱唱》第19期上,赵树理只得又以"编辑室"的名义,发表了《对发表〈"武训"问题介绍〉的检讨》:

> 本刊上期登了一段介绍"武训"的短文,事后检查该短文作了错误的介绍,而我们也没有负到纠正的责任,谨向读者道歉。兹将其错误之点指出如下:
>
> 一、武七开始虽说要过饭,可是结识了地主阶级之后就逐渐变成了地主兼高利贷者,最后弄到有土地二百三十余亩,钱二千八百多吊,不能以"要饭"来说明他的身份。
>
> 二、地主、官、绅作了他的后台老板,帮着他变作地主和高利贷者之后他才兴学,该文说"帮着他"办了三座奴才学校太含糊,好像还是地主、官、绅们帮着一个叫花子兴学来的。
>
> 三、据调查他的三座"义学"的学生完全是地主阶级的子弟,连一个穷孩子也不曾有过,该文说他为了穷孩子也是错的。
>
> 四、该文说"……有些人把他当成民族英雄……来宣传他,因此才有些人写了好多批评文章登在报上叫咱们大家认识这个'武训'的本像",模糊了原则是非,没有划清革命和反革命思想的界限,因而失掉了正确的立场,好像说宣传了的人和揭露他"本像"的人只是原被告在报上打官司,与自己无关,不曾指出宣传者是有反动的资产阶级思想

的，批评者是拿着马列主义的武器来和这种反动思想作战的，因此，就不能叫人感觉到反动思想是应该打倒的。

这场建国后的首次学术论争，使迂腐的文化人初尝了政治家"上纲上线"的滋味。

面对这一连串的批判和检查，赵树理这个被赞誉为"方向"的作家，是一头雾水晕头转向。正像他后来说出的那句经典名言："我是农民中的圣者，知识分子中的傻瓜。"

赵树理于1952年1月19日，迫于各方面的压力，在《光明日报》上发表了《我与〈说说唱唱〉》一文，实际上这是赵树理在文艺整风运动中的一份公开检查。在这份检查中，赵树理留下了这样的文字：

> 这二年来，经我手在刊物上弄出来的具体思想错误有三次：第一次是发表了歪曲农民形象的小说《金锁》……第二次是写《武训问题介绍》中说"有些人"捧场，"有些人"批评，故意把"阶级"观点字样避开。第三次是发表了用单纯经济观点宣传种棉的《种棉记》……产生这三次错误有一个相同的根源，就是不懂今日的文艺思想一定该由无产阶级领导。因为我们的文艺是要教育人民的，传播了错误的思想，就会把人引到错误的道路上去。我们这国家的性质是"无产阶级领导的，以工农联盟为基础的，团结各民族阶级和国内各民族的人民民主专政，反对帝国主义，反对封建主义和官僚资本主义的人民共和国"，要是没有无产阶级领导，就不能彻底战胜帝国主义、封建主义和官僚资本主义的势力。这个道理，在今天早为参加革命的各阶级人民所拥护。而我自己是个共产党员，反抱着一种糊涂想法，不是去宣传无产阶级在国家生活中的领导作用，而是故意把阶级面貌模糊起来，甚而迁就了非无产阶级观点，以至造成不断的错误。
>
> ……经过这次整顿思想，我和几位有同样毛病的同志们，深深感到错误的严重，因此就和这几位同志约定，今后努力提高自己的理论水平，加强对读者的责任心，务使不犯旧错，并望文艺工作者和读者诸同志随时加以监督。

在此后的"胡风事件"和"丁陈事件"中，赵树理是一再努力提高自己的思想觉悟，努力跟上时代发展的步履。

5. 1959年冬天，赵树理命运的拐点

1959年的冬天，赵树理走到了自己命运的拐点。原本还有些虚无缥缈的刀光剑影，如今成为货真价实的真刀实枪。

陈徒手在《一九五九年冬天的赵树理》一文中，描述了赵树理在中国作家协会第一次挨批斗的情形：

> 赵树理走入"批判怪圈"也有自己的独特方式。听了庐山会议传达后，别人不轻易表态，他却向党组书记邵荃麟说，他不敢看彭德怀给主席的信，怕引起共鸣。邵荃麟问他为什么？他说他也有过"农业生产领导方法的错误是上面来的"和"浮夸作风是小资产阶级狂热性"的想法。后来党组责成他去看，并和他开了一次谈心会，对他进行了初步的批评。这样，赵以他自己不顾风险的率直，不由自主地踏上被批判之路，这是他事先万万没有想到的。
>
> 他弄不明白怎么回事，在挨批之前，曾找山西省委领导陶鲁笳、副总理谭震林谈过有关公社的问题，依然无所适从。整风会一开始，赵表现了令人惊诧的顽强性，他相信自己的眼睛，坚持原有的观点。十一月二十四日，作协给中宣部的报告中记载了这一场面：
>
> "此次整风会上，许多同志对他做了严正而诚恳的批评。但到十一月十八日的会上，他仍然认为他的意见是'基本上正确的'，并且公然说，'关于粮食总产量问题，我们打外仗时可以说粮食问题解决了，但外仗打完了，对内就应该摸清，我们的粮食究竟有多少？'又说，'六中

赵树理50年代照

全会决议,我认为中央对成绩估计乐观了一些。这不怨中央,是大家哄了中央。'又说,办公共食堂'只是为了表现一下共产主义风格,在食堂吃不如回各家各户吃的省'等荒谬的话。邵荃麟同志严厉批评了他这种无原则态度,责成他检讨。到会同志都很气愤。……"

邵荃麟是一个温和、书生气十足的领导人,在这次会上却少见地发怒。他自己在十一月二十二日大会上说:"我不太容易激动,那天激动了,是要求老赵要有一个态度。"他说话的措辞已相当严厉:"老赵今天不像个作家,会开了很多次,许多同志满腔热情帮助老赵,为了发言,看了书。许多发言都心平气和,讲道理。直到前天,老赵还说他'基本上是正确的',也就是说,大家基本上是错的。我想,我们的发言能否说服他呢?但另一方面,作为一个党员,应该帮助他,知无不言,言无不尽,还是应该发言,不管他听进听不进去。"

翻开当时的会议记录,可以闻见浓烈的火药味,已难以见到邵荃麟所说的"心平气和":

"赵树理采取与党对立的态度,有些发言是污蔑党的,说中央受了哄骗,这难道不是说中央无能,与右倾机会主义的话有什么区别……"

"我们要问树理同志,你究竟悲观什么?难道广大群众沿着社会主义前进,还不应该乐观,倒应该悲观吗?树理同志,我们要向你大喝一声,你是个党员,可是你的思想已经和那些想走资本主义道路的人,沿着一个方向前进。"

"你还执迷不悟,进行辩解,这难道不是一种抗拒党的挽救的态度吗?难道你把毒放在肚子里,就不怕把自己毒坏吗?我觉得赵树理同志也太低估了同志们的辨别能力,太不相信同志们有帮助他消毒的力量了……"

"……赵树理的态度很不好,到了使人不能容忍的地步了。他对党和党中央公然采取讥讽、嘲笑和污蔑的态度,实在太恶毒了。仿佛应批判的不是他,而是党和党中央……"

"真理只有一个,是党对了还是你对了?中央错了还是你错了,这是赵树理必须表示和回答的一个尖锐性的问题,必须服从真理……"

……

每个与会者的发言方式不尽相同，譬如，萧三每批一段赵的言论，就引申一句："那么，请看马克思是怎么说的——"他形容赵的思想深处像一座"堡垒"，是"很难攻下的马奇诺防线"。他质问："看，这样一所建筑，还有什么好砖吗？"他好心建议老赵要有新鲜事物感，去工业中心和工人生活一个时期，多快好省地改变世界观，不要有抵触情绪。

上纲上线，轮番冲击，使会议的斗争气氛直线上升。作协给中宣部的报告中称："党组采取展开辩论的方式，由同志们做有系统的发言，批驳其各个论点，然后由赵树理同志答辩，答辩后再由同志们发言辩驳。"实际上，赵树理已经难于从容答辩，他只是顺着大会的气氛做一些解释，甚至对耐火砖、造纸厂建造是否纳入国家生产计划、缝纫工厂对解决家务劳动所起作用等小枝节问题都谈得很细，让大家听了不胜其烦，不知老赵此时用意何在？

一个作家与生俱来肩负着"批判"的使命，由批判者成为挨批者，赵树理进入了"批斗会"的百慕大怪圈。

批判之批判！否定之否定！

"二十年间世三变，几人能不化鹦蛙。"这是共和国作家面临的共同命运。

对于这样一场突如其来的"批判风暴"，赵树理显然没有思想准备。他感到茫无头绪手足无措，头脑里一片空白……我们从对当年批判会的一些回忆中，管中窥豹，可见赵树理当时困惑迷茫的心境：

曾任中国作协书记处书记、《诗刊》主编的杨子敏在与我谈到赵树理时，回忆了当年批斗大会的情景。杨子敏说："现在的人恐怕很难想象当年批斗会给人造成的心理压力。赵树理称得上是认准了一个理，九牛二虎也拉不回的主。可在那种场面下，你也不难感受到他内心所受的煎熬。当时的一个镜头，几十年过去了，只要一提起，我眼前就会浮现出来：每逢开批斗会，赵树理形成一个习惯动作，就是往嘴里叼上烟，手上不断划火柴，有时一盒火柴都划完了，烟还没点着。他那完全是一种下意识无意识的动作，表面极力试图表现镇静，内心早已倒海翻江……"

据当时《人民文学》编辑部负责人、评论家侯金镜的夫人胡海珠介绍："那时空气非常紧张，老赵有压力。但他对事实部分很坦然。老赵说话有时让人听不清，一方面是口音问题，另一方面是他说话的特点。以前大家就说，老赵小说写得那么出色,可讲话就怎么听不懂?看他在会上吃力发言,在心里对他是同情的。开会时他拿着一支笔,随手在纸上划几个字,不像其他挨批者那么认真记录。会开得很晚,冬天又冷,散会后大家都急于赶回家,而老赵往往坐在那儿发愣,想半天,动作很迟缓。有时金镜就陪他坐一会儿,说话无非是'注意身体'之类……"(据陈徒手1997年12月26日采访笔记)

康濯在《根深土厚——忆赵树理同志》一文中,也写到在这段特殊日子里对赵树理的回忆:

在五十六十年代交替的那一谁都知道而又令人深思的日子里,老赵竟由于写了一篇关于人民公社和农村工作等问题的建议而遭到误解,被批判为所谓"右倾"。当时我已去河北农村生活了两年,正因写作任务(长篇《东方红》)而住在北京的(和平)宾馆。老赵就差不多每天下午都上我那儿坐一坐,同我一起看看刚来的晚报,并对着报纸上那一阵关于亚非拉民族解放和人民革命斗争高涨的消息,不止一次说道:"如果需要我去亚非拉人民中做点工作,我倒真想去去,热热闹闹干一干哩!"还说:"我还不如出去打游击,去支援世界革命。"

陈徒手记载了赵树理在批斗会上的态度:

十一月十八日下午,赵树理在会议开始时首先表达歉意:"大家为了帮助我,准备时间比我长,看了不少书,很对不起大家。"在经过几个小时的猛烈炮轰后,他最后嗫嚅地说了几句:"这篇文章(指给陈伯达的信)我写了两个月,像农民一样固执了两个月。住上房子,现在马上把它拆掉,不容易。"他固执、为难的情绪又通过这几句话,委婉地表露出来,让精疲力竭的与会者添了几许恨铁不成钢的意味。

邵荃麟代表组织者再次责问:"老赵和同志们的认识相反,遥遥相对,究竟谁是谁非……这是一个原则问题,否则,不会开这样大会批评你。你狭隘的农民世界观会影响千百读者,所以不能不帮助你。"邵承认,老赵举出的一些例子,如强迫命令等,我们并不否定这些现象。他引用毛泽东一个内部讲话说:"六亿人民的大运动不产生一些缺点,那才是怪事。"赵树理无言以答,在会议构织的言语矛盾网中左冲右突,陷入长时间的思考。会议记录本已经很少有他发言的记录,他只能迷惘地、似懂非懂地听完一个个大会发言。在这种压力和威胁面前,心里的防线逐渐地崩溃,他开始考虑自己是否只有无奈地低头或认同。他在想:自己真的错了吗?

赵树理一直坚持自己的观点和意见,认为自己"基本上正确",不肯认错。据康濯回忆:"开批判会时,他既不记录,也不出声,一个劲地摇头……"于是,"又批判他的态度,搞了一两个月"。

最后,批判会上汇总了若干个问题,让赵树理回答:(1)中央文件当中有哪些对情况的估计与事实不符,希望具体谈谈;(2)赵树理同志认为右倾机会主义分子的言论中,哪些是对的?可以具体谈谈;(3)在当前这样好的形势下,赵树理同志为什么看不见大量存在的先进事物,老把个别地区的产量问题孤立起来谈……

这等于是向赵树理下了"最后通牒"。

经历过建国初期几次政治运动的风雨,赵树理明白自己目前处境的险恶,再"顽固不化"下去,人民内部矛盾就将向敌我矛盾转化。在强大的批判火力和政治压力下,经过激烈的思想斗争,11月23日,赵树理向组织递交一份"检查",不得不对自己进行"政治宣判"

荃麟同志并转党组:

> 我于十八日在党组整风会议会场上的发言中,对中央决议、粮产、食堂三事说了无原则的话,经你和好多同志们提出批评,使我认识到问题的严重性。全党服从中央是每个党员起码的常识,把中央明了的事随便加以猜测,且引为辩解的理由,是党所不能允许的。别人是那样说了我也会起来反对,但为了维护自己的右倾立场(固执己见的农民立场)竟会说出那样的话来,实在不像多年党龄的党员。为了严肃党纪,我愿接受党的严厉处分。
>
> 赵树理 十一月二十三日

赵树理经过一段时日的"顽抗",终于开始认识自己的"错误"。这是共和国之初、1950年代人们的社会集体潜意识。

早在建国初期,颇有影响的著名文艺理论家、文艺批评家陈涌在《人民日报》上发表过一篇文章:《论文艺与政治的关系》。其中说了这样一段耐人寻味的话:

> 无论如何一个创作者个人的经验总是有限的,而集中地代表全体

人民利益的共产党和人民政府却经常总结着巨大的政治经验,这是任何人即使伟大的天才都不可以和它相比拟的。而这些经验便体现在共产党和人民政府的政策里面。我们的创作者无论如何是应该和这些政策靠近,吸取这些经验,溶解这些经验,使它普及到每一个角落和每一个群众中去。

周扬在1983年年底出版的《邓拓文集》的序言里,也说了类似的话:"他(邓拓)对那个时期某些错误的政策和做法也持有自己的看法。我以为他那两年集中写作的大量杂文,正是他内心这种矛盾心理的一种反映。一个作家发现自己在思想认识上同党的观点有某些距离,这是一件痛苦的事。"周扬还说:"邓拓同志作为党员作家,他是严于律己,遵守党的纪律的。"一旦"发现自己的认识和中央的方针、路线有偏离,首先要想到自己的不足。"总而言之,"不可把自己摆在党之上,以为自己比党还高明。"

心有灵犀一点通,周扬和陈涌以不同的身份不同的语言,表达的却是相同的思维。这就是渗透在周扬、邓拓、陈涌,乃至赵树理这一代文人学者意识中的潜台词。我们的党是英明伟大的,而我们自己则往往是幼稚可笑的,不了解这一点,就获得不了起码的知识。所处地位越高,则看得越远,越有全局观念,高瞻才能远瞩。而我们每一个具体的人,"不识庐山真面目,只缘身在此山中"……诸如此类的思维模式,不断地把"离经叛道"的想法,纳入主流意识形态的轨道。更何况主流话语有强大的舆论导向做后援。有各级组织去忠实地执行。

赵树理再次开始写"遵命文学"——长达数千言的书面检查,从根子上追究犯错误的根源,一遍遍地否定自己的所作所为。

6. 乍暖还寒的"小阳春"

就在赵树理开始苦思冥想,"构思"他的检讨时,"反右倾"运动戏剧性地戛然而止,巨大的运动机器慢慢地减速,批判大会无形中被通知取消,赵树理和与会者又一次被置于不知所措、头脑空白的境地。

严文井作为当时党组负责人之一,后来透露了其中一些内情:"庐山会议后整彭、黄军事集团,林彪生怕在军队里要斗倒一大批人,就授意总政发指示,要刹住反右倾运动。后来农村形势越来越恶劣,中央也批转总政的通知,决定反右倾一律不戴帽子,一风吹……"(摘录自陈徒手对严文井1997年5月19日的采访记录)。

严文井回忆说:"中央当时可能有一个指示,对赵要低调处理。"

赵树理的儿子赵二湖在我对他的访谈中,对1959年冬天的赵树理能侥幸躲过一劫,做了这样的分析:"知识分子已经被打倒的差不多了,再把赵树理打倒,党团结的知识分子还有谁?"

赵树理与日本文学代表团

中国作协的"反右倾"运动进入收尾,没有人肯为这些问题再去大会上批判赵树理,整个机关失去政治性反应,一两个月前火暴的批判场面冷却了,只是变成痛苦的记忆碎片留在当事人的心里。作协总支于1960年2月21日做了整风总结,对赵树理留下了几句化大为小的评价:"由于他还未彻底克服的经验主义的思想方法,由于在他身上保留着狭隘保守的农民观点,对人民公社存在的问题及其发展前途的看法是有原则性错误的。"实际上后来也没有形成正式文字,内部批判的最终结果是:没给他任何处分,也没做结论。

1962年,作协根据上级精神,由邵荃麟牵头,做出"1959年中国作协反右倾运动甄别报告",其中谈及赵树理的一段文字是这样写的:"根据三年来农村的情况和人民公社六十条及去年中央扩大会议的精神来看,赵树理同志所写的文章和信,没有什么原则性的错误,而且有些意见应该说是正确的。因此,当时根据以上文章和信对赵树理同志在十二级以上的党员干部范围内进行批判,是错误的。"

邵荃麟用心良苦地在报告原稿上做了多处修改,最后一句原来用语是"不妥当",是邵改为"错误"。可惜,赵树理没有及时看到这份甄别报告。因为1962

年末,阶级斗争理论又占上风,作协已经不便拿出这个报告给当事人阅看。

俗话说:"江山易改,本性难移。"当赵树理有惊无险安全着陆之后,他并没有从这次的批判中汲取教训。反而认为自己"经受住了一场考验",有点更加的变本加厉地"反攻倒算"起来。

赵树理在1960年3月所交的一份书面检查中,说的是这样一番话:"我向各级所反映的问题及自己建议的解决办法,姑无论其合适与否,其精神都是想把问题解决了而把公社办好的。""我自信我还是个敢想的人,虽然学得的马列主义不多,遇事难免有想错的地方,但是想对了的地方也还不少,不要妄自菲薄,应该随着敲紧的锣鼓活跃起来。"

在随后召开的1962年"大连会议"上,赵树理再一次得到了肯定。

1959年主持赵树理批判会的中国作协党组书记邵荃麟明确表态:"前几年对老赵的创作估计不足","这次要给以翻案,为什么称赞老赵?因为他写出了长期性、艰苦性,这个同志是不会刮五风的,在别人头脑发热时,他很苦闷,我们还批评了他,现在看来他是看得更深刻一些,这是现实主义的胜利。"周扬说:"赵树理同志对农村确实熟悉……后来不少方面证明赵树理同志是对的,譬如对于生产指挥太多太死,他那时就有意见。这种精神值得学习。他从生活里感受到的,他能够坚持,他并不因为作协批评他并贴了大字报(有时内部用大字报不一定都适当)而消极下来。作家还是要写他所看见的、所感受到、所相信的。没有见到感觉到也不相信的,不要去写。忠实于生活,忠实于真理,忠实于客观事物,对党讲真话,就是党性的体现。"

这是上世纪40年代末以来,赵树理重新受到的一致推崇。想来赵树理这时的心情一定格外轻松欢快。所以会上赵树理的话特别多,发言极为踊跃。据会议记录,赵树理在会上,光正式发言就有三次,每次都是长篇大论,就是这样仍觉得意犹未尽,在茅盾、邵荃麟、李准、周立波等人发言时,他还进行了不断插话。

然而,这对赵树理的人生命运而言,仅是一个稍纵即逝的"小阳春",抑或叫做一个作家创作生涯的"回光返照"。李清照有词云:"乍暖还寒时候,最难将息。三杯两盏淡酒,怎敌他晚来风急!"

几乎就在大连会议刚刚结束,连会议精神尚未来得及传达,风向就已经转了。

唐达成对我这样说到大连会议:

"邵荃麟在听了作家许多意见和想法后,总结时,他提出要深化现实主义,把思路放得更开阔一些,并称写新时代的英雄固然是我们的主要任务,但社会生活往往两头小,中间大,处于中间状态的人物心理矛盾、心理冲突和内心变化,是很丰富、很复杂的,如果深入进去,刻画得好,同样可以成为文学典型,具有时代意义。邵荃麟为打开作家思路,摆脱条条框框束缚,在着重强调主要任务前提下,提出创造中间状态的典型人物,本来是很普通、很正常的一些意见,在今天看来,不仅不是什么问题,甚至可以说他的发言已经很周到谨慎的了,但万万没有想到,这竟很快被某些文学界大人物上纲为什么'资产阶级文学主张'、'违背了文艺方针'等等,大批判之势劈头盖脑而来,完全不容荃麟和会议参加者申辩一词,他宣布的三不主义(为了让大家在会上畅所欲言,邵荃麟宣布"不打棍子,不戴帽子,不揪辫子"),干脆和他一块儿给废了,大家都遭了殃。"

1964年第八、九合期《文艺报》,以编辑部名义刊出了《关于"写中间人物"的材料》,同期还刊出张光年亲自捉刀的重头文章《"写中间人物"是资产阶级的文学主张》。上述二文,《人民日报》及各地文学刊物纷纷转载,显示出这场大批判的全国规模。事件中,中国作家协会党组书记应声倒地,"邵荃麟同志所受到的处分实际上是'撤销党内外一切职务',调到外国文学研究所去当一名普通的研究员。"

韶华在《做噩梦的年代》中说:"凡是参加这次'黑会'者,没有一个'漏网分子'"。康濯因为在1962年10月号《河北文艺》和同年第5期《文学评论》上,发表了被认为宣传"大连会议"精神与主张的文章,早在1964年就与邵荃麟一道,成为批判对象。韶华在"文革"中被批斗,第一项罪名就是参加了"大连反党黑会"。赵树理作为"中间人物"代表作家,更是首当其冲,被认为是"大连黑会"树立起来的黑标兵黑样板,迎来了其后无休无止的批斗噩运,直至被批斗致死。

7. 赵树理在批斗会上的"黑色幽默"

1966年7月20日,以晋东南地委书记王尚志、副书记仝云为首的十三名地委干部,在地委大楼的三楼楼道里,给赵树理贴出了题为《借下乡体验生活之名,行反党反社会主义之实——从赵树理在晋东南地区的所作所为看他的本质》的大字报。当时,晋东南地委还在严格执行中共中央政治局常委扩大会议做出的决定:"内外有别,大字报不要上街"的"八条规定"。这张长达一万三千多字的大字报,展开了对赵树理的全面揭发批判。大字报中说:"赵树理到底是个什么样的人物呢?现在,真相已经大白,原来他是一个披着'人民作家'的外衣,干着反党反社会主义勾当的资产阶级文艺家。解放十几年来,他为了忠实地执行资产阶级文艺黑线'祖师爷'周扬的指示,借下乡体验生活之名,在山西晋东南地区的广大农村到处放毒……明目张胆地反党反社会主义反毛泽东思想。"事隔一日,7月21日再次由地委书记王尚志、副书记仝云牵头,这次更大规模地联系了地委常委、晋东南军分区司令员、地委常委宣传部长、地委秘书长等十七人,贴出了题名为《赵树理反党反社会主义反毛泽东思想言行面面观》的三万多字的第二张大字报。

8月8日,山西省委宣传部召开座谈会,对赵树理进行批判。次日,《山西日报》在头版进行了报道。公开批判赵树理的罪状主要有三条:一是说赵树理的思想与彭德怀"一样反动";二是说赵树理是"周扬黑帮树立的'标兵'","是十七年文艺黑线的红人";三是说赵树理是"反动学术权威"。

自此拉开了批斗赵树理的大幕。

让我们通过当年晋东南地区的《文化革命简报》,看看"文革"初期,赵树理在受到批判后的一些言论:

三万多字的大字报,王尚志、仝云都签了名,这是有计划搞的。不然晋城的材料、峪口的材料、我家乡的材料,他们怎么知道,要去调查搞我这个文人,谁还给我说话。

大字报上有好多材料不是我的,多一条少一条不管他,包起来就行了。要辩论让他们去辩论吧,我不参加。

大字报说我多年不定期上下奔波进行反党反社会主义活动,这不符合事实。我向来认为我上下奔波还是一个优点。其他作家坐在上边不下来,还没有这个优点。过去有人说我是通天彻地干部,我到上边找的都是各级领导,反映的是实际情况。我到下边又代表的是上边,做的是说服教育工作,要说我受黑帮指示,上下奔波反党反社会主义活动,不说我接受不了,其他人也接受不了。

党给下了结论,把我列入黑帮,下边是揭发(指二楼三万多字的大字报），上边是结论（指三楼大字报），说我有纲领、有基地，有上有下，只说登报了。我的材料是从北京来的，这是党决定了。叫王尚志、仝云来完成这个任务，叫他们很快完成这个任务算了。把我这黑帮处理了，他们也就胜利了。

材料又不是从群众中来的，反正是搞我，我也不知道是我不相信党，还是党不相信我，是我把党摆在对立面，还是党把我摆在对立面，我不提了，叫他们完成任务算了。

党决定了我还辩论什么，我和谁辩论，我站在什么立场上，我要站在无产阶级立场上，他们站在什么立场上；我要是站在资产阶级立场上，我还觉得我不是呀！辩论就是斗争，你还没说上三句话，就顶回来了。

大字报说我向党伸手。我感到从历史上我没有向党伸手要过什么。伸手派常常是要三个东西：权、名、利。我这个名气是从解放区出去的，进了北京虽然写了《三里湾》，后来名倒不如以前了。1953年从中宣部调到作协，我在中宣部给我定的是行政十级，到了作协马烽等都比我的级别高，要给我评级，我说享受已经不少了，不要。我从进北京、出北京、到太原，一直比他们的级低，我没有伸手要过提级，十几年来没有写出好作品，应该再取下些。

说我写得作品效果不好可以，说我是伸手派，我伸什么手？我要什么东西？我六十多岁了，说我图名，我什么领导也没当过；说我图利，我落了一千四百块钱？我忠心耿耿为人民服务，结果落了个黑帮。

大字报说我这几年时而去北京向主子汇报，时而回到家乡去活动……去北京汇报，我是向党组织汇报的，近几年也去得很少。我汇报都有材料，我回去不向党组织汇报向谁汇报？我没有向周扬黑帮汇报，即使向他汇报，他是党组书记，我也没办法。

想要搞臭我，搞臭的办法多了，为什么偏要这样搞。比如我去洗澡，身上没有粪硬给我抹上些粪。

新时期给赵树理平反后，流传着许多那个特殊年代里，赵树理在批斗会上的小"花絮"。申双鱼、徐成巧在《铁笔圣手赵树理》一书中记述：

1966年8月10日，晋东南戏校的红卫兵将赵树理揪去批斗，那些人蜂拥而来，喊着"打倒黑标兵赵树理"的口号，涌进赵树理的住室，用白纸糊了一个尖尖的高帽子,给赵树理戴上,又做了一块长方形木牌子,上面写着"黑帮分子赵树理","赵树理"三个字还用红笔划了叉,表示判了死刑的意思。红卫兵把木牌给赵树理挂在脖子上,押他走向会场……走在路上,红卫兵大喊:"打倒反革命分子赵树理!"赵树理不怕遭罪,忙说:"你们喊错一个字,我是干革命,不是反革命。"红卫兵又喊:"打倒反党分子赵树理!"赵树理又说:"你们又喊错了,我自己是共产党员,怎么还能反对自己的党呢?"有个红卫兵说:"你他妈的尽写中间人物,不是反革命是什么?"赵树理说:"镇压反革命条例上没有规定写了中间人物就是反革命呀!作品里既有正面人物,也有中间人物和反面人物,要全写正面人物,那怎么能写成作品呢?""你还想抵赖?你利用小说反对党的领导!""我在作品里是讽刺过一些乌七八糟的领导人,那些人办事专爱吹大话,不顾群众死活,弄虚作假,大搞浮夸,害国害民,这些人不能算党的正确领导呀……"

有一次,赵树理戴着高帽子,挂着"黑帮分子赵树理"的大牌子,接受晋城师范学校红卫兵小将们的批斗。小将们喝问:"我问你是不是黑帮?你的作品是不是大毒草?"赵慢悠悠地说:"说我是黑帮,我不敢当。我人长得黑,可心不黑,也没帮没派。我的作品尽是'豆芽菜',连'西红柿'都够不上。要说是大毒草,我真不知道该怎么种呢!"

王子硕在《逆境中的幽默》一文中,记载了赵树理这样两件事:

1966年夏天,《关于无产阶级文化大革命的决定》(即"十六条")公布后,当时在太原的赵树理(此处说法不确,当时赵在长治,如在太原,也是被"揪回")立即被揪到烈日下批斗。"十六条"把干部分为四类:好的;比较好的;犯过错误可以改造好的和死不改悔的"走资派"。于是,造反派们据此向赵树理喝问:"赵树理,你是哪一类干部?"赵树理微微一笑,说:"说我是一类二类干部,我不敢往里挤。说我是三类干部,你们不答应,说我是个四类干部吧,我自己又不承认。实在不行的话,就算我个三类半吧。"这个三类半一出口,立刻就把陪他挨斗的"黑帮们"逗乐了,可是又不敢笑出声,只好捂住嘴把腰弯得更低一些。

有个造反派想把花园里的一盆花拿回家去,但又不知道这盆花好不好,就去问那些"黑作家"们:"这花好不好?"别人都不想理他,推说不知道。这个造反派火了,指着赵树理说:"赵树理,你这么大年纪了,也不知道?"赵树理说:"我不是不知道,是不好说。我是黑帮,我说是香花,你们说是毒草;我说是毒草,你们说是香花……"这个造反派听后破口大骂:"赵树理,你简直反动透顶。"赵树理却忍不住笑了,说:"你看看,我说是不好说嘛。"

马烽也回忆过他与赵树理一起挨批斗的情形:

很快,我们都被打倒了,赵树理也在劫难逃,从晋城给揪了回来,和我们一起成了批斗对象。在我的记忆中,挨斗最厉害的一次,是在柳巷的山西大剧院。那是由整个山西文艺界造反派组织的批斗会。省文联被斗的是我和赵树理两个人,省文化局是贾克和张焕等人。我们四五个人一溜排跪在舞台上,每个人由两个造反派押着。他们一人一只脚踏在你的背上,一人一只手揪住你的头发,另外一只手则扭着你的胳膊,将你整个人弄成个"之"字形,非常难受,一会儿工夫你就汗流不止,浑身疼痛。我紧挨着赵树理,听见他喘得很厉害。我也快出不来气了。那天批斗回来后,赵树理气还没喘匀乎,就对我说,马烽同志,你知道咱们今天是受了谁的害?就是那个照相的!他导演的,不知是让我们笑好,还是龇牙咧嘴好。什么时候了,老赵还有心思开玩笑。

西戎对批斗会上的赵树理也有一些回忆:

我不愿再去重复现在看来既野蛮又荒唐的批斗会,因为每个揪斗对象所经受的苦况,几乎是千篇一律:挂牌、游街、带纸帽、低头、弯腰、罚跪、罚站、辱骂、狂叫……然而在这些失去人的理智的批斗会上,赵树理却表现出了与众不同的冷静。

……"不准赵树理继续放毒!""赵树理罪该万死!"

口号声大作。在这具有威慑声势的斗争会上,赵树理非但面无惧色,反而出声地笑了。

"赵树理,你笑什么?"红卫兵愤然逼问。

赵树理看看质问者的脸色,依然笑着说:"大家刚才喊口号,说我罪该万死,其实,人只有一死,也用不着万死!"

他不慌不忙,操着浓重的家乡口音说出这几句辩白,把坐在会场上的红卫兵也给逗乐了。场上出现了笑声。

会议主持人有些紧张,横眉怒目,猛力拍着桌子:"把这个顽固不化的反革命分子拉下去!"

在一片狂怒的口号声中,赵树理和我们几个陪斗的人,被推搡着从会场往外走。刚走到门口,群众高呼:"毛主席万岁!"这时赵树理也振臂高呼,刚刚喊出了"毛主席"三个字,便听见主持人高声怒斥:"赵树理,你喊什么?"

赵树理答:"喊口号!"

"你是反革命,不准你喊!"

赵树理做出一副迷惘的样子,笑问:"我在晋城参加批斗会时,革命群众喊口号,我未跟着喊,主持人质问我,'为什么不喊?'我无法回答。现在我跟着喊,你们又不准我喊,究竟是喊好,还是不喊对,原来一个地方一些个做法。"

平平常常一席话,又把会场的人逗笑了。连我这陪斗对象,也有点憋不住想笑。心里直埋怨老赵,在这"造反有理"的年月,还讲的什么理呀!

七月的夜晚,无风闷热。造反派决定用轮番批斗的办法来对付赵树理的"冥顽不化"。

院子里的墙上,贴出了勒令告示,上面赫然写着"拼刺刀"三个大字。而且还用朱笔在字上加了三个红圈,以示威严。

赵树理带着用细铁丝拴的大木牌,因为很重,两手端扶,步履艰难地被押进一间比较宽敞的大房间里。这里原是办公室,早已无公可办了,如今成了批斗会场。

会场里,人虽不多,但是个个神色冷漠,气度庄严。把赵树理押进来以后,勒令低头弯腰,站在人圈中央的一小块空地上。

主持人宣布开会,照例全体起立,手捧红宝书,极度虔诚地齐声念到:"凡是反动的东西,你不打它就不倒,这也和扫地一样,扫帚不到,灰尘照例不会自己跑掉。"念毕,全体落座。

主持人厉声厉色地问:"赵树理,你会不会背'老三篇'?"

赵树理低头答:"会背《愚公移山》!"

"给革命群众背一遍!"

赵树理应命背了起来,声音虽然低沉,但是一句紧接一句,确实熟背如流。

主持人突然把桌子一拍:"赵树理,声音大些,背慢一点!"

赵树理怔了一刻,似乎明白了主持人的要求,便放慢背诵节奏,提高嗓音,一字一句地背了起来:"太行王屋二山,方七百里,高万仞,本在冀州之南,河阳之北。北山愚公者,年且九十,面山而居,凭山北之塞,出入之迂也,聚室而谋曰……"

坐在四周的人,露出奇异的神色,瞠目相视。

主持人问:"赵树理,你背的是什么?"

赵树理从容作答:"《愚公移山》!"

"是不是'老三篇'?"

"是。"

"你胡说!"

"不胡说,这是比'老三篇'还老的《愚公移山》!"

主持人狂怒,用手指住赵树理低着的脑门:"你简直反动透顶!"说时迟,那时快,倏忽从人群中跳出来两个年轻人,其中之一是一位戴一顶黄军帽,露着两根锅刷小辫的女青年,对准赵树理的胸口,猛击一拳。

赵树理毫无防备,身子倾斜,两腿失重,应声翻倒在地。

这一跤跌得不轻,赵树理翻身坐了起来,诧异地望着四周的人。此刻,他确实摸不清是出了什么差错而挨打。

"你要什么死狗,站起来!"打人的女青年对着赵树理咆哮。

赵树理深入生活

赵树理慢慢从地上站了起来，心中气恼，面色苍白，对那位站在脸前的女青年说："刚才你偷打，我没准备，现在你再打，肯定你打不倒了！"

在这种被视为你死我活的阶级斗争氛围中，赵树理居然感受不到气氛的庄严，敢于说出这种带有亵渎意味的话来，不能不令参加会议的革命群众啼笑皆非。

火力来势更猛。连珠炮似的批判发言，向赵树理劈头盖脸地打过来。

天气着实闷热，房间里的烟味、汗味，简直让人憋闷得喘不过气。赵树理脸上淌下来的汗珠，滴在胸前沉重的木牌上，渍湿了上面糊着的纸，又慢慢流着滴落在眼前的水泥地上。空气是多么令人窒息啊，听着那虚张声势聒噪刺耳而又荒诞可笑的发言，他忍无可忍了，把低得发酸的脖颈，突然直了起来。还是那位戴黄军帽的女青年，猛扑上前，用力把他的头压下去。赵树理没等她松开手，又把头抬起来，那女青年无力制服了，又一个戴眼镜的男青年扑过来，狠命压住赵树理的头。

赵树理把头用力一甩，挣脱压在上面的手，生气地说："你们要不要我交待问题？"

主持人做个手势，两位"小将"方才坐回原来的位置。

赵树理把又酸又困的腰伸直，质问道："我看墙上贴着勒令，今晚是和我拼刺刀会，既然是拼刺刀，就该双方都有武器。今晚光是你们发言，不让我说话反驳，我看这不能叫拼刺刀，应当改成捅刺刀！"

有一次，看管我们的"胡司令"来收自传材料，赵树理因为有病，只用文言体十分简练地写了一张稿纸。"胡司令"看了半天，看不懂，念又念不通，他发火了，把稿纸往桌上一摔："赵树理，你这叫自传？你活了六十大几，就这二百多字能交待了？"

赵树理想挑他的漏眼，反问："你说我哪里写的不对？"

"胡司令"把眼一瞪："写得太少，分量不够！"

赵树理又问："你说写多少才够分量，三十斤，还是五十斤？"

"胡司令"满脸发窘,把桌子一拍:"你老实点,再不老实,把你在这里关上四十年不能出去!"

赵树理忍不住哈哈大笑。

"你笑什么？""胡司令"莫名其妙。

赵树理说:"四十年以后,早已没有了赵树理,你想关也无对象了!"

还有一次,也是这位"胡司令",把牛棚里的人集中起来训话。我们站成一排,他说:"拿出红宝书来,先学毛主席语录。"

我们都从口袋里把语录本掏了出来,唯有赵树理摸遍了口袋,也找不见语录本。

"胡司令"瞪着眼睛走过去,厉声问:"你怎么不带语录？嗯？"

赵树理解释说:"刚才学习时,放在房里床上了!"

"胡司令":"经常不带语录,这是什么性质的问题？"

赵树理不慌不忙地回答:"跟得不紧。"

"胡司令":"你为什么要跟的不紧？"

赵树理笑了笑,好似要说的话又说不出口。

"胡司令"紧逼一句:"为什么你要跟的不紧？你说呀！"

赵树理回答:"全国跟的最紧的是林副统帅,我怎么敢跟林副统帅比呢！"

革命小将责问赵树理:"你到底是个什么人？"

赵树理风趣地回答:"一个高尚的人,一个纯粹的人,一个脱离了低级趣味的人,一个有益于人民的人。"

革命小将呵斥:"你也配？"

赵树理答:"我是在背毛主席语录。"

苟有富在《一生真伪复谁知——赵树理在"文革"岁月中》,还记载了赵树理挨批斗时这样一些细节:

那个头头模样的人，忙领着喊口号:"打倒反革命黑帮分子赵树理！""打倒周扬文艺黑线的代理人赵树理！""打倒……"喊着喊着,突然发现赵树理还带着他平时总带着的那顶前进帽,马上喝令道:"赵树理,把你那帽子摘了。"

赵树理佯装不解地问:"帽子你们刚才给戴了一大堆,怎么又让摘了?"

"是说你头上的帽子。"

"可不是我头上的帽子嘛,这时候谁还愿意戴这么顶'黑帮'分子的帽子。"

那个头头恼火地说:"我说的是你头上戴的那顶前进帽。"

批斗赵树理的红卫兵喊了一句:"我们一定要把赵树理批倒批臭,臭如狗屎,狗都不吃。"

赵树理听着忍不住"扑哧"笑出了声。

那红卫兵怒斥道:"批你呢,笑什么?"

赵树理笑着纠正道:"你们刚才喊的不对,狗是越臭它才越爱吃哩。"

批斗会后,就安排赵树理在戏校吃晚饭。平时,总有一伙学生围着赵树理,听他那总也讲不完的故事。可现在,赵树理只好独自一人端着饭碗,圪蹴在一边。

……有个女同学刚一放下碗,就说她有颗纽扣掉了,要找线钉扣子。问了好几个同学,都说没有线。这时赵树理突然在旁边接口说:"我倒是有线,但你不能用,我是'黑线'。"一句话把沉闷的空气又逗得有了欢笑声。

人们在传诵赵树理这些幽默小故事的时候,总要加上一句评语:"赵树理就是这样,以幽默的智慧和乐观的精神面对眼前残酷的现实。"我不否认,在逆境中仍能保持一种幽默,绝对需要大智慧,但我在赞叹之余,仍然感受到了其中的一份沉重。我总觉得,赵树理在吐出这些珠玑似的幽默时,犹如泣血的杜鹃,心上在滴血。这是一种富有中国特色的"黑色幽默"。有着几分阿Q式的精神胜利法的意味。

评论家唐达成在饱受摧残的"文革"中说过这样一句话:"中国人有时大概

还是需要一些阿Q精神。它对于减缓精神压力,在突如其来的灾祸面前,做一些自我调节,自我安慰,大概也无可厚非吧?"

幽默,不仅是一种智慧,在"士可杀而不可辱"精神的支配下,可否看做是对精神压力的释放和减缓?也许还含有鲁迅笔下阿Q的典型"精神胜利法"。是无奈之下对自我人格尊严的一种持守和维护。

8. 插错"搭子"的一张牌

在潞、泽二州的地方志上,赫然书着:"风土完厚,人质直而尚义。"

赵树理从小深受中国传统儒家文化的熏陶,曾子曰:"吾日三省吾身",《诗经》讲:"如切如磋,如琢如磨"。赵树理又是长期以来深受毛泽东思想的教育,"改造思想"、"批评与自我批评"的精神已经"融化在血液中"。赵树理认为自己作为一个共产党员,原本就应该严以律己,宽以责人。更何况"文化大革命"又是党中央、毛主席号召的,是"触及每个人灵魂"的政治运动。

尽管赵树理觉得自己受到天大的冤枉和委屈,但他仍尽力从正面去理解这场突如其来的灾难。

赵树理在给他贴的大字报空白处,用钢笔写下这么一首诗:"污垢沾身久,未能及时除。欢迎诸同志,策我去尘污。"

赵树理还写下这样一首诗:"革命四十载,真理从未违;纵虽小人物,错误也当批。"

正是出于这样一种心理,赵树理在检查中说出了那段传诸后世的经典名言:

……广大人民不了解内情,从某一段社会关系上把我和一些人摆也摆在一处,扫也扫在一处,但我把自己的来踪去迹向党说明之后,要求党在数年之内,经过详细调查,最后把我加一点区别,放到应该的地方。

我不要求过早地加以区别,此次"文化大革命"是触及每个人灵魂的事,文化界、文艺界的人们更应该是一无例外的。待到把我和我共过事的人都接触到,把问题都摆出来,我本人的全部情况也会随之而出,搜集起来,便是总结。我以为这过程可能与打扑克有点相像。在起牌的时候,搭子上插错牌也是常有的事,但是打过几圈来也就都倒正了。我愿意等到最后洗牌的时候,再被检点。

赵树理的夫人关连中回忆说:"'文化大革命'中,几乎天天斗他。白天斗完了,晚上回家还讲故事,变戏法,用饭碗敲打一阵子,唱一通上党梆子,整天总是唱唱咧咧,也不知哪来的那股精神头儿。"

女儿赵广建回忆说:"他很乐观,批斗完回家,还学习代数、几何,整(拿)个大碗当锣鼓家伙敲打起来没完。他喜欢民间乐器,平素只要一听到锣鼓响,他一定要凑过去来几下,他一个人能同时把锣、鼓、镲等几样乐器打起来,口当胡琴还不误唱。这时不行了,他已经失去了这种自由,可他仍想办法自得其乐。常常是刚批斗完,一回家来,就拿个鸡毛掸子当马鞭,嘴里喝着锣鼓点,把地上当舞台跑圆场,逗得两个小外孙也拿着小棒跟在他屁股后边跑。每逢这时,常弄得母亲哭笑不得,叹着气对父亲说:'斗成你这样,还把你高兴的。'"

赵树理曾说过这样的话:"我看《高平关》,觉得赵匡胤上关来的马上姿态美得很,架子多得很,这些架势在旧年画里也常见到,只是没有那么多,更不会用活的动作把它们串联起来。一条简单的马鞭子,拿到他手里,就成了变化无穷的宝物,再加上胡须、腰带、朝靴,配着这马鞭子有节奏地飞来抛去,凑成了赵匡胤的英武形象。"

也许,当赵树理拿着鸡毛掸子当马鞭在地上跑圆场的时候,他意念中涌现出的是他"本家"赵匡胤的英武形象。赵树理以这种苦中求乐的方式,为精神上寻求支撑点,试图熬过这场劫难。

赵二湖在访谈中说:"他这种抵触是很矛盾的抵触。往往更像古戏里唱的忠臣,他带有愚忠的思想。他对共产党的恩情,确实是共产党给了他一切,救了他。他有'士为知己者死'这种思想,党可以误解我,我不能背叛党。"

赵树理常对女儿说这样的话:"小鬼,不要软弱,要相信党,相信群众。现在确实困难,但这对我们每个人的革命意志都是个很好的锻炼和考验,只要对党和人民有好处,个人受到一点冲击和委屈不该有什么怨言。"

我现在已经很难分辨出此类话究竟是发自于内心的肺腑之言,还是在当年那种严酷形势下的违心之言,抑或是确实在努力提高自己的"思想境界",使自己能跟上伟大领袖的巨人步伐。

在那个网织罪名,"欲加之罪,何患无辞"的年代,用毛泽东思想武装起来的工农兵群众自有一双"火眼金睛",从什么样的诗中,什么样的画中,也能看出作者隐匿其中的"反动心迹"。

1962年,赵树理在参观了大庆油田后,有感于石油工人的英雄气概,曾写过两首"调寄竹枝词",载于《诗刊》1964年4月号。其中一首是这样的:"任地冰封与雪飘,江山再造看今朝。钻林不作银蛇舞,也与天公试比高。"就是这样一首诗,在"文革"批判赵树理的大字报上,却被做了这样的诠释:"明眼人一看,就知道赵树理是借用毛主席诗词里用过的一些字眼,来反对毛主席。他把党和群众对他的批判比作'冰封'、'雪飘'。他表示:不管你们怎样批判,我也不怕,决心按照资产阶级的世界观来改造世界,'江山再造看今朝'。毛主席在《沁园春·雪》里写道:'山舞银蛇,原驰蜡象,欲与天公试比高'。赵树理却与毛主席所倡导的方向背道而驰。他把农村比作山林,决心下到农村,去'钻林不作银蛇舞'。他所说的'天公',指的是毛主席,他决心要钻在乡下,搞资产阶级反党活动,来和党中央、毛主席领导的无产阶级革命事业比比高低。"

赵树理曾为全国曲协副主席王曾山七十大寿作过一首五言诗:"峻岭苍松古,朝朝映赤霞。风凄偏见劲,日暖不喧哗。出众还依众,生哪还落哪。涛鸣浑似海,宵夜彻天涯。"这首诗在大字报上又被批判为:"赵树理把自己比作'峻岭'上的'古''苍松'。说他是个光明磊落的人,'朝朝映赤霞'。说他不怕党和群众的批判,越批判越坚强,'风凄偏见劲',他把受批判的时候比作'风凄',把不受批判的时候比作'日暖'。他的所谓'日暖不喧哗',是说他在不受批判的时候,也仍要坚持其反动立场,不写工农兵,不歌颂党和毛主席,不歌颂社会主义。他把歌颂工农兵污蔑为'喧哗'。他要'出众还依众',笼络与他臭味相投的那一小撮人,来实现他的反党阴谋。他要'生哪还落哪',他是不管受到什么样的批判,也要永远忠实于他的资产阶级立场。他认为现在的社会主义是漆黑一团,他要在'宵夜彻天涯'的社会里,像'海涛'一样的一声呼喊,让这种喊声像'海涛'一样波及全国,即'涛鸣浑似海'。他说'宵夜彻天涯',他认为社会主义是'彻夜'不明的大黑暗,是普天下的大黑暗。"

这些现如今看来就像是在说相声笑话,在当年却是振振有词对赵树理的批判。

批判赵树理时,大字报上还有这样一些例证:

赵树理披着共产党员的外衣，依仗作家和县委副书记的"权威"，恶毒反对突出政治，反对战无不胜的毛泽东思想，猖狂反对我们心中的红太阳毛主席，反对群众学习毛主席著作。

1965年9月，晋城县委委托他在南村召开全县文化室突出政治现场会，他在会上做了长达三小时的报告。在报告中却只字不提突出政治，不提学习毛主席的著作，反而大放厥词说什么："过去进门有门神爷，动土有土地爷，群众都信仰，学习毛主席著作也得叫群众信仰，不信仰你强迫也不行。"（赵树理的辩解："大字报说我反对宣传毛泽东思想。这是因为有这样一种宣传方法，比如说毛主席的书，对口词宣传'有了他'就怎么样，一直他他到底，内容不系统，说这种宣传方法不好，不是反对宣传毛主席的书。"）

赵树理在峪口蹲点时，干部要往墙上写毛主席语录，他说："那是形式主义，无效劳动，我就不主张那样做……写那有什么用？中国人谁还不认得那两个中国字。"（赵树理的辩解："大字报又说我反对毛主席语录牌。这是在晋城峪口的事，我是看到小黑板上的内容需要适时换，快秋收了，还是抗旱下种，不换是形式主义，说我反对宣传毛主席语录，怎么能对上口？"）

赵树理攻击照毛主席指示办事的人是："毛主席坐了火车出去，就证明汽车坐不得；毛主席爱吃大米，就证明别的粮食都没有营养。"（赵树理的原话是出自1964年《火花》2月号上的一篇文章《"起码"与"高深"》。赵树理在前期《火花》上发了一篇文章《更好地为工农兵服务》，其中涉及形式、语言方面，主张"顺当、口语化、群众化"，有点"风土人情"味，因而引出一篇"义愤填膺"为民请命的文章来。此文题目《群众化和低标准》。文章很长，其中有一条引用了毛泽东喜爱作旧诗词，据此来反驳赵树理的通俗化是不让人民大众"提高"。赵树理正是为驳斥这一观点，写下了以下字句："最后我想谈谈该文作者以毛主席做挡箭牌这种战术的要不得。该文引了毛主席两句旧词之后写道：'……也只有读这样的作品才能收益更大，才能真正的在潜移默化中受到影响、得到教育。'这无异于说'毛主席坐了火车出去，就证明汽车坐不得；毛主席爱吃大米，就证明别的粮食没有营养'。"）

其实无须如此繁琐地旁征博引,在"文革"中,如此网织构陷"歪批三国"豆腐里下蛆鸡蛋里挑骨头的做法已经"蔚然成风"。

在我对韩文洲的访谈中,他对挨批斗中的赵树理做了这样的讲述:

"刚开始,对老赵的批斗还讲究一些政策,虽然也有戴高帽子、挂铁牌子、扭胳膊按头这些粗野动作,但基本上还是贯彻'触及灵魂',还是'文斗'。老赵挨批回来,我担心他受不了,问他:'够你喝一壶?'老赵还一笑回答:'出了几身臭汗,也没什么,锻炼小将嘛!'后来对赵树理的批判不断升级,越来越上纲上线,批斗会上还动不动就来一段毛主席语录:'革命不是请客吃饭,不是绘画绣花,不是做文章。革命是暴力,是一个阶级推翻一个阶级的暴力行动。'于是,对老赵的批斗就越来越暴力了。我记得有一次,长治的造反派把赵树理和李束为揪来,在东街俱乐部进行批斗。地委的造反派通知我去参加陪斗,是'打黄牛、惊黑牛'的意思吧。造反派们把赵树理和李束为揪到台前,给他们坐'喷气式'。他们俩人虽然胸部都挂着一块大铁牌,但是在做'喷气式'时,造反派们对李束为压得比较轻,而对赵树理压得非常重。把老赵的脖子一直压到他胸前大铁牌的边棱上,死命地压,直把老赵压得脸红脖子粗,吭哧吭哧出不上气来,眼珠子也鼓了出来……"

杨品在《颠沛人生——赵树理传》一书中有这样一段描述:

> 赵树理又一次错误地估计了形势。不久,"清理阶级队伍"作为"文革"的一项主要内容开始了。赵树理无疑是个难得的反面教材。造反派们又掀起新一轮批斗的高潮。经常是半夜三更被破门而入的"革命群众"从床上拉起来,有时还要蒙上眼睛,拖到卡车上,拉到太原市各单位和全省各地去批斗。赵树理又一次被揪回晋城,尝到了苦头。
>
> 为了表明晋城的"革命群众"经过大风大浪的锻炼,斗志更昂扬,决不像运动刚开始的1966年那样温文尔雅了。他们别出心裁地把三张桌子摞起来搭成一个高台,一个丑陋的男人冷笑着对赵树理说:
>
> "赵树理,你不是写过《三关排宴》吗?这回就让你来个真正的'三关排宴'吧!"
>
> 说罢,几个人把赵树理拉扯到桌子上,要他跪下认罪。批斗会开始,发言者一个个质问赵树理:"你是不是阶级敌人?"
>
> 赵树理跪在三层桌子上,心里直打颤,豆大的汗珠一串串往下滚,

根本顾不上回答问题。

一个发言者叫道:"看来你是不想承认自己是阶级敌人了!"说着,猛地跳到桌子跟前推摇桌子。

赵树理没防住,猛一下从桌子上摔下来,昏迷过去。

过了好一阵,赵树理慢慢苏醒过来,躺在地上感觉一阵阵钻心的疼痛。他发现自己的髋骨摔断了。

……肋骨未愈,髋骨又摔断,肺气肿哮喘也越来越剧烈,赵树理每天都处在痛苦的喘息和呻吟状态。

1968年12月,工宣队、军宣队进驻山西省文联,赵树理被集中监管起来,关进现在南华门东四条山西作家协会机关大院的南平房(现已拆除),这就是后来被称之为"牛棚"的地方。同时,还成立了赵树理专案组,专门审查其"历史问题"。

西戎在《他,是弱者也是强者——非常生活回忆录》一文中,讲述了这一时期赵树理所经受的严重摧残:

"牛棚"生活纪律虽严,但关在这里的人都还知趣,无人去节外生枝自讨苦吃。开会自我批判,空话连篇,写材料交待罪行,套话语录抄引大半。牛棚生活里要的就是这一套,住"牛棚"里的人,日久天长,也学会了应付这一套的一套。从早晨起床,熬到晚上睡觉,我们所求甚微,能够平安无事也就是万幸了。

有一天下午,院子里突然站满了人。进进出出,行色匆忙。而且有许多面孔是生疏的,我预感到有什么严重的情况要发生了。

门被推开了……"牛棚"里的人,都被戴上牌子,押出了大门。门口停着一辆贴满了标语的大卡车,我们都被驱赶着爬上车槽,把我们拉到了太原市的五一广场。原来是在这里举行万人批斗大会。主斗对象是省委、省政府的"走资派",我们几位包括赵树理都是陪斗。

……胡里胡涂在台上低着头站了两个多钟头,天色将晚,批斗会总算收场了。可是就在我们登上卡车准备返回的时候,不幸的事情发生了。

赵树理年事已高,弯腰站了一下午,腿酸腰困,疲惫不堪,从会场出来上卡车时,两手攀着槽板,几次都未能跨上车去。这时,激怒了押他的两个"革命小将"。其中一位,不分青红皂白,举起紧握的拳头,对准赵树理的腹侧猛击两拳,打得他两眼生泪,霎时头晕眼黑,两手捂着腹部,蹲在地上,半天直不起腰来。

"革命小将"怒斥:"你耍什么死狗,快上!"伸手一把擒住赵树理的衣领。赵树理强忍着钻心的疼痛,慢慢站起来,攀住车框,踩住汽车的后轮胎往上爬。这时,车上有人拉,下面有人扶,总算把他弄上去坐在车槽里。

赵树理很要强,挨打以后腹痛难忍,每天仍和我们一起参加规定的劳动。我们看着他病恹恹的样子,为他十分担心,请求看管人免去他的劳动任务,由我们来分担。结果看管人非但不允许,还把我们集合起来训斥:"劳动是改造思想,他不劳动,能把他的思想改造好?你们能替他劳动,能替他改造了思想?"

又过了二十多天,赵树理感到腹疼难熬,日夜呻吟。我们劝他请假去医院看看,……详细检查,是肋骨折断了,由于医治不及时,引起腹腔发炎,化脓,医生要他立即办理住院手续,他说:"要住院还得向单位的革命组织请示。"

赵树理带着医生开出的证明和药片回来了。证明交给造反组织,住院不准,只能每天上医院门诊治疗。每天规定完成的劳动项目——清扫院子、厕所还得参加。只见他一手捂住腹部,一手提着笤帚、簸箕,拖着沉重的双腿,边呻吟、边清扫。厕所、院子、马路依次扫完,腹腔剧痛,满头冷汗,连走路也感到吃力了,只好就地坐下来歇口气,大声呻吟几声,这样似乎可以减去一些疼痛之苦……

赵树理的病,一天比一天沉重起来。本来骨折需要休息,他不但不能住院治疗,反而还要参加劳动,这样肋膜痛得更加厉害,晚上有床不能躺,躺下痛得连喘气都感到困难,只能背靠暖气片,胸伏床沿,用腿把腹部紧紧挤住来熬过这漫长的冬夜。

……我想无须再过多引录这些血腥的批斗场面了。批判在升级,斗争在白热化。这是两个阶级、两条路线你死我活的斗争。

9. 卡夫卡小说《判决》的中国版本

赵树理一变运动初期的幽默而为沉默。这是一段何等漫长而痛苦的心路历程。

批判赵树理的戏校学生后来回忆说："批判他的那段时间,赵树理回到他的住所,总是呆呆地坐在床上,下意识地用手指敲打着桌面当鼓板,嘴里就哼哼起咱们上党梆子《两狼山》中,杨继业的一段唱腔:'夜沉沉冷森森初更时分,抬头看又只见月照松林……'""两狼山"是一代忠良杨继业的"败走麦城",是另一层含义下的岳武穆的"风波亭"。

赵树理的家乡是岳飞当年抗击金兵的古战场。岳飞在太行山枪挑金兵首领拓拔乌耶之后,立即派大将梁兴会合太行忠义,两河豪杰,在沁水再次大败金兵。接着,又在朱仙镇打了一次决定性的胜仗,直捣黄龙府的宏愿指日可待。当年的沁水人民踊跃支援岳家军,他们头顶香盆,争运粮草,并且筑起了七个城堡来迎接岳家军的进驻。这些城堡的遗址,世称"岳将军砦"。然而,就在这功败垂成之际,岳飞在十二道金牌的催逼之下,为表白自己对皇上的一片忠心,不得不放弃已经收复的大片国土,班师回朝,最终被杀害在"风波亭"。尉迟村一直供奉着岳飞的神位:一块"鄂王忠武"的匾额至今犹存。

我总要情不自禁地想:当赵树理唱着"夜沉沉冷森森初更时分,抬头看又只见月照松林"时,是否有了与岳飞、杨继业一代代忠臣类似的心境?

苟有富说:"他习惯性地拉灭了灯,摸索着把积攒起来的吸剩下的纸烟屁股撕碎,将烟丝装进烟斗,'哧嚓'一声划着一根火柴,边吸烟边思索着……"

西戎说:"他坐在床上,接连不断地抽烟。他心中有气时,烟瘾也就更大了。"

西戎还讲过赵树理当"闹钟"的一段故事:

……进驻的"革命组织"决定要我们去干重体力活——烧机关里的暖气锅炉。

烧暖气锅炉,并不是所有关在"牛棚"里的人都参加。只派定西戎、李束为、马烽、孙谦四人。一方面是因为我们"罪"大,另方面也是因为我们年纪轻(其实也都是四十岁以上的人了),这样繁重的体力活不让我们去改造,岂不便宜了我们。

我们这几个参加烧锅炉的强壮劳力,每天两班轮换。规定四点起床进锅炉房,拉开炉闸板,打开通风门,加水、看仪表,把封着的火用铁杠撬开,添煤、掏灰、拉煤……干完这一切必干的工序,已是凌晨六点,锅炉里的凉水,烧到了规定的度数,便开泵送水,正好是人们起床的时分。以后每烧半小时送一次,房内的温度,便不会发生大的变化。可是要保持这种正常情况,关键是必须保证准时起床。在那动乱年月,我们都没有手表,那么重的劳动活儿,累一天,谁也不能保证不睡过头。

……每到凌晨四点,睡梦中便能听到赵树理那浊重的声音在喊:"时间到了,起来干活吧!"

我们应声起床穿好衣服,赶到锅炉房看那里的钟,时间大致不差。说也奇怪,赵树理手上的表也早被人脱走了,起床时间,他是如何看得这样准确的呢?

我问过他:"你是如何掌握时间的?"

"你们看,"赵树理指着窗外一座房顶,"那座房顶上有个旧烟筒,每天我睡不着觉,就瞅着天空有一颗很亮的星星,当它走到和房顶上的烟筒成一条直线时,肯定是凌晨四点左右,叫你们起床上班正好。"

那年头流行一首歌:"抬头望见北斗星,心中想念毛泽东。迷路时想你有方向,黑夜里想你照路程……"

赵树理整夜里睡不着,他仰望着星空在想些什么呢?

望星空的心理潜台词是:仰天长叹,"三十功名尘与土,八千里路云和月";"念天地之悠悠,独怆然而涕下"。望星空的心理潜台词还是:发出"冥昭瞢暗,谁能极之;冯翼惟象,何以识之;明明暗暗,惟时何为;阴阳三合,何本何化?";发出"悟过改更,我又何言;环理天下,夫何索求;九天之际,安放安属?";发出"何试上自予,忠名弥彰?"发出屈原式一百七十多个"天问"。

孔子有一段关于人生的经典论述:三十而立,四十而不惑,五十而知天命;六十而耳顺。人在三十岁以前,正是选择人生道路的时候,路漫漫其修远兮,吾将上下而求索。这是人生的迷惘期。到四十岁,就有了人生的阅历,人生的感悟,就不疑不惑了。而到五十岁就该着知天命,六十岁就可以随心所欲不越矩了。

然而赵树理,却是越到老年越陷入了迷惘。活到老学到老,越学心里越糊涂。划不清的大线站不完的队;写不完的检查认不完的罪。

1970年9月18日,这是赵树理最后一次在大众面前"亮相"。五千多名"革命群众"参加了这天的批判会。这天离赵树理告别人世的9月23日仅仅只有五天的时间了。赵树理已经失去了自己行动的能力,由小儿子三湖搀扶着一步步走上批判台。赵树理甚至连站立的力气也没有,摇摇晃晃,随时有倒下来的可能。于是,只能扶他靠着一把椅子作支撑。

赵三湖在《最后的日子里》,这样描述了赵树理参加的最后一次批斗会:

> 每一个"批判者",雄赳赳踏上讲台的第一句话就是:"赵树理,站起来!"接着,"抬头示众"、"低头认罪"。听到一声声呐喊,父亲条件反射般地立起来,困难地弯下腰……一次又一次"示众",一次又一次"认罪"。父亲渐渐支持不住了,头上滚出汗珠,两腿开始颤抖。半小时过去,突然昏倒在台子上……

这次批斗后,赵树理似乎已经不愿再忍受这种无端的羞辱和百般折磨,他彻底绝望了,决心早日离开这个曾经万分眷恋的世界。阿农在《大师的风度》里说:"后来,我才听人说起,在他生命垂危之际,好心的'革命人道主义'者们,这才将他这个'反革命修正主义分子'送进医院,他也才在这个时候下定决心,恍然只求一个速去得了。他拒绝进食,对于任何人的劝说都只报以无声的闭目和摇头。病床前,他用微弱的声音,重复留给老伴和儿女的遗言是:'回乡当个好老百姓,自食其力为人吧。'……"

9月22日,当赵三湖跑步回家吃过饭又匆匆赶回到父亲身边,推开门,眼前的景象把他吓怔了:"只见父亲一脸雪白,浑身颤抖着滚在床上。见我过来,他抖索地伸出左手来,铁钳似的抓住我的一只手,使劲地摇晃起来,嘴张了几张,翻出白沫,勉强说道:'快,叫你姐姐来,不要告诉二湖……嗓子里呼噜呼噜打响,再也说不出话来了。"

在访谈中我曾问起二湖:"你父亲在弥留之际,为何对三湖说,快叫你姐姐回来,却不让告诉你?"

赵二湖回答:"因为我从小脾气很暴躁,在'文革'中,我身上还带着枪。学校的武斗司令。原来文联批我爸的时候,我还想把我爸抢回来。工宣队根本打不过我们,我们是学校的组织,小青年,天不怕地不怕。我爸大概是怕我惹事。"

赵二湖又说:"在批斗他最厉害的时候,我问过他,爸爸,你在全国有没有特别好的朋友,在偏远的山区,我把你带过去,你好到他那里去躲一躲。他们找不到你,也就不打你了。他沉思默想了半天,摇了摇头,这个时候,找谁去不是给人家添乱。他那句话给我印象很深。"

普天之下莫非王土,率土之滨莫非王臣。如此之大国土,竟然没有一个作家的容身之地。

赵二湖还向我做了赵树理最后时日的讲述:

"他被强行押到设在柳巷山西人民高级法院的专案组后,我就再没能见父亲一面。半年后,我去插队,临行前,我去高院,想见上父亲一面。那时,他肋骨被打断,肺气肿和高血压也很严重,此一别,不知能否再见上。可专案组的军代表断然拒绝了。

"又半年后,我在洪洞的乡村里插队,突然同时收到马烽儿子马小林发的两封电报,一封是'父病危速归',一封是'父病亡速归'。如五雷轰顶,我一下就晕了。也记不清是怎样跌跌撞撞走完那二十七里山路到的辛堡火车站,留下印象最深的就是,两股闪着阴冷青光的铁轨直向太原方向插去。说不来为啥只留下这么个印象。

"一进南华门十六号院门,老妈颤巍巍迎出屋门只说了句:'我娃,赶回来送你爸爸来了?'说罢母子俩抱住泣不成声。大哥大姐已先我回来,也迎出门来……

"太平间里冰冷的水泥地上,斜躺着我的父亲。我不由哭着扑向父亲胸膛,一股黑血从他嘴里挤出。大哥抱住我,揩净父亲嘴角的血迹,又用手合上他的双眼,掏出一块大手绢把父亲脸遮住。……接着是乱石滩火葬场。我木木地站在院子里,鼓风机嗡嗡响着,高高的烟囱上冒起一团团白的烟,渐渐融进天上的云际,……我身边有一棵白杨树,如果它还在,树身上一定还有见证当年的痕迹。我在树身上,一道一道的划,刻下了心中的'仇恨'。我恨那个军代表,那个不通人性的家伙。人世间两大不共戴天之仇:'杀父之仇,夺妻之恨'。这是杀父之仇呀!"

原晋东南地委宣传部干事,当时被抽调到"文化革命"办公室的丁长生,保存了赵树理写的第三份检查。这份检查当赵树理写出时,太行山"文革"已进入到昏天黑地一片混战的境地,再没人来关心他的什么检查了。

下面,我摘录几段赵树理这份检查上的话:

原说我是"红旗下的笨牛",不确,笨牛总还能负一部分责任。

我今年已经六十多岁了,再深入到火热的斗争中去搞上十年八年,还可以写点东西,写不出东西做点实际工作也是为人民服务。

以前觉得自己无产阶级化了,二十多年不落后,今后要落实,到哪里去锻炼?还到尉迟、峪口,我不怕见熟人丢人,人熟知道我是什么料。希望大家有什么意见都揭出来摆完。

我对党再不敢有所要求。假如党还愿意把我留下来察看一个时期,给我一个最后改造的机会,那我就喜出望外了。

据说,赵树理在说到"喜出望外"时,不仅丝毫没有"喜形于色",反而失声痛哭起来。这个细节,看了真正是让人触目惊心。俗话说:"男儿有泪不轻弹,只因未到伤心处。"尤其对赵树理这样一个充满幽默感的汉子。

鲁迅在评价到屈原时,用了这样的词句:"信而见疑,忠而被谤,能无怨乎?"我们华夏民族文化传统留存给我们的精神遗产,就是屈原式的"献身奉君"。"君要臣死,臣不得不死。"

唐达成在痛定思痛后说过这么一句颇为深刻的话:这一次次的运动,"不仅是人力物力上的浪费,更是对人真挚情感的一种浪费。"

赵二湖说:"我父亲直到生命的最后一刻,他的认识也就是向我说:'党内出了奸臣,坏事就坏在那一男一女手里'。这就是他用一生做代价获得的认识。"

山西电子材料厂的晋遐令,还为我们提供了这样一个细节:

在"文革"中,赵树理受到了冲击,谁也不敢去他家了。而我敢去,因为我是工人阶级的一员。有一天我和他面对面说话时,他的眼睛一直在看着我,我说,大伯,怎么了?他说,遐令,你的毛主席像章能否借我戴几天。我说可以送给你。他显得十分高兴,可见他对毛主席是多么热爱。

据赵树理的女儿赵广建讲,赵树理在"文革"中挨批斗最甚的日子里,对她讲起过当年上私塾时的一件事:一天,塾师出去了,几个淘气的大孩子弄来一盆炉灰放在门楣上,塾师回来一推,炉灰扣了一身。搞恶作剧的孩子把责任推到赵树理身上,塾师不问青红皂白,把赵树理痛打了一顿。

赵树理在蒙受不白之冤面临生死之际时,想起这么件往事,反映出怎样的一种心理潜意识呢?

1970年9月6日,几经周折获准探望父亲的赵广建,来到关押赵树理的山西省高级法院的一间小屋里。她对父亲有这样一段回忆:

> 父亲在伏案认真地抄写着什么,我轻轻地走过去一看,原来是毛主席的诗词《卜算子·咏梅》。父亲用一只手按着被打断了两根肋骨的侧胸,忍着极大的疼痛,艰难在坐在桌前恭恭敬敬,一笔一画地抄写着,汗水从他布满皱纹的额头沁出来,滴在纸上,他却抄得那样虔诚,那样聚精会神,仿佛在用整个生命书写着自己的信仰和寄托。看到这个情景,我积悲难禁,一下子哭出声来。父亲回头一看是我,叫我靠到桌前,双手捧着那首刚刚写好的《咏梅》递给我,庄重严肃地对我说:"小鬼,如果将来有一天能看到党的领导,就替我把它交给党,党会明白我的……"

这一在临终前表白心迹的手迹,新时期赵广建交给了周扬。周扬在《〈赵树理文集〉序》中这样诠释赵树理的"绝笔":

> 就在他遭受残酷折磨,面临死亡威胁的危急时刻,他没有屈服,对革命仍然充满了信心。他在被斗和监禁的日子里,偷偷地用破纸片写了毛主席的《咏梅》诗,以表示他对革命的信念和对党对领袖的一片忠心。他嘱咐他的爱女赵广建同志将这一有他绝笔手迹的纸片设法送到我的手中,那时我早已失去了自由,我的命运处于危如累卵的境地,但他还是信任同志,信任我们之间的友谊,相信我们总会有重见天日的一天,相信人民总会重过光明的日子。

毛泽东的《卜算子·咏梅》这首词:"风雨送春归,飞雪迎春到,已是悬崖百丈冰,犹有花枝俏。 俏也不争春,只把春来报,待到山花烂漫时,它在丛中笑"是因不满于陆游《卜算子·咏梅》词:"驿外断桥边,寂寞开无主,已是黄昏独自愁,更著风和雨。 无意苦争春,一任群芳妒,零落成泥碾作尘,只有香如故"的"消极颓废、孤芳自赏的情调",反其意而撰写的。

当我读着这段描述,情不自禁地会想:熟读毛泽东诗词的赵树理无疑十分清楚这首词的写作背景,当赵树理"按着被打断了两根肋骨的侧胸,忍着极大的疼痛，艰难地坐在桌前恭恭敬敬，一笔一画地抄写着"毛泽东的这首词时，想的更多的是"待到山花烂漫时，它在丛中笑"呢？还是"零落成泥碾作尘，只有香如故"呢？

　　荒诞派戏剧大师、奥地利作家卡夫卡一生都在讲述人被生存环境异化的现状。他写人被环境异化为一个大瓢虫的小说《变形记》，成为象征主义的传世名著。卡夫卡在小说《判决》中，讲述了一个关于专制的故事：父亲疑心儿子反叛他而判决儿子投河，儿子不敢违抗，死前还低声喊道："亲爱的父母亲，我可一直是爱着你们的。"

　　　　（首发《闲话》丛书第10辑；《中国赵树理研究》连载；摘选自《插错"搭子"的一张牌——重新解读赵树理》一书）

「 从丁玲展开的马烽人生 」
——回眸中国文坛的一个视角

从丁玲展开的马烽人生
——回眸中国文坛的一个视角

1. 马烽人生的第一次政治危机

1978年5月,《文艺报》筹备复刊,被逐出京门流落二十年的唐达成,迎来了命运的转机。为调回北京,我陪同唐达成求告到马烽门上。正是从两人的这次交谈中,我第一次接触到马烽与丁玲这一文坛敏感话题。我在《唐达成文坛风雨五十年》一书中有这样一段记录:

  唐达成说:"我在调查组的时候,翻阅了当初党组扩大会的全部会议记录。我看了当初你的发言,好像是在第七次还是第八次会议上……"说到这里,唐达成望着马烽,好像是在措辞寻句。停顿好一阵才说:"后来我在落实的时候,听黄秋耘说,发言的时候,你的手还在抖?"

  "不错不错。"马烽很爽快地予以承认:"你想,会议都开了七八次,我从头到尾没吭声。这是什么态度?我压力越来越大。不能不表态了,我只好说两句。我对人家丁玲、陈企霞了解个啥,和丁玲好歹还在文讲所呆过几天,对陈企霞干脆啥也不知道。琢磨着说,心里没底,手颤抖那是心在跳。"

  唐达成说:"其实只是说了几句比较客观的公道话,马上遭到许多攻击,说你是右倾,说你脚底板站不稳。弄得你在后来的会上还得补上个自我批判,提调门加温的。"

马烽说:"不错不错。我检讨了。人家做我的工作,当时,人家上面派人(两个人的名字),做我的工作,说人家上面不是搞你,你和丁玲的关系还不如田间和康濯,你这么一弄呀,就把会场的注意力分散到你头上。你赶快检讨上几句就没你事了。"

唐达成笑着摇头,说:"没办法。我后来不照样写了批判丁玲的大字报,贴在机关的院里。"

马烽说:"反潮流?我可没那个胆子。"

……

就是在这次谈话中,马烽很坦诚地对唐达成说:"反丁陈以后,我发现一个问题,文艺界太复杂。你说里面有宗派吧,他说是路线斗争。

马烽2001年在家中书房

他说是路线斗争吧,你就信?人家都是大人物,你说我们搅到这里面去干啥?老唐,你这是又回到是非之地,我劝你一句,听不听在你。别掺和,要不,你就留在山西。"

唐达成也颇为赞同:"说得完全对。我不会去趟这滩子浑水。他们谁跟谁怎样,不是我管的事情,我只埋头做自己的学问。"

以后的历史事实证明,丁玲的荣辱沉浮,也影响着马烽人生命运的走向。二十五年后,为了撰写《唐达成文坛风雨五十年》我走访马烽旧话重提,马

烽对这次党组扩大会上的发言,做了较为详细的叙述:

"1955年的夏天,作协召开党组扩大会,题目是检查《文艺报》。按说,上级部门对下属单位进行工作检查,也属正常范围。当时《文艺报》的主编是冯雪峰同志,可是对《文艺报》的检查,重点却是副主编陈企霞。检查会开成了批判会,从批陈企霞工作作风粗暴,待人接物有问题,转到批他闹独立王国,拉帮结伙进行反党活动。从陈企霞身上又扯到了丁玲身上。当时丁玲还在乡下,于是就发电报把她叫了回来。她一回来就变成会议的重点了,也是批评揭发她闹独立王国,拉帮结伙进行反党活动。说《文艺报》和文研所就是丁玲把持的两个宗派团体;说她经常向学生们宣扬资产阶级腐朽思想,大力宣传'一本书主义'。说只要有了一本书,就有了一切;说她从不提这是党的事业,而是处处突出个人,为个人树碑立传;还揭发出她在礼堂里悬挂自己的大幅照片;还说她经常散布对周扬同志的不满,等等。"

马烽说:"如果我当时只是听会,一句话不说,也许就没我的事了。我当时有点不识时务,觉得自己毕竟是文研所的支部书记,明明知道这话不符合事实,沉默就等于认可。我有责任澄清当时的实际情况。一天下午,我忍不住就发了言。我说文研所开办前,我就向丁玲同志提过建议,我觉得自己要想在创作上有所突破,最重要的是要提高文学素养,最好是能到像延安鲁艺文学系那样的单位学习两年。当时新成立的文化部正在创建戏剧学院、音乐学院,并把原来的北平艺专改名为美术学院。文协为什么不可以办个文学院呢?我把我的想法同田间、康濯同志谈了,他们也有同感。后来我们又向当时主持文协工作的丁玲同志讲了。她说她也正在考虑这个问题。她经常收到一些读者的来信,大都是战争时期根据地土生土长的青年作者,都是要求能有一个学习提高的机会。从长远来看,这确是个值得重视的问题。她已经在主席团会议上提出来了,大家都认为很有必要。但仅靠文协的力量是不可能办到的。她打算向中宣部领导正式汇报,争取能够早日实现。后来有一天,丁玲召集我们创作组的人开会。她告我们说:中宣部不同意办文学院,因为现在还没有这个条件,也不是一朝一夕能够办起来的。倒是赞成先办个文学进修班,主要是让解放区涌现出来的那些青年作者有个读书、提高的机会。暂定名为中央文学研究所,主要由丁玲同志负责进行筹备。丁玲要求我们创作组全体人员投入这一工作,争取早日实现。筹备中央文学研究所,这是主席团的决议,也是经过中宣部批准的,丁玲是被党批准来参加这项工作的,这和拉帮结派搞独立王国有什么关系?我从没有听她说过'有了一本书就有了一切';也没有听她散布过对周扬同志的不满;挂放大照片倒是有这么回事,可具体经过是因苏联作家代表团要到所里来参观,教务处为了增加一点文学气氛,就在教室墙上挂上鲁迅、郭沫若、茅盾等老作家的照片,其中也有丁玲。丁玲同志发现后,立即让把她的照片取了……我的话还没有说完就被别人打断了,而且立刻我就变成了批判的重点。一场大火全向我扑来,说我这是为丁玲抬轿子,吹喇叭;说我是被丁玲小恩小惠收买了的忠实信徒;说我是把党对自己的关怀培养全记到了丁玲账上了。还有人说一些非常刻薄的话,污辱人格的话。"

马烽又说:"我参加革命以后倒是参加过不少批判斗争会,诸如审干、整风、三查等等,但从来我都不是重点对象,也不是积极分子。也从来没有受到这么多人的围攻。我只是说了几句真话,竟然落到如此下场,心里感到又委屈,又生气。散会后回到家里,忍不住倒在床上哭起来。段杏绵听说我受了批判,劝我说,历来的整风会上大都是过火言论,由他们批吧,只看最后做什么结论了。我觉得她说得有道理,情绪也就逐渐安定下来。第二天会议照常进行,虽然主要是批判揭发丁玲,但有的人发言中仍免不了捎捎带带敲打我几句。我只好坐在那里一言不发。会后支书又找我谈话。她说,组织上知道,田间、康濯和丁玲的关系,比你亲密的多。你在会上充什么好汉?组织上希望你主动做个检查,免得干扰斗争的大方向。田间没有在会上发过言,也没有人要他揭发丁玲。可是听说领导人个别找他谈过几次话。田间是个性格内向的老好人,据说一时想不通跳后海自杀未遂,救起来住医院了;康濯当时是领导组成员,他揭发过什么问题我就不知道了。支书找我谈话,可能是一番好意,要我主动做个检查赶快过关。可我该检查什么呢?那时我脑子里已乱成了一锅糨糊,心中十分苦恼。回到家只好和段杏绵商量。她说,反正咱们不能昧着良心给丁玲同志编瞎话,检查自己的思想认识总可以吧!我觉得也只能这样了。于是就利用休会的时间苦思冥想写检查。我主要是说自己思想不健康,有崇拜名人、攀高结贵思想。对她的一切言行只看优点,看不到缺点,更看不到她目的是要反党。我这份检讨在会上念完后,别人没再提什么意见,就算是过关了。丁玲也在大会上做过几次检查,但怎么检查都不成。党组扩大会愈开愈大,连外单位的人也扩大进来了。主要是要她交待和陈企霞的反党纲领,以及叛徒问题。丁玲坚决不承认有此事。她要求到中组部查档案,看中央在延安时所做的结论。但不管她如何申辩,都无济于事,最终还是把他们定成了'丁玲、陈企霞反党小集团'。"

马烽的夫人段杏绵讲:"那一段时间,马烽紧张极了,也苦恼极了。他也是第一次经见那架势。回到家里就唉声叹气,说自己犯了错误。他十几岁参加革命,虽然也经见过几次运动,可都没涉及到自个。这次,无意间却身不由己地掉进了一个大漩涡中。"

马烽经历了人生第一次政治危机。

2. 欲说当年好困惑

马烽在与唐达成说到"丁、陈反党小集团"时说了这样一句话:"我对人家丁玲、陈企霞了解个啥?和丁玲好歹还在文讲所待过几天,对陈企霞干脆啥也不知道。"

需要注意的是时间:马烽说这段话时,正是"万马齐喑"的1978年。拨乱反正的十一届三中全会刚刚开过,丁玲的案子尚未平反。人们从梦魇中醒来,仍然如履薄冰如临深渊杯弓蛇影心有余悸噤口如瓶噤若寒蝉。

"悠悠岁月,欲说当年好困惑。亦真亦幻难取舍……茫茫人生路,是对还是错?问询南来北往的客。"

其实,马烽与丁玲的关系非同一般。

1986年丁玲辞世,马烽写了《历尽严冬梅更香——悼念丁玲同志》一文,对丁玲做了这样的回忆:

> 在1930年代后期,我就知道了丁玲这个名字,知道她是一位革命的女作家。红军长征刚一到达陕北,她就冲破国民党的层层封锁,奔赴革命圣地。在抗日战争初期,她曾领导"西北战地服务团"深入抗日前线进行宣传工作。那时,我是山西一支抗日队伍的宣传员。没有看过她们的演出,没见过这位大作家,也没读过她的作品。我只是从斯诺所写的《西行漫记》里和人们的口头传说中知道这些情况的。一个女同志能有如此作为,我想她一定是个了不起的人物。
>
> 我认识丁玲是在全国解放以后,1949年7月全国第一次文代会后,我留在了中国作协创作组,当时是称文协。不久之后,丁玲同志由

东北调来北京，主持作协的工作。我发现她只不过是一位普通的女同志，并不像我想象中的那种叱咤风云的人物。她和从解放区来的那些老大姐们差不多，没有大作家的派头，也不像一位肩负重任的领导干部那样严肃。说话很随便，待人又热情。那时候我和她在工作上没什么接触，也就不可能有更多的了解。后来在办中央文学研究所，也就是文学讲习所的前身的时候，和她的交往才多起来。

我是第一期的学员，上级党委要我兼任党支部书记。我不愿意干，主要是怕耽误学习。我请丁玲同志帮忙，希望她向上级党委说明我的情况，不要让我兼任这一职务。她没有批评我，也没有讲什么大道理，而是半开玩笑半认真地说："我这个所长，和街道派出所长是同一级别，没什么可留恋的。你怕耽误学习，我怕耽误创作，要不咱们散摊吧。"我知道她确有创作计划，她这样一位大作家，为了扶植年青一代，可以暂时放弃自己最喜爱的事业，我还有什么价钱可讲呢？

1993年3月，马烽在常德召开的"丁玲文学创作国际研讨会"上，代表中国作家协会、代表丁玲文学创作国际研讨会组织委员会做了发言。在发言中有这样的词句："丁玲是我国继鲁迅、郭沫若、茅盾之后的杰出的无产阶级作家。"还说："丁玲是属于中国的，也是属于世界的。丁玲是一个具有国际影响的作家，1951年荣获斯大林文学奖，1986年被美国文学艺术院授予荣誉院士的称号。"

1996年7月，在长治召开的第七次全国丁玲学术讨论会上，马烽在题为《丁玲在文坛上再度走向辉煌的出发地》的发言中，再次对他与丁玲之间亦师亦友的亲密关系做了介绍。并讲述了二十年间对丁玲磨难历程的关注和深深怀念之情。

马烽还讲述过两件与丁玲非同寻常的交往：

马烽说："1950年，我在作家协会工作的时候，已近而立之年，可还是单身一人。后来经朋友介绍，结识了段杏绵。她也是从老解放区来的。虽然说不上一见倾心，但互相都还觉得满意。可惜她不在北京，而是在保定河北省文工团工作。这对我们组成家庭就造成了一定的困难。丁玲同志知道这事后，她主动为我帮忙，给河北省委写信，又找中组部协商，终于把她调来了北京。在我终身大事上，丁玲帮了大忙。我说，我真要谢谢你。丁玲说，愿天下有情人都成眷属嘛！婚期定在了7月8日。这时间好记，就是'七七'抗战爆发十三周年第二天。康濯自任总指挥。

马烽 1949 年春于北海

这是文协成立以来第一件婚事,各有关单位如《人民文学》《文艺报》,以及一些亲朋好友,都打算送些小礼品表示祝贺,康濯就协调他们谁家买洗脸盆,谁家买热水壶,谁家买枕巾……免得重复浪费白花钱。我和段杏绵则是忙着去区政府登记领结婚证,去照相馆拍合影,以及采购招待客人的烟、茶、糖果等。结婚那天,丁玲还亲自主持了我们俩的婚礼。文协食堂这天特意加了两个菜,全机关会餐。另外还在主席团会议室摆了两桌酒席,招待外来宾客。我们的婚礼仪式中,有一项就是让大家在我们的两张结婚证书上签名留念。住在文协机关的领导人沙可夫、丁玲、艾青,《文艺报》副主编陈企霞、肖殷,《人民文学》秦兆阳以及创作组成员和来宾们都签了名。当时丁玲同志开玩笑说:'你们结婚有这么多人证明,这是最合法不过了!'这两张结婚证应该说是最值得永远保存的纪念品,可惜在'文革'中毁了。婚后,丁玲对我们说,按理应该让你们去度蜜月,但现在机关很忙,你们就度'蜜周'吧。她批准我们一周的假期。那时作协在颐和园有几间房子,丁玲就安排我俩住进了邵窝殿。房子很宽敞,三间大厦,环境十分幽雅。但就是没有起火做饭的地方。那时候,丁玲的母亲蒋老太太正好也在那里疗养,住在相距不远的一座小院,叫云松巢。丁玲关心人真叫无微不至,她事先已经做了安排,让我们和她母亲一起吃饭,给我们创造了一个美好的'蜜周'。"

马烽还讲述了丁玲陈明夫妇向他买房子的事:

马烽说:"建国初期,首都房子十分紧张。作协号召作家们自己租房或买房。因为作家们不同于一般的党政干部,除了文艺级别工资比较高之外,都有一些稿费收入。如果自己解决了家属住房,也是减轻了公家的压力。我们这些作家都是出来搞革命的,只要是国家的号召,都积极响应。当时北京响应这一号召的作家就有好几位,周立波、赵树理、杨朔、孔厥和袁静等都是自己买的房子。随后田间也买了一处四合院。在这种情况下,我也有了买房子的打算。那时候我已出了三本短篇小说集,一本叫《金宝娘》,一本叫《村仇》,一本叫《周支队大闹平川》,还出版了一本民间故事集,题目叫《宝葫芦》,手里积存了一笔稿费。另外是当年的供给制已改成了薪金制,我被评为文艺三级,段杏绵也有了一定的工资收入,两个人的薪水加在一起,也够一家人生活用了。于是就下决心买房。好在那时候北京的房价也不太贵,钱多可以买好点的,钱少可以买次一点的。从长远来看,比租房还合算。我当然买不起好的,但愿有个住处就行。于是通过我认识的房纤,很快就在北官坊附近的大翔凤胡同找到一处单门独院。房子虽然又小又破旧,但间数不少,大大小小有五六间北屋,还有两间东屋。房价总共是三千元。花了五百元修缮了一番,又在旧货市场上买了几件日用家具。这样一来,稿费就变成了一座院子。"

马烽又说:"我下决心回山西后,有天晚上,陈明同志来找我。他说他要随同丁玲一块去四川下乡,有些书籍、东西带不走,还有他妹妹,一直和他们生活在一起,也得有个住处,听说我的房子要卖,问我是否可以卖给他?我说当然可以。他说房价由我定,要多少,给多少。这处小院子,当初我是花三千元买的,修整花了五百多元。前不久我曾找房纤看过,房纤说近一个时期房价上扬,至少可以卖到五千元。可陈明同志要买,他们正处在困难时期,我能赚他们的钱吗?我当即把契约找出来给他看,我说,契约上写的多少,你就给我多少好了。他说,听说你修缮还花过不少钱。我说,我们在里面已经住了两年多,就算出了房租。就这样,把房子卖给了丁玲、陈明。"

3. 马烽说,怀疑归怀疑,你是党员,必须站在党的立场

马烽讲了他回到山西后的情况:

"离开北京,并不等于一切都过去了。思想上多少还结着个疙瘩,总觉得对丁玲的处理,对文研所的评价不公正。一些文艺界的老同志,特别是曾经在文学研究所学习过和工作过的同志,碰到一起,难免也要议论一番,都为丁玲同志抱不平。也为自己受到的无形压力感到委屈。因为那时候有些不了解真相的人,总以为我们这些人是受过丁玲'反党分子'的污染,难免就产生一些歧视。这些情况,各人都通过各自的渠道,向有关方面进行过反映。后来听说丁玲自己也向上级党委写了申辩书,后来又听说中宣部成立了一个专案组,专门查证落实丁玲的问题。不久之后,我就收到了这个专案组寄来的一份调查提纲,一条一条查证落实丁玲的所谓罪行。我以对党负责的精神,实事求是地写了证明材料。我相信

党会如实把这些问题落实清楚,丁玲的问题一定会得到平反。"

徐光耀在《昨夜西风凋碧树》一书中,在对丁陈事件进行了详尽记叙后,发一声感叹:"干脆就把'丁、陈反党集团'定成铁案,别搞什么'重审',其实倒是件大功德,至少可挽救相当一批人,也省得把很多人牵进来共演一台翻滚大戏。"

现在我们都知道了,"丁、陈反党小集团"一案,在1955年、1956年短短不到两年的时间里,山穷水尽柳暗花明沧海桑田翻天覆地,经历了数次反复。直到1957年仍然余波未止涛声依旧。在这场无休无止的翻烙饼中,多少血肉之躯被烧成了"大木炭、小木炭"(陈企霞语)。

在对马烽的访谈中,我向马烽提了一个问题:"据我了解,所有与丁玲有牵扯的人,最终的命运都挺悲惨。唐达成就是因为参加了丁陈一案的调查组,了解到一些事实真相,说了几句公道话,就被打成右派,落难二十多年。你和丁玲有这么一层特殊关系,在党组扩大会上又公开为丁玲做了辩护,你受到什么牵连呢?"

马烽说:"是呀是呀,这个周扬整起人来是很厉害的。调查组的组长李之琏是从湖北省委调去的,人们当时称他是包公式的人物。李之琏与丁玲有什么关系?就是核查后,说了几句公道话,也被打成右派。说他们是为反党分子翻案。当时凡是文研所的人回到各地,都挂上丁、陈反党集团了。古立高和丁玲有什么关系?虽然没戴右派帽子,也和右派差不多,打了个右倾,也下去劳动改造了。当时核查小组的人一个没跑掉。就我还没有受到牵连。我是因为当时的宣传部长卢梦,他了解我的情况,我和丁玲能有啥牵扯呢?我怎么会反党呢?黄志刚是我们晋绥的,我回来的时候就和分管我们的省委秘书长史纪言打了招呼。他们就说,你们文艺界就是弄派性呢。在延安时候就是鲁艺一伙,文抗一伙。后来周扬把文抗的基本上都打成了右派。丁玲、艾青、罗烽、白朗、舒群,写《八路军军歌》的公木,都打成右派了。"

马烽还说:"这个派性斗争害死人。"

马烽是幸运的,他碰上了了解他的老领导好领导,侥幸地躲过了一劫。

马烽说:"京华虽好,却是是非之地。惹不起咱还躲不起?三十六计走为上,这也是我后来非离开北京不可的原因。"

马烽又说:"俗话说,躲得过初一,躲不过十五。我最后还是没能躲过这场劫难。"

马烽讲了他在"文革"中的经历:"在'文革'中,我的罪名有三条:一是旧省委的黑干将;二是周扬文艺黑线的代理人;三是丁玲反党集团的重要成员。前两条是属于'共性'问题,因为各地文联、作协的负责人大都有这两条'罪状'。后一条则属于'个性'问题。这个'个性'问题可把我害苦了。除了一般的挨批挨斗外,最叫我受不了的是逼迫我交待与丁玲共同反党的具体'罪行'。我当然交待不出来,既没有这样的事实,又不能胡编乱造,我明确知道,说下假话可以临时过关,但却后患无穷,那就会变成自己真正的罪恶。所以只能翻来覆去讲那些已经讲过的事情。于是造反派就进行逼供,进行体罚。白天倒还熬得住,最可怕的是'夜审'。造反派们采用了各种残酷手段,有一次,竟然打落了我的一颗牙齿……当他们疲惫了,把我押回牛棚的时候,我身上的衬衣、毛衣、棉袄、棉裤都被自己的汗水湿透了,浑身没有一块肌肉不在抖动,我连哭的劲也没有了……"

就此,丁玲的"阴影"如胶似漆如影随形,纠葛缠绕了马烽一生。

马烽讲述了他回到山西以后,"丁、陈反党小集团"一案向纵深的发展:

马烽说:"离开北京一年以后,也就是1957年的秋末冬初,我正在农村深入生活,省文联机关突然打来长途电话,说是中国作协通知我立即去中央文学讲习所开会。究竟什么事?打电话的同志也说不清楚。当我匆匆赶到北京的开会地点时,只见已经来了好多人,都是原来文学研究所第一期的学员和工作人员,这显然是因为丁玲问题而召集来的。这个猜想果然没错,还没有正式开会,我们已经得知丁玲的问题不但没有得到平反,她反而被打成右派了。"

马烽说:"这个消息给了我们很大压力,大家都有点忐忑不安,不知道将有什么祸事降临到自己头上。好在正式开会的时候才清楚,这次召集我们来的目的,并不是要整谁,而是要肃清丁玲在我们身上的'流毒'。会上正式宣布了丁玲是右派,同时还郑重宣布,

马烽与陈永贵

经过查证落实,已经查出丁玲历史上有自首变节行为,是可耻的叛徒。共产党的叛徒,在人们心目中,比国民党的特务还要低。即使你后来对革命有什么功绩,也难以洗刷掉这个最大的污点。既然党组织宣布丁玲是叛徒,大家还有什么可说的?只能自己做上当受骗的检查,各自带着沉重的心情离开北京。"

马烽又说:"不过当时我心里面颇有点怀疑。我虽然没有看过丁玲的档案材料,但她1930年代被捕并不是什么秘密,她出狱跑到解放区后,同样经历了肃反、审干等一系列政治运动。连我们这些一般干部的历史都经过了数次审查,难道对丁玲这样一个被捕过的领导干部,能轻易放过吗?另外使我怀疑的是,一般历史上有污点的人,平素总是回避谈论这方面的事情,而丁玲不是这样,在以往和同学们闲聊天的时候,她常常谈及她被捕和出狱的情况。1952年夏天,我随同她和陈明去南京参观访问,有一天,她专门领我们去南京郊区看了看软禁她的地方。难道革命队伍里有专门拿自己的污点到处夸耀的人吗?"

马烽以其一个作家的敏锐和直觉做出的判断和推论并没错。二十七年后,中共中央的红头文件证实了马烽的判断。

都是中共中央下发的"红头文件":1955年12月中央批转中国作家协会党组《关于丁玲、陈企霞等进行反党小集团活动及对他们的处理意见的报告》的"红头文件";1958年1月中央转发中国作家协会党组《关于批判丁玲、陈企霞反党集团的经过报告》的"红头文件";以及1980年1月由中央组织部报经中央批准同意,恢复丁玲同志的党籍,恢复政治名誉和原工资级别,撤销"右派"和"反党小集团"的政治结论,但仍维持历史上有"叛节行为"的结论的"红头文件";最后,又是1984年中共中央组织部下发的《关于为丁玲同志恢复名誉的通知》的最新"红头文件"。正是这些相左相悖相互矛盾的"红头文件",让人们迷失了政治方向。

在这次谈话中,马烽还说:"怀疑归怀疑,也只是埋藏在心里,顶多是和段杏绵偷偷议论。这是党的决议,有红头文件,你还能怀疑党?你比党高明?党比你站得高,党比你看得远,你个人总有局限性。你是党员,必须站在党的立场。"

这是共和国之初,20世纪50年代人们的社会集体潜意识。

早在建国初期,颇有影响的著名文艺理论家、文艺批评家陈涌在《人民日报》上发表过一篇文章:《论文艺与政治的关系》。其中说了这样一段耐人寻味的话:

无论如何一个创作者个人的经验总是有限的,而集中地代表全体人民利益的共产党和人民政府却经常总结着巨大的政治经验,这是任何人即使伟大的天才都不可以和它相比拟的。而这些经验便体现在共产党和人民政府的政策里面。我们的创作者无论如何是应该和这些政策靠近,吸取这些经验,溶解这些经验,使它普及到每一个角落和每一个群众中去。

马烽1993年在银川市

这就是渗透在马烽、陈涌这一代文人学者意识中的潜台词。我们的党是英明伟大的,而我们自己则往往是幼稚可笑的,不了解这一点,就获得不了起码的知识。所处地位越高,则看得越远,越有全局观念,高瞻才能远瞩。而我们每一个具体的人,"不识庐山真面目,只缘身在此山中"……诸如此类的思维模式,不断地把"离经叛道"的想法,纳入主流意识形态的轨道。更何况主流话语有强大的舆论导向做后援。

马烽自述过自己的入党经过。马烽的传记作家周宗奇在他对马烽的"诠释"中,这样评议马烽的"党性":

> 他们还有一个共同点:做中国共产党党员比当中国作家的历史要长许多。在他们还远远没有懂得"作家良心"为何物时,"党性"却早已成为他们的最高精神追求。
>
> 他们的"党性"形成于可塑性最强的少年时代,又在一个远离家庭、远离社会的相对封闭的特殊环境中,不断得到革命思想的灌输并真心真意接受了它,其纯洁性和坚定性是终生再难更易的。比如马烽先生,自从"我把入党申请书交给老唐之后,好像把心也交给他了。"也就是交给党了!我要"为共产主义奋斗终生!""从此感到生活更有意义

了,也感到无上光荣。"我按时"缴纳党费,汇报思想情况","吃苦在前,享受在后"……而且所有这一切,"并不是在自我表现"!

马烽先生确实不是一个善于自我表现的人。可他一生由于党性太强,经常有着不同一般的特殊表现,并为此承载着相应的赞誉与贬毁、欣喜与痛苦、成功与尴尬、走红与落寞……

马烽夫人段杏绵说:"马烽这个人有个特点,不管他自己再不愿意的事情,只要一说,组织上已经做出决定,他就没辙了,他就是自己受天大的委屈,也要服从组织纪律。"

此话道出了马烽一生的坚守。在马烽以后的人生历程中,他九死而不悔,多次履行着一个共产党员的职责。

4. 马烽两次看望丁玲的心理内容

俗话说:一朝被蛇咬,十年怕井绳。在这翻烙饼似的翻滚大戏中,人们都变得杯弓蛇影疑神疑鬼,惶惶然如漏网之鱼惊弓之鸟。

在上世纪90年代初,中国文坛上因了巴金"说真话"的命题,有过一场颇为热闹的议论。

我在《中国青年报》上看到过一篇萧乾的文章:《给青年朋友们》。在此文中,萧乾对巴金大力提倡的"说真话"在称赞之余,"却做了点保留",改成:"要尽量说真话,但坚决不说假话"。

萧乾还举了一个例子:1955年在文联批判并宣布胡风为反革命分子的会上,书生吕荧跑上台去说了句"我想胡风的问题还不是敌我性质"。他马上被台上两位文艺界领导制止(注:郭沫若和茅盾),随着就有人把他从台上揪下来——一直揪到了监狱里去。几年后,胡乔木虽然把他救了出来,"文革"期间还是死在了监狱里。至于"文革"期间,像张志新和遇罗克那样死于说真话的人就更多了。是这些活生生的事例使我对"说真话"做了那样的保留,但我坚决认为不能说假话。

确实,在那腥风血雨的年代,能守住这一条底线,有时也需要极大的勇气,甚至也得准备做出一定的牺牲。

神州大地一时间万马齐喑,知识分子成为失语的群体。

萧乾是一个我非常敬重的文化老人。他们这一代人,在经历了那么多惨烈血腥的人生之后,产生以上心态无疑可以给予充分理解和同情。顾准说:与其号召大家都做海燕,不如承认大部分是家雀的现实,并维护做家雀的基本权利。

任何人没有权力指责别人不去"壮烈"!

有一些挺有意思的巧合或曰雷同。

关于反右时期,马烽自述中有这样一段话:"回到机关以后,就碰上'大鸣大放'。我们没有鸣放。有人后来攻击我们说,我们知道要'反右''抓右派',所以就不鸣不放。其实我们根本不知道是怎么回事,这么大的运动,我们怎么能知道?当时我们只是觉得自己是共产党员,有意见可以通过正常渠道反映,何必贴大字报呢?我们从来就不习惯公开给领导提意见。"

马烽还说了这样一段话:"反右中,《火花》编辑部的编辑范彪、陈仁友被打成右派,因为他们要搞同人刊物,让西戎当主编。西戎不答应,还训了他们一顿。所以上级对这里的作家还是放心的,都是从根据地来的,不会出问题。姚青苗曾写文章,说我们是躲在岩石下的企鹅,不是暴风雨中的海燕。文章是在《山西日报》发表的。他也被打成了右派。当时的省委宣传部长黄志刚,是信任我们的。"

马烽在"文革"中还说过这样一段话:"那位山大学生杨绍华找到我和孙谦,说:你们两个现在面前只有一条路可走,就是参加我们的夺权斗争,揭露省委,只要有一两张揭露省委的大字报,我保证你们没事。我们说:'我们是共产党员,怎么能去揭露省委?'他说:'那你们可就挡不住这股洪流了。'"

对于马烽的上述言论,周宗奇做出如下诠释:

> 马烽先生和他的诸位战友都不会被划出毛泽东的左派圈子。因为他们热爱共产党、社会主义和马克思主义,那是"胎里带",那是几十年生命历程所铸造的。西戎先生一听"同人刊物",肯定马上就有一种本能反感,将拉他做主编的人"训了一顿"。所以说"五战友"是高级知识分子,还不如说他们是忠诚于党的革命老干部。马烽先生说:"自己是共产党员,有意见可以通过正常渠道反映,何必贴大字报呢?"这绝对是"角色语言",自己清楚自己首先是党的人!不参加大鸣大放是一名老共产党员的本能表现,而不是胆小怕事,更不是预知了这个大"阳谋"。

当年的山西省委宣传部长张维庆在评价到"马西李孙胡"五老作家时,说过一番这样的话:"他们永远忘不了自己是人民的作家,首先是党员作家,因此,他们总是尊重人民群众的利益和愿望,总是站在党的立场上,牢记自己首先是一个党员,其次才是一个作家。"

当年的省委书记王谦,对同为"山药蛋派"代表人物的马烽、赵树理有一个极为准确的概括和评价:"马烽和赵树理不一样。马烽是为党而写农民;赵树理是为农民而写农民。"

马烽夫人段杏绵说过这样一番话:"王谦评价马烽的话最准确了。马烽所谓的'红头文件'没错,是他一贯的作风。他一生就是不说不利于党的话,不办不利于党的事,即便当时想不通,也得服从党,无条件做党的工具。"

关于丁玲,马烽说过这样一段话:"我不能向别人诉说,一方面我知道和谁诉说也于事无补;另方面我也不愿意给自己招来不必要的麻烦。"

马烽是坦诚的,他还对我说过这样一番话:"'文化大革命'的后期,我听到一个小道消息:丁玲和陈明夫妇,押解到山西改造来了。并且有人还见过。据说一下火车就被押到吉普车里开走了。究竟到了哪里?谁也说不清。不过这也给我点安慰,丁老太太总算也活着熬过来了。那时候不可能打听到他们究竟在哪里。老实说,在当时的情况下,即使打听到,我也不敢去看他们。"

然而,只要政治环境稍微一放松,马烽还是非常念及旧情。

马烽讲述了当年丁玲落难山西,他两次去看望丁玲的情形:

马烽说:"1978年秋天,我参加了山西省委组织的农村社教工作团,被分派到长治县工作。从当地文艺界朋友的嘴里,我知道了丁玲夫妇的确切地址:他们住在长治市北郊老顶山林场樟头村。长治县委县政府驻在韩店镇,路过长治时,我决定趁机去看看丁玲和陈明同志。一年前,和我一起工作的孙谦来长治市,就曾打算去看望他们。此事他和长治市委宣传部说了,答复是这二人属中央要案,看他们需经上级批准。孙谦只好作罢。这次我接受了孙谦的教训,没要找地方党政部门,坐上工作团的吉普车,直接开到了村里。丁玲他们住在一处单门独户的普通农家宅院。当我走进他们住房的时候,丁老太太戴着老花镜正在看报,人样子没有什么大变化,只是比二十年前显得苍老了。她看到我,显得有些吃惊,愣了好大一会儿,这才和我紧紧地握手。她什么话也没说,只是饱含着两眶热泪。我的眼睛也忍不住湿润了。这是二十年来第一次见面,经历了风风雨雨的漫长

马烽在丁玲生平与创作展览会上

岁月,本来有好多话可说,但我们谁也没有提及往事。我不愿询问她这些年来遭受的磨难,也不愿诉说自己的经历,怕的是引起她痛苦的回忆。已经结了疤的伤口,没有必要再去捅了。她大概也是同样想法,我们只是谈了一些有要没紧的话。家里只有一个帮她料理生活的亲属,陈明同志不在。一清早就搭上村里拉茅粪的大车到长治城给她买药去了。丁玲患有糖尿病,有高血糖等症状,正在服中药治疗。我因急于要去地委报到,坐了不一会儿就告别了。看到她健康地活着,我也心安了。她一直把我送到大门外,紧紧地握了握我的手。车开了,当我推开车门回头望的时候,只见她仍站在门口微笑着招手。"

马烽又说了他第二次去看望丁玲的情形:"过了些日子,我把工作安排就绪以后,又去看望了丁玲一次。这次陈明同志也在家。他也显老了,但仍然是那么精明强干。他们的女婿也从北京来了,家里人一多就显得热闹了。那天我牙疼得厉害,不想说话,连茶水都不想喝。正好他女婿会针灸,临时给我扎了几针,果然好多了。他们留我吃饭,并准备了酒。丁老太太又恢复了她那健谈的习惯,不过我们仍然没有提及那些不愉快的往事。丁老太太告我说,你那天走了以后,老乡们很议论了一阵子。我问她都议论什么,她告诉我说,乡亲们说,老丁呀,看来你的冤案快落实了,要不,怎么会有坐小车的人来看你。她讲着这件事高兴地大笑起来。"

5. "板块"冲撞挤压中的马烽

马烽说:"由人不由人,我是被夹在了丁玲和周扬两人之间。"

唐山大地震后,人们开始关心地震学。研究地球的科学家,始终未能解释地球是如何变成现在这个样子的。对那些造成惊心动魄的地震、海啸、泥石流、火山喷发等等景象的原因,始终未能像达尔文的进化论之对生物学、爱因斯坦的相对论之对物理学那样,找出一个让人信服的理论。直到上世纪60年代以来,一个称为板块构造地质学的新学说引起了众目所瞩。板块构造学的要义在于表明,我们赖以立足、生存的地基,大约由十二块薄而硬的板块组成。就像煮熟鸡蛋后敲裂的蛋壳,在表层包盖着地球。然而,这些板块又不同于裂开的鸡蛋壳,它们互相连结,而又始终处于挤压、碰撞与重组的运动过程中。板块永无休止的互相插入、摩擦,以及挤压,有如波涛汹涌的海上,巨大浮冰之间的相互冲撞、挤压,造成了蔚为奇观或惨不忍睹的景象。

这段地质学上的话,是否也可以作为社会学来读?

社会学意义上的板块冲撞,比地震学来得更为复杂。

马烽身不由己地处于两大板块的激烈冲撞之中。开始是周扬、丁玲两大板块;周扬丁玲身后,又演变为张光年、贺敬之两大板块。

对于这场"板块学"的重新结构、分化、组合,马烽说了这样两段话:

"周扬、白羽、默涵过去都是比较左的。刘白羽这个人,1957年跟上周扬在整丁玲上是不遗余力的。可是丁玲问题平反的时候,中央文件下来,刘白羽第一个说,确实我们错了。而且,丁玲死了以后,刘白羽写了一篇文章,悼念文章带检讨性的。过去,我呀,孙谦呀,总觉得刘白羽这个人是'老左',很偏激,看了他这篇悼念文章,观点立刻有点转变。丁玲也说,白羽不管他过去怎么样,人家认错还不行吗?还能咬住人家不放?后来,陈明看了,也是很感动。比起张光年来,张光年你太整人厉害了。人家觉得,当年的那些事,这不是掩盖得住的。你错就错了嘛,这有什么了不起的。张光年向被他整过的人道歉了?检查了?没有,从来没有。"

"周扬手下有两员大将,一个是贺敬之写诗的,写《白毛女》,一个是搞理论的冯牧。他们的关系很密切。延安时期俩人住一个窑洞睡一个炕头;1976年闹唐山大地震的时候,俩人住一个抗震棚。可是后来也是因为这个派性呀,他们俩基本弄翻了,不来往。"

我在《唐达成文坛风雨五十年》一书中,对唐达成、马烽两人1978年的那次戏剧性会面有这样一段描绘:

马烽1994年夏沉思像

客观地说,唐达成、马烽二人,都是淡漠为官而认真做事的人。而且,主观上都不愿意搅和进文坛的矛盾漩涡中去。然而,历史老人却有喜欢恶作剧的小孩脾性。令唐达成、马烽想不到的是,若干年以后,偏偏是他俩,阴错阳差地被激烈冲撞的两大板块,选中为各自利益的代言人,竟然因为中国作家协会党组书记,此文坛"第一把交椅"的位置,或有心或无意,或正面或迂回,或主动或被动,或淡然或激烈,或身不由己随波逐流,或戴着面具作为木偶,于1984年、1987年、1989年,三起三落、三进三出,上演了"三上桃峰"、"三进山城"、"三打祝家庄"的连本大戏。直至最后马烽接替唐达成担任中国作协党组书记,亲手处理唐达成的问题,把这戏剧性的过程推向高潮。到那时,再来回顾这次谈话,大概难免不发出"山围故国周遭在,潮打空城寂寞回"的历史感叹。历史也许是座空城。现实之波涵盖一切。

1978年,唐达成和马烽还是作为丁玲营垒中一条战壕里的战友同病相怜;二十年河东二十年河西,二十年后,两人却成为严峻对立双方选中的代言人"剑拔弩张"。

我在《唐达成文坛风雨五十年》一书中,专门有一节写到:唐达成由丁玲集团的"同党"而嬗变为"叛徒",反映了人与现实的全部复杂性。那是一部大书的容量。

我们现在只能从马烽的角度,来看看在"板块"冲撞挤压下的马烽。

玛拉沁夫直人快语,他对当时文坛抬冰心、贬丁玲的现象谈了自己的见解:

"为什么要抬出冰心取代丁玲?吹捧冰心,渲染冰心,为的是贬损丁玲,淡化丁玲。丁玲有队伍,门徒故吏遍天下。冰心独立大队,单枪匹马。对冰心无须戒备,成不了气候。而对丁玲则心存忌讳,严加防范。"

玛拉沁夫所言,道出了文坛的一个现实。

"文革"十年,彻底砸烂了"十七年文艺黑线"。新时期到来之际,万废待兴,一切都面临重新"洗牌"重新整合的战略态势。

让我们先看 1979 年第四次文代会上,丁玲 50 年代文讲所故旧学员的一次大聚会。对于这次聚会,徐刚了这样的描述:

1979 年 11 月,全国第四届文艺工作者代表大会期间,一些曾在文研所、文讲所毕业的代表,知道我已调回北京负责恢复文学讲习所工作,便提议叫我组织一个团聚茶话会。同志们有二十多年没见面了,这是风云变幻异常的二十年。同志、校友间的交往由淡化、冷冻、融解、升温,到现在热气腾腾的二十年。在四届文代会上,一股热气冲上来——文讲所是培养青年作家的园地,很多文艺骨干是文讲所培养出来的,成为大家的共识。历尽劫难的校友们从全国各地到北京相聚,开个校友会,是天时地利人和。我找作家协会党组书记李季谈此事,李季说:"我支持你们开茶话会,你跟张僖谈谈,叫他找个会址,备点茶点。"我说请你参加,李季沉默片刻说:"我有困难,不能参加,请你谅解我。"我找张僖谈,张僖说:"只能喝茶。"我说:"喝白开水也行,请你参加。"张僖用手势做推辞状,说:"我可不参加。"通知发出后,我还担心有人会避嫌,午餐时得到全都愿意参加的信息。我立刻乘车到友谊医院——丁玲做乳腺癌手术在这里住院。我向病床上的丁玲说了聚会的事,她忽地坐起来,连连地说:"我去。我去。"马上伸出脚找鞋,这时陈明进来了,帮她穿好衣裳,围上花头巾。到了新侨饭店,陈明和我搀扶她走进西会议厅,大家都已到了,有和丁玲共同筹备创建中央文学研究所的田间、康濯、马烽、邢野、陈淼;有中国作家协会文学讲习所所长吴伯箫、副所长公木;还有担任过教职等工作的石丁、叶枫、古立高、西戎、李昌荣、逯菲、蔡其矫;有第一期毕业的王血波、王谷林、王有钦、古鉴兹、孙迅韬、李纳、李若冰、陈登科、玛金、周雁如、胡正、胡昭、徐光耀;第二期毕业的王玊祥、王慧敏、邓友梅、白刃、刘真、刘超、玛拉沁夫、和谷岩、苗得雨、张志民、张凤珠、赵郁秀、胡尔查、贺抒玉、董晓华、缪文渭、谭谊、颜振奋;第三期毕业的王剑青、达木林、吉学沛、李逸民、李学鳌、陈鉴尧、朋斯克、姚运焕、胡万春、张有德、敖德斯尔、谢璞;第四期毕业的马敏行、韦丘、刘岱、李虹、苗凤蒲、庞嘉季、康志强。

二十年后重相逢,一次故人的聚会,徐刚请时任中国作协党组书记的李季参加座谈会,而李季却沉默片刻说:"我有困难,不能参加,请你谅解我。"徐刚请时任中国作协秘书长的张僖参加,张僖用手势做推辞状,说:"我可不参加。"

此一现象显然向人们传递着某种信息。

唐达成也是文研所的学员,唐达成也接到了邀请函,但以上参加座谈会的名单上没有唐达成的名字,唐达成没有参加这次聚会。

唐达成对我说:"我好一番犹豫矛盾。按说一个聚会,也很正常。二十年老友故旧重逢,我也挺想见。但心里面总排不去嘀咕:真是所有人都不在意吗?其中之人,或者其外之人,真就没有一点想法吗?以我对文坛的了解,绝不是这样。表面当然不会说。当时可能也表现不出什么。但刻在心上的东西,比挂在嘴上的东西更可怕。正是这些无形无声的东西,构成鲁迅所说的'鬼打墙'。我一次次对自己说:宁信其有,莫当其无。一千次自己吓自己没关系,只要有一次撞到墙上,就是头破血流。"

唐达成还说:"我当时还有另一层忧虑。那么多人没见到我,对我又会是什么看法?做何议论?我都想好了怎么回答,倒是没有人问起。"

我问过马烽、李昌荣。

马烽做一副回忆状:"唐达成没参加吗?我倒没注意。"

李昌荣说:"那时唐达成在会务上,大概忙得没顾上。"

唐达成不露声色地躲闪腾挪而过。事实证明:唐达成的担忧并非空穴来风。后来文坛上纷纷扬扬传言这次聚会,是丁玲出山后"召集旧部","重整旧河山,朝天阙。"

唐达成还说:"当年文坛有个说法:说文研所是丁玲的黄埔军校;《文艺报》是丁玲的井冈山,也就是丁玲的小山头的意思吧。"

而且,这次团聚会上的张张合影照,在以后文坛某些领导人说起时,被看作是丁玲示威阵容的一种展示。

马烽在《回忆李季》中这样描述李季:

> 1973年春天,我获得了解放。第一次去北京的时候,知道李季已经调到人民文学出版社工作。那时候外地来京的人,都非常想看看一些老同志。但那时大家惊魂未定,都有点担心被带上旧势力搞串联、"搞复辟"的帽子。有一次我和孙谦、李准去看李季,他倒是满不在乎,照样热情地接待了我们。从这以后,每逢我到北京,总要到他家看看,在他家可以讲些真话,可以暴露一点真实的感情,互相安慰,互相鼓励。
>
> 1976年初春我去看他,那时正是新中国历史上最黑暗的年代,我们敬爱的周总理与世长辞了,后来被称作"四人帮"的那些人更为猖狂,人们心情都很沉重,李季的情绪更坏,因为不久前"四人帮"点了他的名,说他"以笔代刀",是旧势力的代表,联系的尽是些"黑线人物"等等。当时他的压力很重,但他没有一点下软蛋的意思,他把江青、姚文

马烽离休以后搬到楼下写《玉龙村记事》

元大骂一通,说他们这是要毁灭革命文艺。那时他已被迫离开文艺界,到石油部工作去了,我开玩笑和他说:"我把你这些言论整理起来打个小报告,你就爬下了,我就上去了。"他说:"我还可以再给你补充一点。"接着就为邓小平同志鸣冤叫屈。

李季并非胆小怕事谨小慎微之人。而李季在对待一次普通聚会时的顾忌,则更让人感受到事情的微妙复杂严峻。

在上述名单中,西戎、胡正都列在其中。西戎在丁玲去世后,曾撰文《忆良师丁玲》,胡正在丁玲去世后也撰文《送别丁玲老师》,都表达了与丁玲之间源远流长情深意长的师生关系。马烽作为赵树理去世后"山药蛋派"的领军人物,作为一路诸侯,理所当然引起格外关注。得诸侯者得天下。

关于作协"四大"的换届,时任中国作协党组成员、书记处书记的束沛德向我做了这样一个轮廓介绍:

"……中组部、中宣部搞了一个人事安排小组,作协参加两个人,一个唐达成,一个我。中宣部常务副部长郁文任组长,秘书长叫沙洪,形成一个九人人事安排小组。……事先,领导班子的名单要征求多方面的意见。因为我和唐达成两人当时已是作协党组成员。至于我们两人参加人事安排小组是作协张光年的意见,还是上面中宣部贺敬之他们的意见,现在也弄不清楚。……从开始,一直也没考虑党组书记安排唐达成,曾考虑过张光年再留任一届,做好过渡;也有过由贺敬之中宣部副部长兼任作协党组书记的方案;有一段时间,还有把马烽调回来当党组书记的打算;后来,又考虑王蒙,那时候王蒙已经是中央委员……弄得人眼花缭乱的。"

张光年在《文坛回春纪事》一书 1984 年 2 月 25 日的日记中有这样一句话:

> 人事安排小组提出今后由贺兼作协党组书记,调马烽来参加领导,我对调马烽、排冯牧的做法提出异议。

张光年的日记写得含蓄、藏而不露。对"我对调马烽、排冯牧的做法提出异议。"的说法也说得语焉不详。但"项庄舞剑,意在沛公",锋芒所向已经十分明显。

而贺敬之的说法就比较明朗和激烈了。贺敬之在我对他的访谈中说:

"张光年对我说,贺敬之同志啊,作协的班子你们还要征求我的什么意见呢?你们不是已经都定了么,你们要把丁玲捧出来。我说,怎么是我们要捧出来,丁玲原来不已经是副主席了嘛?他打断我的话,我告诉你,如果把丁玲抬出来,文艺界就大乱了。我说,她是一个老太太,怎么就能大乱了呢?很清楚了嘛。你们把马烽搞出来,马烽就是丁玲的人嘛。……还有这个,这个你不会不知道吧?马烽和江青的关系?我说,这件事我是参加处理的,因为正式报到中央来了,我是正式请山西省委做了调查,这是没有问题的。副主席有很多名,马烽确实我提了,我还提了孙犁。我说,无论从资格上讲,从成就上讲,这两位同志都应该吸收进来。与此同时,我是有这么一个意思,马烽同志到北京来工作,但是还没有定,还不是党组书记,就是主席、副主席。他们就这么敏感。马烽同志,在文艺界本来就有那么大影响,他已经不仅是在文章中,在讲话中也是讲四个坚持的。所以有那么一些人就觉得气味不对,就传谣说他在大寨的时候,跟江青怎么怎么样。但实际上,是莫须有的。提马烽的人还有一个你想不到,是巴金同志。巴老提出副主席里面应该有马烽。我跟张光年同志讲,不是这样,副主席里面巴金同志也提到马烽。"

马烽就这样莫名其妙,又一次身不由己地被卷入这场角逐之中。在我对马烽的访谈中,马烽也谈到这个问题:

"1984年,召开全国第四次作代会,筹备了七八个月的时间,主要是人事安排。中宣部直接领导的。开头还比较民主,人选问题,主席、副主席哪些人,委员哪些人,征求各方面的意见,大家都可以推荐。他们综合。大概推荐我当副主席的还不少。为什么不少?50年代刚解放的时候,我主持过第一次青年作家代表大会,而且在创作上,我回了山西还写了些作品。推荐我当副主席的人员里面主要有三个人,谢冰心、丁玲、巴金,巴金和我一块出过国,他来过太原,我们陪着他去大同云冈,是在1964年。他1963年还和我一起去了日本一趟。后来,他老婆萧珊也来过,她是《收获》的编辑,来组稿。住在我们家,和我关系也可以。冰心两次和我出国,像老大姐一样,人家觉得我这个人品还可以,解放区培养起来的年轻作家,也应该挂上一个,老中青都应该有。丁玲嘛,也提了。丁玲这一提就坏了,大概上去以后,就说这个人不行嘛。据说是张光年传出来的,最早是周扬说的。到周扬那儿,他是丁玲的人呀,张光年奉命就传达下来。所以,从筹备组那儿就传出来了。这就把我免啦。"

下面还是张光年《文坛回春纪事》中的两篇日记:

1984年5月19日 星期六 多云

上午，中央办公厅秘书局送来"亲收绝密件"（今年28号文件）：《中央书记处在听取中组部工作汇报后提出的重要意见》，其中规定年龄已过的中央级及省、市第一把手，明年党代会前退下来，换上六十岁以下的优秀干部。这是个喜讯，中宣部、作协、文联的领导班子问题都不难解决了。作协党组王蒙不愿干，就让唐达成干吧。（笔者注：当年，马烽六十二岁，贺敬之六十岁，唐达成五十六岁。）

1984年6月29日　星期五　晴（高至35度）

……王蒙来电话：贺敬之日前访他，自诉有很多为难之处。他决定不调马烽了，也不提自兼作协党组书记，而劝王蒙接班。王辞谢，表示支持唐达成接班，贺赞成唐，对冯牧意见仍很大，云。

天降28号"红头文件"，年龄问题，成为一个救急救难的冠冕堂皇理由。然而五年以后，当中共中央决定让六十七岁的马烽取而代之六十一岁的唐达成时，年龄又不成其问题了。

文坛这一场昏天黑地的明争暗斗，虽不见枪林弹雨刀光剑影，却也是血雨腥风满地鸡毛。在这场逐鹿中原的角力中，唐达成终于成为胜出者，登上了全国作协党组书记的宝座。

对于这次中国作协的"四大"，"好得很"和"糟得很"两种极端评价绵延了二十年。

马烽在我对他的访谈中说了这样一段话：

"那时，张光年是作协的党组书记，开会前，就找胡耀邦，对胡耀邦说，他们筹备组拿出来的这个名单，这是指令性的还是参考性的？胡耀邦说，无效性的。张光年拿着一份名单，是中宣部筹备组提出的名单。张光年专门问，指令性的当然要执行，参考性的嘛，当然无效了。胡耀邦也弄不清作协的宗派，就来了个无效性的。他就说，总书记说了，中宣部筹备了八个月，他一脚踢翻，自己重新拿了个名单。他就和新起来的混成一伙子了。所以，我就候选人也不是了，原来是候选人。就是因为他这次第四次作代会派性搞得太明显了，到什么程度呢？就是把原来的副主席保留，只进不出，当时他下面的那些人，刘宾雁、张贤亮、王蒙活动能量也大呢，最后三个原副主席落选了。贺敬之、刘白羽、欧阳山。三个老作家，30年代的作家，在后来抗日战争时期，解放区都是有贡献的人才能到这个位置。丁玲差三票落选。如果丁玲要落选，那更要惊动中央。他们还做了件什么事呢？这些人落选以后，在《人民日报》上公布了选举得票数，这从来都没有过。要丢丢丁玲的丑。你看看，人家得票多少，你几乎落选。"

不管对作协"四大"如何评价，上层第一次调马烽入京的精心谋划，成为无法实现的"马歇尔计划"。

6. 丁玲身后的余波，对马烽"涛声依旧"

田东照给我讲到过他"河魂系列"的代表作《黄河在这里转了个弯》的命运，这个细节也很能看出丁玲阴影在马烽身上的投射。

田东照说："那时候，丁玲刚创刊了《中国》，给马烽来了信，希望马烽给她推荐好稿子，支持她的刊物。马烽就到《黄河》、《山西文学》两个编辑部去，问最近有没有好稿子。《黄河》的张发就说，田东照正有部中篇《黄河在这里转了个弯》给了我们。马烽看了，很欣赏，就和《黄河》商量，把这篇稿子给我吧，我给丁玲的《中国》，山西支持支持她办的刊物。马烽说了，谁也不好说什么。正好当时我来太原开个什么会。马烽把这个事情一说，问我意见如何？我说，你说咋地就咋地。马烽给他们寄去，他们看了后说，好！当时牛汉是《中国》的执行副主编，反映都很强烈。牛汉说，能不能稍为再改一改，就让我去了北京，住在中国作协招待所，住了有四五天，没有什么大改动。就在《中国》第二期发了，小说第一篇，压卷之作。这个东西出来以后，咱也弄不清北京的情况，据说受了一些派系斗争的影响。那时候，我是稍为听到一些，但不是很清楚。以后过去好几年了吧，马烽有一次打电话，说东照你来一下。去了以后，马烽给了我一本刊物，刊物上登了一篇文章，就是说这件事。说由于他们的内部斗争，把这篇作品做了牺牲品。"

20世纪50年代五战友合照

田东照所说这篇文章，是周良

沛所著的《重读丁玲》，文章登在《文艺理论与批评》1997年第四期上。文章中有这样一段话：

> 无怪山西作家田东照的中篇《黄河在这里转了个弯》发表后没有获得大家原先预期得到的反应时，编辑部的同志都百思不得其解。作者以其深厚的生活底子，冷峻的笔触，对贫困山村的写实，读得人是心跳的。在评论家当时评荐的作品中，它不一定在它们之上，也绝不在它们之下。评论家可以不认同丁玲对文学倾向性的看法，总该为作品力透纸背所描绘的人生画图所动吧。此时此地，这种文学现象，也只能从非文学的角度去看了。无怪丁玲说："它要不是发在我编的《中国》上，早就会有人出来叫好，给奖了。我们把它约了来，反把人家埋没了。真是罪过啊！"

马烽在1984年9月中宣部召开的会议发言中，颇为感叹地说了这样一番话：

"……团结问题，加强团结，不团结有几种原因：一是历史原因；二是运动的后遗症；三是小道消息太多，传来传去很走样，也不利团结。前两年好像有两个司令部发出来的话。搞得下面不知听谁的好。希望能有所解决。团结问题不解决，会对文艺界有影响。有意见也应该按组织手续来提出，摆到桌面上来解决。"

马烽在中顾委帮助张光年的生活会上，有一个发言。马烽向我回忆了他在会上的发言：

"第四次作代会引起众怒，大家都向中央告状，张光年你，那时周扬已经住医院了，实际上就是他接上周扬的指导思想，接上这派性，所以主要是批评他。在这个会上，大家都发言，我也发言，伍修权很赞成我这个发言。（我插话问："这是个什么会，还把你从山西通知去参加？"）这是中顾委的生活会。内部批评张光年，是帮助性质的。欧阳山是从广东调去的。贺敬之就是中宣部的。我发言主要说什么？我说光年同志对工作上说，我是尊重的，人家和我没有任何利害关系。要别人说他，不就是写了个黄河大合唱嘛，我说，这首歌词就是划时代的。任何人，你就是写出长江大合唱来，你也压不倒黄河大合唱。因为当时的情况、当时的地点写的，整个反映了中华民族的那个气势，那个精神。但是你说我是丁玲的人，这个文件我也看到了。这就有点过火了。我是谁的人？我是支部书记，我是党组织派去的。我说，我们党内，我们文艺界派性太厉害，我们好多精力内耗了。

我们文艺界 30 年代从上海弄起，弄到延安两派，再弄到北京两派，"文化大革命"都打倒了，都受了罪了，这就应该是醒悟过来了。可是打倒"四人帮"以后又复活了。我说这样下去，不是别人把我们中国文艺界打垮，是我们文艺界党员自己把我们自己打垮了。我就发了这么个言，伍修权说，马烽这个话说得还是有道理的。"（马烽在此得意地笑了）

（首发《新文学史料》2008 年第二期，收入人民文学出版社《历史风涛中的文人们》一书；选自《马烽无"刺"——回眸中国文坛的一个视角》一书。）

一道永恒风景线
——胡正对"山药蛋派"的超越

一道永恒风景线

——胡正对"山药蛋派"的超越

1. 谁见过这样的正厅级一把手

南华门大院是山药蛋派的大本营。南华门大院的作家们总结出山药蛋派三任党组书记的著名"三笑"。

一笑为李束为式"哼哼"冷笑：西戎夫人李英向我介绍说：李束为不苟言笑，总绷着一张脸。老马老西老胡老孙他们都喜欢开个玩笑，可只要老李一在场，气氛就完全变了。李束为难得笑容。张石山描述过李束为笑的一个细节：说有一次胡正打乒乓球，潇洒利索间旁边观众连声捧场喝彩。党组书记李束为路过，冷笑着说了一句：哼！吃喝××，他什么不会！胡正不敢言声，放下拍子，跳起来就跑。南华门人说，革命样板戏《智取威虎山》中有句台词："不怕座山雕怒，就怕座山雕笑"，李束为的"哼哼"冷笑，也能让人连打三个寒战。

一笑为焦祖尧式"呵呵"苦笑：焦祖尧十年执政，弄得愁眉苦脸焦头烂额，拆了东墙补西墙按下葫芦浮起瓢，一副耶稣受难之苦相。然而，为表现领导者的风度，常常只得强颜欢笑，一副苦恼人的笑。

再一笑即为胡正式"哈哈"大笑，胡正为人爽朗，活得潇洒，与人聊天谈话甚至做报告，不时会发出一阵大笑，笑得坦诚而热烈。笑成为胡正的一种工作风格一种工作方式。人称"谈笑间，强虏灰飞烟灭"。这是一种驾轻就熟举重若轻庖丁解牛游刃有余的笑。

我真正接触胡正是在1980年的山西省第三次文代会上。胡正任大会秘书长，我是他手下的生活组副组长。我当年在太原市南文化宫工作，大概是考虑到发挥我的特长，所以让我安排大会的文艺活动。

那时候，跳交际舞刚刚从禁锢中恢复，人们对此还持一种羞答答"犹抱琵琶半遮面"的心态。而我和张石山、蒋韵一帮子年轻人，却兴趣正浓跃跃欲试。

我想为大会安排一场交际舞会，拿不准胡正会不会答应。

张石山为我鼓劲："胡正能滑冰、会游泳，台球乒乓也玩得好，尤其擅长的是跳舞。

1985年11月胡正作为中国山西作家代表团团长出访日本

在他们老一辈作家里，就数胡正跳舞跳得最好。安排舞会，正对胡正口味。"

张石山还说："'文革'前，胡正担任文联秘书长时期，为文联谋福利、找上级领导批拨款项，办法多多。办法之一，就是组织舞会。召集歌舞团漂亮姑娘来陪首长跳舞，这是延安时期就有的老传统。当省长部长们跳得高兴，胡正会适时递上报告，请领导过目批阅。首长兴致正高，又当着漂亮姑娘的面儿，大笔一挥，批准！数额太小，再加几万！"

山西省文化界人士，都称胡正为"胡总理"，由此可见对他的赞誉。胡正做了几十年文联秘书长，打里照外拳打脚踢，把个文联工作搞得百密而无一疏。作为现行体制下的文联作协，经费多少，全靠到上面去跑，当年样板戏《沙家浜》中有这样的唱词："垒起七星灶，铜壶煮三江；摆开八仙桌，招待十六方；来的都是客，全凭嘴一张。"人们用了这台词来说胡正。不论是李束为掌权还是马烽当政，都是用胡正"财政一支笔"管经济，去与上面打交道，往回要钱。

我后来当了秘书长，胡正对我说："要钱容易吗？那要下得辛苦。领导不好找，我就摸准他们的规律，他们一上班总要到办公室转一圈，我就早早地赶到走廊上去等。准能堵住他们。"

胡正果真爽快地同意大会期间安排一场舞会。胡正"哈哈"一笑说："对口。文联文联,就是联谊交际。"

记得在那次会上,我们利用生活组的"特权",常常忙里偷闲见缝插针,逮住个机会,就会打开一个楼层接待室,搬开桌椅,当地练起舞步。有一次,正练在兴头上,胡正推门进来,我们好不尴尬,有点不知所措,没想到胡正却是"哈哈"一笑："体验生活呢?操练上了?"我们顿时放松下来。好像是张石山还有点得寸进尺,邀请胡正："听说胡老师舞步一流,给我们示范两招。"胡正还真就毫无架子地和我们"混"了一回。

胡正还向我说了这样一件事："马烽对我,工作上是依靠,但也有不满的地方。什么不满呢?就是我比较大方一些,也就是花钱大手大脚吧。他注意影响,他比较严谨。那年刚恢复文联不是批经费么,我去找武光汤副省长和省财委主任白清才,一下子批了二十万。批下来已经到了九月份,第四季度就是收摊了。当时的经费是包干制,花不了就要冻结,财政上到年底就要收回去。到了十月,我说不用白不用,咱们来组织一次旅游吧,文联委员、各协会理事,到延安、到湖南,去旅游。当年还是选这些地方,还不敢到风景区去,只是选一些革命圣地。开始他们倒没说什么,我铺排得规模大了些,你想,几百号人,弄了七八辆大轿车,先到延安,后到西安。回来后又坐火车到湖南,这样走了有半个多月,花钱当然不少。马烽就说,这个老胡不像话,这么个花钱呢!他们是怕省里领导批评,恢复文联就这么折腾?幸亏是《山西日报》的韩仲昆,他不是和我们一起去了,回来在报上写篇文章吹了一下,文艺界人士去进行了一次革命传统的教育。效果还不错。马烽也就不说了。他主要是嫌我花钱上大手大脚。"

胡正说："他们主要是传统一些,我呢是比较随便一些。"

诗人张承信还讲过胡正的一个小细节："你去报销,找老胡签字的时候,你贴好了给他,他看也不看,反过来在背面就签了字,好像一看就是对你不信任了。"

周宗奇也说过:我就特别欣赏胡正签字时"龙飞凤舞"的潇洒劲。

1984年山西省作协文联分家,作协成为独立的一个厅局级单位,胡正出任新一届党组书记,主政山西作家协会。当年办公室极为紧张,各职能处室的办公室还分不过来。胡正作为新任党组书记,却自己提出来不要办公室。在访谈中胡正对我说："我干了四年党组书记,没有一间办公室,没有一个办公桌。有什么重大事情需要研究了,就是会议室开个会,然后,就是到各个办公室串串门,转一转,嘻嘻哈哈说个笑话,纯粹一个甩手掌柜。"

在对胡正的访谈中,我谈到焦祖尧与胡正执政理念上的区别。

焦祖尧曾向我讲过关于李束为"领导权威"的例子:李束为执掌文联之时,有一次上卫生间,发现有人把屎拉在了便池外,于是马上兴师动众,召集全体机关人员开"现场会"。当着全体职工,李束为是颐指气使,全场鸦雀无声。焦祖尧啧啧赞叹地说,李束为一声吼,全机关吓得抖。这是何等权威!言下流露出"无比向往"之情。

胡正听后说:"这是一个误会。你作为一个领导,你民主作风越好,大家越是尊重你,你越是独裁,大家背后骂你呢。就说李束为,你一个群众团体,人家都怕你,你就是好领导?"

在访谈中,胡正还说了这样一番话:"像作协这样的单位,职务只是个空架子,大家不是尊重你的职务而是尊重你的人品。威信来自你人格的力量。你干得好,大家自然尊重你,你干得不好,大家照样不买你的账。对这个你要有清醒的认识。你事情没做对,人家即便当面不敢说你,背后也要议论,背后还敢骂朝廷呢。这是最要命的。"

南华门大院的人们评议说:在胡正身上,最少官气,最没当官的架子。

胡正在秩序井然的官场,处处透出一股离经叛道的"异类"气味。

2. 胡正说:我们是提一个主编,又不是树道德楷模

在怀念胡正的诸多文章中,许多晋军崛起中的重要作家,都深情回忆了在自己人生的关键时刻,胡正所起的决定性作用:

周宗奇为我讲述过贯穿他一生始终的"作家梦"。

周宗奇说:"我的写作才能,从小学到中学到大学,都是全校出名的。大跃进时放卫星,叫我这中学生放的卫星就是写一部长篇小说。但是,大学毕业分到霍县矿务局辛置煤矿,我对第一次下煤窑印象可深了。一开始是分在南下庄矿,是个斜井,不坐罐笼,六百六十级台阶,一级一级往下走。鼓风机劲可大了,呼呼的声音,吹得你啥响声也听不见。我从小要当一个作家,这一下跌落到黑

窟窿里，觉得这一辈子全完了。"六百六十级台阶，周宗奇记忆犹新。他就这样一步一个台阶，走进人生低谷，在那样的境况下，周宗奇甚至都想到了"自杀"。

周宗奇在悼念胡正的文章中写道：

> 也就在这时，马烽、西戎、胡正三位先生出现了。他们不知为什么事来到临汾，问文联主席郑怀礼有没有发现"好苗子"。胖乎乎的可爱的郑老头后来告诉我，他说霍矿有个娃写得不错。他第一个就推荐了我。于是乎，一个电话把我叫到了三位先生面前，算面试吧。北返时我们同车。胡正先生问我："想去太原工作吗？"我的心狂跳不已，我说想去，其实我想说的是，这不是做梦吧！车到辛置站，我不得不下来，望着北去太原的火车，我禁不住热泪长流……

郑义给我讲过胡正调他时的情形：

"我是从晋中师专毕业分配到晋中文联的。在《晋中文艺》当一个普通的编辑。是胡正去晋中把我调出来的。那时候，几次调我，晋中宣传部就是不放，一是他们有人使唤，就不愿意放，把你当个劳力使；再一个宣传部对我也不好，他们对于改革的一套恨之入骨。对那时的分地、责任制那意见大了去了。他们敏感到改革会剥夺他们的权力。我那时候的思想，和他们完全不是一个道岔，我的那些作品，《枫》呀什么，他们都很反感，很不喜欢，所以他们处处卡我。胡正仗着他是老革命，面子大，到榆次去和他们喝酒，在酒桌上再三订正，才和他们谈定的。所以我是很感激胡正的再造之恩的。我被晋中宣传部这帮官僚卡着，我就没活了。没准早把我批斗了。胡正好，人性好。我至今记得，胡正那次去喝酒，差点没把我喝死。现在回忆起来挺危险的。胡正去了很明确就是要把我调出去，这次来了就要把我带走。晋中宣传部，还有地委什么领导，陪胡正一起喝。胡正在酒席上谈得很细，连具体办手续的问题也谈妥了。他们看我是必走无疑了，也阻挡不住了，就灌我酒。我心里高兴，我也挺感动的，胡正能为一个年轻人费这么大心思，下这么大工夫。所以那天谁给我酒也喝，来者不拒，就喝多了。喝得大醉。难受的不得了，胡正在宾馆有一套房子，中午在那儿休息。我难受得不行，就跑那儿吐去，吐了还不行，坐立不安，拼命喘气，那种深度中毒的感觉。就躺在他那澡盆里，一会儿颠过来，一会儿颠过去，在澡盆里辗转反侧，你说它要能睡过去也行，又睡不过去。你还怕人笑话，要维持一个体面，就在里面插了门。胡正回来了要上厕所，就敲门，我想我这人不人鬼不鬼的，怎么能开门。老胡敲半天敲不开，奇怪,这里面没人这门怎么锁上了?过一两钟头,我清醒点看,那澡盆里划了无数黑道,我穿双黑皮鞋么。可见那一场折腾。所以后来我对胡正是毕恭毕敬的。胡正这人,不仅对我有知遇之恩,而且思想上也极度开通。"

胡正讲了他调郑义的缘由:"调郑义的时候,那时看了他写'文革'的作品,《枫》呀几篇,我说这个人有才气,有灵气。主要是考虑有没有后劲,有没有潜力。是对创作队伍的培养。不考虑关系,也不考虑什么家庭呀其他的。也不考虑与我关系是不是走得近呀,是不是对我巴结。不考虑这些。唯才是举。"

我在胡正写于 1985 年 5 月 13 日《黄河浪滔滔——一九八五年春我省小说创作述评》一文中,看到这样的文字:

> 郑义的中篇小说《远村》,先是获得福建省《中篇小说选刊》的优秀作品奖,又荣获中国作家协会第三届(1983-1984 年)全国优秀中篇小说奖。郑义的《远村》写了太行山里一对情人热烈而又辛酸的爱情,他的《老井》也是写一对情人的炽热的爱情,而最后又是那样无可奈何花落去,似水流年如何回!通过一对恋人的爱情生活的起伏波浪,反映当时的社会生活风情,这是郑义小说的特色。如他的处女作《枫》,以及《仇恋》,这是两篇否定"文化大革命"的佳作,而《远村》和《老井》则是粉碎"四人帮"前后的优美的诗篇。郑义小说中的感情是那样激烈地震撼心魄,使人有撕心裂肺之感。

文章中透露出胡正的一片惜才爱才之心。

我 1985 年大学即将毕业,那时,胡正已任分家后的作协党组书记,主持作协的工作。胡正热情相邀,希望我毕业后来作协工作,任作协副秘书长或者《山西文学》副主编。我担心自己资历浅水平低,胡正向我表达了他的用人理念:"在用人上,我对论资排辈啦,过去的条条框框啦,少一点。要干一番事业,就要不拘一格,敢于提拔年轻人。关于年轻不年轻,我自己就有体会,我三十二岁就担任了文联秘书长。再年轻一些,二十来岁,我在《晋绥日报》当副刊编辑,又是记者,还对外联络,什么事也干。你要给年轻人压担子。我们不是说,在干中学,在战争中学习战争。年轻人精力旺盛,正是干的时候。年龄大了,对未来的事情就想得少了,难免会保守,要把事业搞得活跃、兴旺,就要用年轻人。"

胡正在与我谈话时说:"现在刚分了家,万事待兴,办公室很需要人。作协写家不少,可适合做行政工作的人不多。你在南文化宫也搞过行政,有一定的工作

作者与胡正、郁波合影

经验,现在,办公室就樊丕德秘书长,准备提王子硕副秘书长,你也是副秘书长,一起帮我照理行政这一摊子。"说着,胡正大概是觉得我也是搞写作的,是不是会不愿意搞行政,又善解人意地说:"当然,编辑部也向我提出需要人,议论过你,你要想去编辑部也可以。"

后来,因为我们这批学生当年是带薪学习,毕业后必须回原单位服务,所以调动遇到阻力。胡正马上给当时任太原市委书记的王茂林写了信,还托人与当时我的顶头上司王德珩交涉,虽然最后没有成功,但胡正先生对人的一片真诚热情刻骨铭心。

在我对胡正的访谈中,胡正向我谈到他的用人理念:

胡正说:"我就是要大胆启用年轻人。我对我们过去的那一套干部路线不太满意,一看干部就是说出身成分,说过去犯过错误没有。有什么问题,社会关系,不是首先看他干了干不了。简直是,我那时候就挺反感这一套。可是那时候我不当权,也做不了主。1984年文联作协分家后,我当了党组书记,说话管用了,我就要改变这种用人风气。那时候提李锐,说他家庭怎样怎样,我不考虑家庭出身,过去有什么问题了,那时候还挺强调这些。我说,别说这些,'文化大革命'中查三代,谁家锅底上没查出点黑?我们先说能力,说干得了干不了。当年,提张石山的时候,他正在弄离婚,机关吵得沸沸扬扬,有不同意见。我坚持,我们是提一个主编,又不是树道德楷模。家庭的问题是他的个人私生活,我们没必要干预。在提郑义当《黄河》副主编上,也有这个问题。"

胡正还说:"再一个是放手不放手。用人不疑,疑人不用。《山西文学》也好,《黄河》也好,敢于放权。不要让人当家不做主。让人家放手去干。我的意见,包括任何领导的意见,有对有错的,你不要总说自己的意见。这是'文化革命'以后的解放。我们明白了一点什么呢?'文化革命'以前,我们总认为领导高明,中央高明,其实不是,谁也要犯错误。毛刘周朱,谁不犯错误?谁也有对的一面,谁也有错的一面。没有一个圣人。放手让人干,各种思想,各种方法,让人发挥出来。给人设定框框就不好了。再一个是宽松,大家活跃,文艺思想上要宽松,政治思想要宽松。百花齐放百家争鸣么!固定一种方法一个流派的结果就是僵化。我自己就有这个体会,一个领导指挥得十分具体,你要这样干,他让那样干,弄得你无所适从,没有创造性了。积极性发挥不出来。实践证明年轻人干得挺好。再一个你也轻松,事半功倍。"

1984年,山西省文联作协分家,胡正担任了山西作协的党组书记,成为真正意义上的一把手。正是在胡正当政期间,一大批新时期涌现出来的中青年作家被破格提拔到重要岗位:《黄河》主编成一、副主编郑义、韩石山,《山西文学》主编张石山、副主编李锐、燕治国,还有副秘书长王子硕等。也正是由于胡正创造的宽松的环境,在山药蛋派的这块土壤上,一时间百花争艳,形成了"晋军崛起"的大好局面。

3. 你是不是他们自由化的总后台?

张石山在《穿越——文坛行走三十年》一书中,有这样一段记载了换届后的胡正:

> 我没有直接听到马烽批评胡正。但有人传言说,马烽严厉批评了胡正。他说,就是你提拔起来一批白眼狼!
>
> 换届大会闭幕之后不久,我曾经去家里看望过胡正……胡正老师和夫人郁波都在客厅里。
>
> 晚间的灯光下,胡老师和夫人眼圈都红红的。
>
> 或者,那正是刚刚挨了马烽的批评之后吧?
>
> 时辰不正,气氛不对。我不知道说些什么好。语无伦次地告辞,惶惶退了出来。

也许可以这样说:胡正在开创一个新时代的同时,也是在埋葬一个旧时代。破字当头,立字也就在其中了。胡正是真正意义上的"承先启后"的人物。

访谈中,胡正对我说:"换届以后,马烽对我的意见主要是我对青年作家,我对郑义了、张石山了，这批中青年作家，他是嫌我对他们太放任、太纵容。没有严格地要求他们。主要是这么一点。我很尊重他，他也没有对我公开地不满。当然人对人的看法不可能完全一致。"

周宗奇在《胡正恩师祭》一文中，回忆到胡正，有这样一个情节：

> 1979年，我发表了新作——短篇小说《新麦》。不料引出一个不大不小的麻烦。河南等省先后有几位县太爷告"御状"，说《新麦》是给大好形势抹黑，应追究作者责任（有的告到中央组织部，一位姓高的大学同学在那儿工作，事后讲给我听的）。省内也有一位县太爷找上门来说事。又多亏当家的父辈们替我遮风挡雨，大事化小，小事化了。尤其胡正先生特别约我说：你该出个集子了，别忘了把《新麦》闹上。我来写序。他在序中写道："周宗奇是一位富有热情而又勤于思索的青年作家。""他在保持前几年创作的特色，即饱含激情描绘善良的普通人的同时，开始了较深的探索。""《新麦》是一篇有着较大社会影响的佳作。他写了'四害'横行时一个县委书记为了邀功而虚报产量，使得全县人民挨饿，他却高升……的故事。揭示了直到今天或者以后都值得深思的问题。""每当他的小说发表时，就以其真挚的感情，使人感奋的力量，和他所着力塑造的一些感人的人物形象，以及发人深思的社会现象吸引着我，以至在这本小说集出版前我又重读他的作品时仍不减兴味，这就是我所以喜欢他的作品的缘故。"

在现实的黑暗与苦闷中，重写历史成了鲁迅晚年萦绕心头的一个想法，其中他特别提到了"文祸史"。1935年，鲁迅问唐弢能不能编写一部中国文网史。而半个世纪过去，这样的文网史，由于众所周知的主客观原因，至今尚无人敢涉及。周宗奇立下宏大创作计划，要完成一部几百万字的《历代文字狱》，并率先推出了八十多万字的《清代文字狱》。作家王东满写得一手好字，专门为周宗奇的《文字狱》题七言绝句一首，写成一斗方："卧石听涛观星汉，由心率性著文章。字字珠玑溅血泪，铮铮鸣镝射天狼。"书中虽然是写的清代文字狱，但其中借古喻今指桑骂槐含沙射影之"司马昭之心"，路人皆知。这样"敏感"的一部书，为意识形态领域所"封杀"，也就不足为奇了。周宗奇在《胡正恩师祭》一文中写道："胡正先生最为开明，见面总会关切地问：文字狱写到哪儿了？有什么困难没有？要写就写完，别半途而废；出版不了别气别急，放一放，慢慢会好的……"

郑义也向我讲述过胡正在他身上的一件"开明"之事。

郑义说:"有一次,我与刘宾雁同车南下,他向我谈起广西'文革'中的惨剧。'文革'时,我在广西就略有耳闻,但恍若天方夜谭,叫人难以相信。1984年,我在北京改《老井》,一位广西作家向我讲述了他亲历的种种惨景,言之凿凿,使我不得不信。从那一刻起,我就动了写这一题材的念头。可是,想来容易做起来难,难于上青天。作协领导那里恐怕就通不过。"

马烽在创作谈中说过这样一番话:"有的作家专门去写那些偏僻荒凉、贫困落后的场景,甚至是专门挑那些愚昧无知、丑恶怪诞的细节,以一种欣赏的眼光去展览。生活中不能说没有丑恶现象,但毕竟是个别的。不知道作者为什么对这些东西特别感兴趣。这不仅丑化了中国劳苦大众,也伤害了海外华人的感情。每个人都有母亲,每个人都热爱他的母亲,但很少有人在大庭广众之前宣扬他母亲的缺点、丑陋以及见不得人的某些行为。这是个什么问题?很值得我们深思。"

郑义所要涉及到的题材,已经不是落后丑陋的问题了。简直可以说是残酷、血腥。

郑义说:"那年头你去采访一件事,如果没有作协的介绍信,人家不接待,你是寸步难行。这是没法回避的事情。我只能硬着头皮去找胡正,他是新上任的党组书记。我不能糊弄人家,把人家领导蒙在鼓里。我把事情原原本本都和胡正讲清楚了。你要知道,那还是20世纪80年代,是1986年,正是反对资产阶级自由化、反对精神污染最厉害的时候。我已经有了他拒绝的思想准备。要是碰上个不开明些的领导,那不得了,这题材太敏感,你碰上一党官,有可能反对你干这事。你猜他说什么?他就像没听见我刚才说了些什么,眼睛看着别处,带些狡黠地眨麻眨麻眼睛说:'一次正常采访,我就支持作家深入生活了解情况掌握第一手材料。'给我的感觉,整个一装疯卖傻大智若愚。"

郑义说:"胡正说着'哈哈'一笑,就让办公室给我开了证明。"

郑义两下广西,履险历难,密密麻麻记了三本采访笔记。

郑义说:"采访结束我回来后,把采访笔记全部让胡正看了。胡正看了以后,感慨万分,完全是站在同情和支持我的立场。这对于当年一个共产党的党组书记,非常了不起了。胡正说,这是一件非常有价值的工作。也许当前发不出来,但一个作家有责任为历史记录下这些真实资料。"

赵瑜给我讲过胡正为他召开作品研讨会夭折的经过。

赵瑜说:"写纪实作品,不怕县官,就怕现管。你触动了其他领域上层的事,比方说惹下了国家体委,那不怕,天高皇帝远,他心中有火,也是鞭长莫及撒不到你身上。可你触及到地方上就不一样了。我写的《太行山断裂》,捅的是省委这个马蜂窝。可是,胡正还张罗着在省公安礼堂给我开作品研讨会。通知都发下来了,我都来了太原,可是上面干涉,最后还是被迫取消了。就那胡正还把我叫到他家安慰我:年轻人,以后机会多得很,不要因为一个挫折丧了气。"

在访谈中,胡正还给我讲到在反对资产阶级自由化、反对精神污染时的一次会议。

胡正说:"反对自由化的时候,省委宣传部召开了晋祠会议。这个会上,王东满、韩石山几个作家都上了黑名单,就是韩石山写的《磨盘庄》一些作品受批判那一段。他们作为被批评对象,都通知到晋祠开会。我们也去,我们是作为文艺界的领导。我在这个会上就说,和会上是唱的反调。我说这些年轻人写了这么些东西,也许有些问题,可是是不是自由化?这个纲上不上?这个问题要慎重,还需要好好分析分析。当时三刘么,刘舒侠、刘江、刘贯文(都是当年山西省文艺界的领导),他们在会上就是贯彻上面传达下来的这个。我说,我们山西不存在自由化的问题,作品写的放开一点,九个指头和一个指头的问题,谈不上自由化。当时空气很紧张咧,所以我说的这个话,在会上还起了一些作用。后来他们开玩笑说,老胡,你是不是他们自由化的总后台?"

4. 小荷初露尖尖角

1977年,山西省文艺工作室刚刚恢复,我借调在《汾水》杂志(《山西文学》刚复刊时的名字)当编辑。

那时候,西戎主持工作并主编《汾水》杂志。讲故事是山药蛋派作家的长项,西戎非常善于讲故事,讲得绘声绘色妙语如珠,在讲述中,常常会不经意地带出他们当年的一些往事。最初胡正的印象,就是从西戎嘴里勾勒出。

我记忆中西戎讲过胡正这样三件事:

1941年,西戎、胡正他们的吕梁剧社到新成立的"部队艺术学校"深造。在学校,每天早饭是小米稀粥,中午、晚上都是小米干饭。逢年过节才能吃到一顿白面。三八妇女节也只给女同学吃一顿白面蒸馍,男同学仍然是小米干饭。平时吃不到肉,菜也很少,在一大锅水煮的萝卜、山药蛋上面滴几点油花,给每人碗里打上半勺,就算浇上烩菜了。到入夏收了小麦,学校里调回白面,总算能吃面条了。但也只是"稀汤寡面"。清水里煮些萝卜菜根,不多几个面片。校方又明令不准把稀汤倒掉,每天吃完饭上过一节课,肚子里便"饥肠响如鼓",咕噜咕噜叫起来。西戎说:大家都争着想多喝几碗、多吃几个面片。可性急喝不得热汤面,急三火四地喝,嘴里都要烧起燎泡了。顶多能吃上两碗,还想吃,大锅里没啦! 不知胡正这

1949年冬在晋西北兴县高家村晋绥日报社院内

家伙有什么特异功能,竟然能一气连吃六七碗! 众人惊讶,问胡正,他狡黠地一笑说:我嘴大,吃得快嘛! 当然没几个人信的,可又谁也解不开其中之谜。直到时过境迁,胡正才传授了其中奥秘:胡正说,起初的时候,我也只是想了一个不太聪明的办法:把饭碗伸到饭桶上打饭时,让饭碗倾斜一些,使面条留在碗里,汤洒出去一些。但炊事员比你更聪明,打饭时只给你打半勺,根本不让你洒出来。后来有一次,我发现我的碗下有一条小小的裂缝,能漏下汤水来,我受了启发,干脆把裂缝弄大,打面条时用指头捂住,打出饭来再把手指松开,稀汤漏了,不就吃上干面了? 大家忿忿不平,埋怨胡正有这样好办法为何不传授给大家。胡正笑笑道:法术巧妙,会玩的人多了就不灵啦!

另一件事是:

"部队艺术学校"在桥儿沟,住的是窑洞。每隔一月左右,就要到几十里以外的地方去背炭,供伙房烧用。有一次背炭,走了四十多里路,翻过一座山后,天已经黑了,背上的炭也觉得越来越沉。当时正值盛夏,身上火烧火燎,嘴里唇干舌燥,又饥又渴。正好这时路过一片西瓜地,大家恨不得进去吃个痛快,可身无分文,又顾忌"三大纪律八项注意",让人给抓住。又是胡正给大家出"馊主意":先让一人到瓜庵里和看瓜的人攀谈,胡正和西戎两人在夜幕的掩护下爬进瓜地抱

出两个大西瓜。然后到路边的树丛后面，在炭块上砸碎，不管西瓜是不是熟了，也顾不上西瓜上还沾着煤渣，便大吃起来。

还有一件是：

在"部队艺术学校"学习期间，大家利用空隙也会到学校外散步。外面是农民的一块萝卜地。乡下出来的小后生么，免不了会生出一种馋相，实在想拔一根来尝尝。可是不远处就有岗哨监视，大家是"有贼心无贼胆"，只能压下馋焰，空咽几口唾液罢了。然而胡正有办法！他也假装散步，指手画脚地观山看风景，脚底下却使出功夫，将萝卜从半截踢断，踢出地边来；尔后再假装系鞋带，将萝卜头子收入囊中。

胡正在《部艺生活拾趣》一文中，还回忆了这样两个"脑子活套"的细节：

一天晚饭后，我们几个同学在山坡上散步时，忽然发现草丛中有一颗鸡蛋。又走几步，又在草丛中发现了一颗鸡蛋。我们以为是老乡的鸡跑出来下的蛋，不好随便拿走。过了两天，我们发现鸡蛋还在草丛里，而且看来有很长时间了，鸡蛋上已蒙了一层灰黄色的尘土。我们又看见，一只公鸡赶着一只母鸡跑到我们教员住的院里去了，我们就知道了，这鸡蛋不是老乡的，是教员的。我们很久很久没吃过鸡蛋了，这是大自然的恩赐，我们总不能把鸡蛋放坏了糟蹋吧？我们帮他们收了吧。于是我们利用晚饭后的散步时间，两三天就拾回来二三十颗鸡蛋。有福大家享，我们把几个教员叫上一起改善生活。可是光鸡蛋会餐是不够的，我们几个年轻学员便在口袋里装上几团小米干饭，到村子里转游，一天下午，终于用小米干饭引来一只野狗，我们先用木棍把狗打昏，然后杀了。用狗皮把骨头和内脏包起来，刨个坑埋了。然后做了一盆凉拌狗肉，一盆热炖狗肉，一碗炒鸡蛋，一碗煮鸡蛋，还有一盆鸡蛋汤，也可谓四菜一汤了。

我们的工作是紧张的，每天上午看稿，下午编稿，晚饭前后送审，遇到晋绥分局所在地北坡村演戏，我是每次都去看的。报社所在地高家村离北坡村十几里路，看完戏回来再画版，肚子饿了，就用灯油炒小米饭吃。虽然北坡村有一家卖零食的，但我没有钱，或者只能偶尔吃一点。那时没有工资，稿费标准也低，稿费是以小米为单位计算的。一千字批给一两斗小米，再按当时市价折合为边区钞票。编辑部的同志经常开夜车,都是用灯油炒米饭吃,小米饭是吃晚饭时带回来的。总务科的同志发现了我们多领灯油的秘密,要在麻油中掺煤油,最后在我们的反对下,只好作罢。

燕治国在《再把手杖甩起来》一文中,还对青年胡正有这样一段描绘:

> 离开延安,胡正到了战斗剧社。忽一日听说二十里外有剧团演出,便赶了去看红火热闹。看罢戏肚饿,就想到戏台对面的庙堂。庙里香火缭绕,果然有贡品在案。先将馍馍吃掉,理由是帮助泥胎消受。再揭走红绸一条,以做汗帕使用。临走还抱了一摞黄表,权作墙报稿纸。神仙怒与不怒,小胡实在顾不得他了。

马烽、西戎、李束为、孙谦生前都有对自己早年部队生活的回忆文章,诸如马烽的《军旅生涯》、《延安学艺》、《扎根吕梁山》;西戎的《往事记趣》、《吸烟忆趣》、《我是山里娃》;李束为的《记忆中的东平湖》、《无声的战斗》;孙谦的《一件山羊皮短大衣——忆延安"部艺"文学队》、《紫团洞,紫团洞——我入党的前前后后》等等,从中给人的印象是:这些"山药蛋派"作家,正统正派循规蹈矩亦步亦趋不敢越雷池一步。而胡正的这些"小花招",显然使他成为"五战友"中的异类异数。

五老(左起胡正、西戎、李束为、马烽、孙谦)20世纪90年代在山西省作协机关院内

中国有句老话:"三岁看大,七岁看老。"是说一个人童年时就会显露出许多成年后的性格特征。前苏联的戏剧大师斯坦尼斯拉夫斯基在他创立的"斯坦尼体系"中,有一个核心论点:演员在舞台上创造角色,关键是寻找出角色身上潜在的"种子"。舞台小世界,世界大舞台。在人生舞台上,早期青年胡正身上的这些细节,大概正是形成日后作家胡正这一角色的"种子"。在青年胡正身上,小荷才露尖尖角,已显现出与其他山药蛋派作家迥然有异的"个性化特征"。

5. 胡正悲剧意识的觉醒

"山药蛋派"的作家们有一个显著特点,就是极善于把生活中的悲剧情节做出喜剧化的处理。

谢泳在《胡正小说创作的当代意义》一文中,说了这样一段话:"我们的读者很少看到过'山药蛋派'作家笔下出现悲剧。过于贴近生活,对时代充满了浪漫的幻想,使我们的作家在真诚地歌颂一个时代的某一侧面。而现在胡正变了,他笔下的人物命运并不一帆风顺,在一个非常值得歌颂的时代里,同样能够悲叹一个女子命运的不幸。而她的不幸又不是缘于自己性格的弱点,而完全是由于外在环境造成的。"

赵树理被认为是"山药蛋派"的一面旗帜。赵树理的《小二黑结婚》无疑是"山药蛋派"的代表之作。北岳文艺出版社1993年版的《山西文学史》,记载了赵树理创作《小二黑结婚》时的一个史实:

《小二黑结婚》的题材主要来源于赵树理下乡时了解到的一个案件。1943年赵树理曾两次到辽县下乡调查,听到这样一个案情:一个村里的民兵小队长叫岳冬至,与本村的一个漂亮姑娘智英祥谈恋爱。女方的母亲不同意,把女儿许配给一个富商,收了许多聘礼。智英祥坚决反对并说:"谁拿了人家的东西,谁跟人家去。"男方的父亲也不同意儿子的婚事,但岳冬至根本不承认他父亲给他收养的童养媳。与此同时,村里的坏人也从中破坏,已婚的村长是个富农,经常调戏智英祥,因屡遭拒绝而迁怒于岳冬至,并把岳冬至活活打死。

这是赵树理耳闻目睹的当年农村现实。需要说明的一点是,发生的地点辽县,是共产党八路军最早的老根据地。后为了纪念牺牲在这块土地上的八路军副总参谋长左权将军,将辽县更名为左权县。

赵树理对生活中的"悲剧原型",进行了"艺术典型化"的创作,写成了"有情人终成眷属"的《小二黑结婚》。赵树理的《小二黑结婚》已不同于"五四"时期的"娜拉出走";也不同于 20 世纪 30 年代的《莎菲女士日记》,它删除了"不符合"时代精神的内容,而"升华""提炼"或曰"改造"为一个大团圆的喜剧结局。

作为一代理论权威的周扬,在几十年前写成的《论赵树理的创作》一文中,对赵树理改造后的"大团圆"结局做出这样的论断:"作者是在讴歌自由恋爱的胜利吗?不是的!他是在讴歌新社会的胜利(只有在这种社会里,农民才能享受自由恋爱的正当权利)。讴歌农民的胜利(他们开始掌握自己的命运,懂得为更好的命运斗争)。讴歌农民中开朗、进步的因素对愚昧落后、迷信等等因素的胜利。最后也最重要,讴歌农民对封建恶霸势力的胜利。"

这么多的"胜利"只是出自于笔下的虚幻。墨写的谎言毕竟掩饰不了血写的历史。这种观念对现实的"升华"和"改造",仅仅成为创作方法上"虚饰"和"图解"的败笔。几千年在这块黄土地上的封建文化积淀,是绝不会因政权的骤然更迭而一朝改变。于是回顾这段史实,把周扬的理论剖析和严酷的生活真实对照着读,倒真让人读出了其中的嘲讽意味。

几十年后,对赵树理颇有研究的潘保安先生写出的《老二黑离婚》之所以能在当时引起广泛的轰动效应,大概正是一种对历史现象的当代反思,对历史史实的"拨乱反正"。

又回到了存在主义的根本命题:凡是存在的,即有它赖以生存的社会环境和历史根源。

评论家傅书华在《论山西作家群流变中的精神演化》一文中说:"当赵树理在《小二黑结婚》中,将生活中岳冬至的惨死改为与小芹的皆大欢喜时,他或许没有想到,他这一笔恰如中华民族一个时代精神的形象化巨幅标帜,上面赫然印染着自信与梦幻:人自以为清醒地认识了自身,把握着自身的命运。……但这种对自身命运的把握,又是基于一种改造现实的理想的意愿。"傅书华说:"梦幻的色彩浓重而又鲜亮。"

弗洛伊德的心理分析表明:梦幻是对现实缺憾的一种弥补。

傅书华先生在同文中还说:"人对自身的自信,人与社会、个人与群体的和谐,使生活充满了幸福和愉悦。'山药蛋派'作品的字里行间,溢满了哗啦啦的笑声。"

中华民族是一个善良而又有些懦弱的民族。这种"大团圆"的喜剧化处理,是一种复杂的民族文化意识的折光反射。这种以道德为核心的价值观与"大团圆心理",本质上讲是中国人"寰道状"宇宙观和人生观的潜意识的自然流露。其中有着历史文化和现实心理多方面的深层原因。

忘记苦难的民族注定是无可救药的民族。那种大团圆的结局是对苦难的歪曲表述。

朱学勤在《我们需要一场灵魂拷问》一文中指出:"我们生活在一个有罪恶,却无罪感意识;有悲剧,却没有悲剧意识的时代。悲剧在不断发生,悲剧意识却被种种无聊的吹捧、浅薄的诉苦或者安慰所冲淡。悲剧不能转化为悲剧意识,再多的悲剧也不能净化民族的灵魂。这才是真正悲剧的悲哀!"

从"山药蛋派"的喜剧向胡正笔下悲剧的转化,正是胡正由现实悲剧向悲剧意识的升华过程。

人们很快从建国初巨大的喜悦中惊醒过来,生活变了一张面孔,向人们露出了它严酷的一面。

胡正早年投身革命即在吕梁剧社,并亲自扮演过不少角色。胡正说过这样一句带有专业术语意味的话:"前台看着生旦净末丑你方唱罢我登场,奔腾得欢,其实,都在后台有线牵着。整个一台木偶皮影戏。"

喜剧把人生无价值的撕开给人看;悲剧把人生有价值的毁灭给人看。喜剧意识向悲剧意识转化。悲剧比喜剧有着更为深刻的哲学内涵。

评论家杨占平在《执著地追求生活的真谛——胡正文学创作生涯评述》一文中有这样一段话:

> 胡正不满足于只充当生活的歌者,不满足于只对新人新事的赞扬,也担当起生活的医生,医治社会的创伤。他在下乡时,发现一些机关干部做群众工作不深入调查研究,仅凭主观臆想办事,造成了不良后果,于是,写成小说《七月古庙会》,期望引起人们的重视。作品描写县工作组组长魏志杰下乡时,主观武断,强行阻止农民在农闲日子里赶传统庙会,激起农民的反感,造成了矛盾冲突。胡正采用喜剧笔法,善意地批评了魏志杰一类干部的官僚主义作风,并且指出这种作风已

经危害到党群关系，应当予以纠正。遗憾的是，他提出的这个问题根本没有引起领导部门的重视，反而对《七月古庙会》无端指责，让胡正实在难以理解。

在《七月古庙会》中，胡正沿用的是"山药蛋派"传统的"喜剧笔法"，但对悲剧的思索已然显露端倪。胡正的《七月古庙会》是1955年写出的，直到三十年后，胡正又写下一篇散文《五月端阳会》，再次对农民们的"庙会"做出一个作家的独立阐述：

> 农村的古庙会是农民经济生活的重要组成部分，也是他们精神文化生活的重要场所。在繁忙的劳作之余，在农事间隙中，一年中几次难得的愉快的集会正是农民的欢乐的节日。
>
> 可是在前几年，由于某些人的极左思想，竟然禁止农民赶会，要以集市贸易代替。故意不用多少年来农民们根据农事选定的，并已成为群众习惯的所谓"封建"的庙会日期，把张庆村的五月端阳庙会改为农历四月二十七日。由于不让农民发展家庭副业，又把卖凉粉、灌肠、瓜菜、鲜果也都视为资本主义，所以集市贸易也不过是把各村供销商店搬到一村，而各供销社的货色又都是一模一样，看了一个供销社，就等于看了许多供销社。所以，四月二十七的集市贸易自然是冷冷清清。而到了五月端阳节，农民们又都不约而同地从四面八方赶会来了。于是，干部和民兵便奉命在村口把守，不让进村赶会。农民们带着农副产品在村口交易也不行。干部和民兵们便分头撵会，要把农民们撵散、撵跑，甚而把一些好吃的东西没收到他们嘴里去了。
>
> 这叫什么主义对什么主义？在几千年的封建社会中，农民年年赶会也没有赶出一个资本主义社会来。而禁止农民赶会，不顾农民的经济、文化生活，把农民只当做是一种生产粮食的工具，这又应叫什么主义！

站在今天议昨天，当我们赢得新的想象空间和言说空间之后，也许会认为胡正的见解，不过是"小儿科"式的思想。但历史唯物主义的判断：任何对空间的评述，都离不开时间的衡量标尺。任何言说的价值都在于它言说的语境。"文革"中的许多思想先驱，用生命作为代价发出的呼喊，用我们今天的眼光来看，也不过是一句极平常的话。但先驱们的可贵之处正是在"万马齐喑"时发出空谷足音。

胡正正是在"割资本主义尾巴"的年代,发出以上"离经叛道"不合时宜的呼声。

还值得提到的是胡正的小说《两个巧媳妇》。它是胡正整个小说中颇具特色的一篇。他在这个作品中借鉴果戈理《两个伊凡的吵架》,使用对比的手法,始终抓住"巧"和"比"两个环节,展示了她们的对话、举止、肖像、服饰等外在的姿态。层层深入地剖析了两个巧媳妇杨万花与尹芝贞争强好胜的性格。囿于小农经济跟贫困地位形成的心理气质,"巧"使她们清贫的生活依然过得热闹红火;"比"却使她们好胜之心得以膨胀,结果被人离间,反目为仇,演变为一场人生悲剧。然而随着情节的进展,到了抢救集体财产时,她们的悲剧又演化为喜剧,释去前嫌,互相谅解,达到心灵上的默契。应当说,《两个巧媳妇》是胡正塑造人物形象的可喜突破。同时也反映出胡正在由喜剧意识走向悲剧意识时的蹒跚困惑迷茫。

正如一个人很难拽着自己的头发离开脚踏的大地一样,任何人都难以超越时代的局限。

自然界可谓是伟大的造物主。她创造了一个千姿百态五光十色的世界。我们人类的创造,无不受到大自然的启示。即便这样,大自然在整个演化过程中,仍产生了那么多"不是爪子的爪子","不是嘴的嘴","不是翅膀的翅膀"。瑕不掩瑜,我们大概也应该据此来看待胡正在走向成熟悲剧意识历程中的反复和曲折。

胡正对"山药蛋派"的超越,正是表现在他由喜剧走向悲剧的历程。

此后,胡正写出了他的反思三部曲:《几度元宵》《重阳风雨》《明天清明》。完成了他对"山药蛋派"的化蛹为蝶。

别林斯基说:"莎士比亚的悲剧比莫里哀的喜剧,反映出更为深刻的社会内容。"

写悲剧还是写喜剧,已然超越了创作方法创作风格的范畴,成为一种时代特征的反映。

6. 让人间充满温情

2011年元月13日,听说胡正先生住进医院,我与周宗奇、张石山、王东满赶到山西省人民医院302病房看望。几天来,我脑海里总浮现出探望时的一幕:他可能觉得盖着的厚被子有些热,下意识地用那只插着输液针的手去掀,身边的司机小吴急忙拉住他的手,劝说:"不要抖感冒了。"

这时,就是这时,我听到了胡正先生在生命最后时刻说出:"我这人一生从来不怕热,就是怕冷。"这是胡正先生人生的总结?

胡正先生一直处于一阵清醒一阵昏眩状态,但我相信,他说这句话时,头脑一定是非常清醒。就在前几分钟,当守候在病床前的女儿告诉他,我们几个来看他了,他还幽默地来了一句:"几个老家伙。"胡正先生的这句话,在我听来,绝不仅仅是对冷热的感受,而是一种心灵的表白,或是胡正先生人生的象征。

胡正先生写过一篇散文:《我爱夏天》,文中这样写道:

> 有人喜欢春天,春天给人以希望。有人喜欢秋天,秋天给人以收获的喜悦。有人喜欢冬天,冬天有皑皑白雪。但冬天荒凉寂寞,是最冷的季节。
>
> 我喜欢热烈的夏天,我不喜欢冰冷的冬天。
>
> 在严寒的冬天,在冰天雪地中,人们要穿上厚重的棉衣,或者毛衣、大衣,把身体裹得密不透风。帽子紧压在头顶,帽耳捂住了耳朵,围巾缠绕在脖颈,口罩遮掩了口鼻,只能露出两只眼睛。
>
> 春天虽然暖和了,但太原的春天是短暂的。天气乍暖乍寒、时晴时风,刚刚觉得暖和一些,脱去一件衣服,一阵寒流袭来,又得赶紧用冬衣把身子裹严。
>
> 直到五月过后,风停云散之后,炎热的夏天便突然到来了,于是人们才痛快地脱去冬春裹束在身上厚重的衣服,摘掉压在头顶上的帽子,除去阻塞新鲜空气的口罩,解下束缚脖颈的围巾,自由自在地穿起自己愿意穿的各色各样轻柔鲜亮的单衣,无拘无束地裸露出健美的四肢,显示出生命的青春旺盛的活力。
>
> 夏天是令人轻松愉快的季节,夏天是人们身心舒畅的日月。
>
> ……
>
> 夏天使枯萎的刺梅复活了,夏天使春天播种的百花生长出枝叶,开放出艳丽的花朵。
>
> 春天人们还仅仅是寄予它们希望,而夏天便看到希望正在成为

胡正夫妇晚年照

美好的现实。

胡正在《我爱夏天》一文中所感叹的,难道仅仅是节气冷暖的变化吗?

杨品对胡正小说《重阳风雨》的评论,标题就是用了《对人间温情的追求》。杨品以一个评论家的敏锐眼光,看到了胡正的个性特征和精神内核。

胡正在他的回忆中,写了当他处于死亡线上挣扎时,薛滔、赵莹对他的救命之恩:

> 我昏昏沉沉躺在一眼窑洞的炕上。晚饭时,休养所的护士给我们端来一小盆稀汤面条,我只喝了几口,又昏睡过去。睡到半夜,只觉得浑身发烧,口干舌燥,我蹬开被子,仍感到心里又烦又闷。我坐起来,想喝几口水,但我叫了几声,也无人答应。我只好爬下炕去找水喝。乘着从破窗孔里洒进来的一点儿淡淡的月光,我摸到了锅台,但锅里没有水。我又摸到了一个水缸,伸手下去探了一下,有水。我便用水缸上挂的铁瓢,舀了一瓢冷水。"咕咚咕咚"一口气喝了下去。顿时感受到浑身一阵清凉,然后便回到炕上睡了。
>
> 第二天一早醒来,我惊奇地发现身上不那么热了,退烧了。但早饭后却感到肚子不舒服,跑了两次茅房。从此,每天都要跑几次茅房。
>
> 我们剧社送来的十几个病号中,有几个轻病号住在另外的地方,有的病好后陆续到延安去了。陕北的十一月,天气已经很冷了,休养所让我们五个重病号住在了一眼窑洞里。女同志有赵莹、薛滔,男同志有马烽、小卫和我。休养所派了一位男护士照护我们吃药,又从本村雇了一位中年妇女作为临时护理员,给我们烧水、做饭、打扫屋子。她看到我们上茅房困难,便找来一个便盆放在窑洞前面的一个角落里。
>
> 赵莹和薛滔吃了几次药后,病情稍有好转。我和小卫患的是痢疾,吃了几次药也不见好。每天拉痢的次数由四五次增加到十多次。我还

能跑茅房,着急时还能下地坐便盆拉痢,而小卫已经爬不起来了。他的被子里面尽是屎尿,何所长和戴医生决定让他去隔离室,让护理员把他搀扶到隔壁一间闲空的窑洞里。又过了几天,我的痢疾加重了,拉痢的次数越来越多,每天要拉痢二十多次。有时来不及下地坐便盆,已拉到了炕上。护理员只好把便盆端到炕上,我用棉被遮住下身,一直坐在便盆上。何所长和戴医生来看了我的病情,也决定让我到隔离室去。当护理员把我搀扶到隔壁的破窑洞时,我奇怪地问她:

"怎么不见小卫呢?"

她说:"昨晚上死了,今早上抬出去埋了。"

我听说小卫死了,心里一阵发凉。她把便盆给我端到炕上,我呆呆地坐在便盆上,看看炕上只有半张破席,没有留下小卫的一点儿遗物,我又问她:

"把他埋哪里去了?"

她指了指窗外,从那破窗洞里可以看到对面的山坡。她说:"就在山坡后面。"

傍晚,护理员来在灶火里烧了一把柴火,给我端来一碗稀饭,留下两片药。我喝了几口稀汤,便睡了。

灶火洞里的那把火很快熄灭了,窑洞里没有油灯,黑洞洞的。我睡不着,隔了一会儿就得起来拉痢。我摸索着坐在便盆上,我不知道我的病是否能好,两片白色的药片吃了好几天也不顶事,拉痢的次数越来越多,病越来越重,而今又让我住进这名为隔离室,实则是准太平房,难道我也要和小卫一样死在这寒窑里吗?

第二天天亮时,我被冻醒了。从破窗孔里吹进来一股一股的冷风。我抬起头来,从破窗孔里看到对面山坡上落了一层白雪,雪地上好像有人走动。仔细看时,是几个人抬着一副棺材。我想起护理员告诉我小卫埋到了山坡背后,那么今天又有一位同志要到山坡后面安葬了。我心里觉得很沉重,痴呆呆地从破窗孔里看着窗外飘落下来的片片雪花……我立刻低下头来,心里像压上了一块凉冷的石头。我看着对面的山坡,我想我也要去了,去到山坡后面和小卫做伴了……这时,我忽然想到我亲爱的妈妈,我六岁时生了一场大病,妈妈一直守候在我身边。妈妈,我再也见不到妈妈了!我十四岁离开妈妈,刚刚步入社会,开始生活,我才十六岁,就要离开这个世界吗?不,我不想死,我渴望生活……

胡正是重情感之人,几十年后回忆起这段"生死之交",仍刻骨铭心犹如昨日,胡正说:"在那寂寞寒冷的破窑洞里,在那生死交界的隔离室,实则是准太平房里呆了九天。那时我刚刚十六岁,就几乎走到了人生的尽头。幸亏我们吕梁剧社的女同志赵莹和薛滔向休养所所长去讲情,给我注射了五支针药,才从死神手中救回了我临危的生命。"

胡正还向我们讲述了他与薛滔之间一段充满"战地浪漫曲"色彩的经历:

1940年6月22日清晨,我们吕梁剧社跟随决死二纵队司令部、政治部,由晋西北临县木坎塔村出发,沿着小河沟向临县大川北面转移。突然间,从沟口传来一阵炸雷般的惊心的机枪声。刚走到沟口的通讯连和警卫连遇到了正在大川里进行夏季"扫荡"的日本侵略军。我非常惊慌,也很害怕,只是随着慌乱的人流向后急跑,把背包也扔了。跑了一阵,忽然看见前面一个女同志身子摇晃着,好像跑不动了,她的背包也没有了,她的头向后仰着,帽子也掉了,一头秀发披散下来。我跑过去看时,是我们剧社的薛滔,我便伸出手去搀扶着她,她气喘吁吁地看见是我,便长吁了一口气,顺从地依靠着我继续向小河沟后面跑去……

我俩跑到一条岔沟的沟底时,薛滔呼呼气喘,跑不动了,靠在我的胳膊上直喊口渴。这时正是中午,太阳在头顶上烤晒着,沟里没有一丝凉风。我的衣衫已被汗水湿透了,浑身燥热,口渴难忍。我看到岔沟里面的背阴处很潮湿,长着一片绿草。我俩便走进去,只见一个低洼处有几只牛蹄印,蹄印里渗出一点儿水来。我俩也顾不得水脏水臭,便趴下去,她在一个蹄印里喝了两口水,我也在一个蹄印里喝了两口水。水虽然浑浊苦涩,但觉得火烧火燎的嘴里肚里有了一丝清凉。当我俩抬起头来互相看时,都觉得有些好笑,我们的嘴唇和额头上沾了不少泥土。她从衣袋里掏出手绢来,先给我擦了嘴上和额头上的泥土,然后到一个蹄印里蘸湿了手绢,擦干净她的脸。她脸上虽然还是红扑扑的,但惊恐的愁云散开了,在险恶的战争环境中,在慌乱和孤独的情况下,我们相随相伴着安然地坐在一起,她看着我说道:'我们不要分开了!'我也看着她点头说道:'好!'我俩在剧社时,经常同台演戏,在我们剧社社长林杉老师编导的话剧《中华儿女》中,她扮演女儿,我扮演儿子。她虽然比我年龄小,但在剧中,她是姐姐,我是弟弟,而现在我则应该像一个大哥哥,把她带出这危险的境地……

枪声、炮声似乎远了,我爬上山坡时回头看了看,在大川南面的山上和沟里,可以看到炮弹落地扬起的烟尘。我忽然高兴地说:'我们突围了!'薛滔听说我们已经突围,立刻坐到地上,她跑不动了,她不想跑了。我们刚在路边坐下,忽然听到敌机飞来的嗡嗡声。我看到路边沟畔有一个雨水冲刷下的山洞,便拉上她钻到洞里,山洞很小,只能容纳两人。洞里很潮湿,我从洞口拔了几把野草垫在下面,她刚坐下便靠着我的肩膀睡着了。她睡得那样香甜,不时发出轻微的鼾声。我第一次这么近看着她,闻到她汗湿的头发的香味,好像一阵温润的微风吹进了我的心田。她靠在我肩膀上时间长了,我的肩膀虽有些酸困,但也不愿惊醒她……天色渐渐黑暗下来,我才叫醒薛滔,从小洞里爬上来。我俩走到山坡下的小沟里,找到几家从大川的一些村里逃难上来的老乡,问了这一带的情况,向老乡要了两碗米汤,借了一张棉被,在地塄下面的一个避风处躺下来。晋西北夏天的夜晚还是很冷的,我俩只好蜷缩在一张棉被下睡了一夜。

第二天天刚亮,我们便起身朝东北方向找部队去了。一面走,一面打听我们部队的去向。遇到吃饭时,我到村里找村干部给我们派饭。村干部和群众对我们非常好,在老乡家里吃派饭时,多是黄米捞饭和杂豆面面条。有时村干部给我们找来二斤白面,我们便自己动手做饭。薛滔和面,我烧火。她不会做饭,和的面很软,只好吃揪片儿。就这样一直走了十几天,最后一天早晨,我们惊喜地听到前面村里的军号声,便急忙跑到村里找到部队,回到我们剧社。

这一段短暂而不平常的经历,使胡正与薛滔之间结下了终生友谊,成为至死不渝的好朋友,虽然天各一方,并不生活在一个城市,相聚的机会也不多,但心是相通的。薛滔解放后先在长春电影制片厂当演员,出演过《吕梁英雄传》等多部电影的重要角色,又攻读俄语,曾翻译过几部苏联电影,后来在八一电影制片厂任文学资料室组长,最后在上海第二军医大学担任俱乐部主任,在附属医院任副师级政治协理员,1988年荣获中国人民解放军独立功勋荣誉章。1990年因白血病辞世。为此,胡正深情地写道:"而今比我小三岁的薛滔已经仙逝,和我同龄的赵莹正在病中……岁月流逝而记忆犹新。在人生繁忙而坎坷的旅途中,许多往事的记忆都模糊了,甚至对那些辉煌和苦难、向往和遗憾也都淡漠了,而远去的少年时期的记忆却是这样深切而清晰……"

胡正还回忆了与吴清娥的青梅竹马,少年情深,并对吴清娥的不幸遭遇寄予了无比同情:

赵莹提到一位小学的同学吴清娥也在北京,不久前还去看过她。我说我也想去看看她,赵莹便陪我一起去了吴清娥家。

赵莹和吴清娥都是我灵石县城内女子小学的同学,我和吴清娥编在一个班里,同在一个教室上课,她很聪明,也很用功,她的功课很好,我的算术太差,常要求教于她。她也很乐于帮我。我俩都是从县城里逃难出来的学生,有时也谈起县城里的一些事情,谈起我们的家庭。我们都很想家,上自习时,有谁哼了一句:"我的家在东北松花江上……"我们便跟着唱起这首流亡歌曲,歌曲由低而高,一面唱一面哭,唱到后来竟趴在课桌上大哭起来。

夏天,学校给我们每人发了一套单衣,单衣是请本村的妇女赶制的,没有缝上纽扣,学校让我们自己缝纽扣。我没有针线,也不会缝纽扣,吴清娥便帮我缝上纽扣。她的手很巧,针线活也好,让我穿上新衣后,看看哪里不合适,又给我修改了一下。我很感激她,她是那样热情、温柔,她的秀气的脸上常常漾着微笑。

七月七日,抗日民主县政府在宿龙村召开了灵石县各界人民纪念抗战一周年大会,庆余村高小派我作为代表参加大会,并在大会上发言。离开学校时,我看到吴清娥送我去开会时兴奋的眼神,我开完会回到学校时又看到她欢喜的面容。

……

赵莹领上我到了吴清娥住的屋门口叫门时,屋里没有人应声。我们问院邻时,隔壁房间里出来一位中年妇女说道:

"她以前在这里,现在不在了。"

"搬到哪里去了？"

"前几天被抓走了！"

"抓到哪去了？"

邻家妇女告诉了我们关押吴清娥的地址。赵莹遗憾地看看我，我却还想去看看她。赵莹又和我相跟着到了关押她的地方。

门房传达员问道："找谁？"

我说："吴清娥。前几天才进来的。"

"你们是什么关系？"

我回答："老乡，同学。"

传达员让我们登记了所在单位、住址和电话，拿起登记簿到里边去了。我和赵莹在门房等了好一会，才见一位干部出来说道：

"今天不是探视的时间，回去吧！"

我刚回到中央文学研究所，副秘书长康濯就把我叫到他的办公室，我一进门他就说：

"今天闯祸了吧！"

我有些奇怪地说："没有呀？"

"今天到哪里去了？"

"去看了一位同学。"

"刚才打电话来问你的情况，我们给你做了保证才让你回来。"

啊，原来是这件事。这时我才感到事情有些严重。刚才只是想见她一面，现在才想起当前正是镇压反革命运动期间。康濯同志没有再批评我，只是警告我说：

"以后不要去了！"

……以后我再没见到她。这是我年少时第一次喜慕的一位少女，并且相互产生了朦胧的爱慕之情。多少年过去了，而少年时那么一点儿短暂纯真的情谊却依然记挂在心中。

曾任山西省文委会（文联前身）主任的高沐鸿，1957年被打成右派。胡正讲了高沐鸿被打成右派后，他去看望的情形：

"高沐鸿的右派是后打的，1958年才又补上。1957年的时候，他没有参与同人刊物之类事情，但是他在出版社办的内部刊物《出版通讯》上，写了一篇文章，叫《反对教条主义》。就是我们现在的僵化僵硬，对马列主义不去很好的领会体会。当时也没有什么反应，结果，1958年的时候，这篇文章不知道怎么被中宣部一个副部长看到了，就给省委写来信，说这篇文章是右派言论。省委那就批判吧。1958年初就开始批判。我们文联的五六个人，还有出版社的都去了。还有报社的，电台的，刘江他们都去了。批判了三次，也说不下个所以然（胡正在此有嘲讽的一笑）。后来又开党代会，会上马烽、西戎、李束为联名发言，批判这个事情，大概也是上面的压力。高沐鸿有个弱点，或者说他是有个性，他和人家上面省委书记陶鲁笳不合拍。本来他是太行老区的，抗战初期他就是盂社县县长，级别够高。他是狂飙社成员，从上海回到山西，一流的人物。解放以后，仅仅给他安排了个宣传部副部长，兼文委会主任。他就住我们这儿，不住宣传部，和他们省委的关系不很融洽。所以省委对他也没什么感情，不像对老同志。所以中宣部你说怎么办，咱就怎么办就行了。说不下个所以然，最后还是给他定了个右派。定成右派后，就让他住在文管会的小院子，有一次那英来了，全国文联副秘书长，因拍个片子路过太原，说我想看看高沐鸿，不知道可以不可以。我说当然可以，我就陪那英去那个小院，也没多说什么，就一般性安慰几句。后来平反不久就得了癌症。住了医院。在医院时我去看过他好几次。唉，平反了得了癌症了。挺好的一个人。唉。"

在"文革"后期，山西发生过一件惊天大案："文革"前，山西省曾抓过一个剧目《三下桃园》，光听名字就明白与当年王光美"四清"时创造的桃园经验有瓜葛。1975年，正当"反击右倾翻案风"风口浪尖的关口上，当年山西省文化界的领导贾克，不知是"阶级斗争意识"淡薄，还是特别青睐于这部戏的艺术性，竟然把《三下桃园》进行一番改头换面，包装成《三上桃峰》就送进北京参加了华北文艺调演。当年的人们阶级斗争的弦绷得有多紧？马上有敏锐的眼睛察觉了其中的"险恶用心"：这不是明目张胆地为刘少奇翻案？于是乎，一个参加华北调演的戏，演变成一个政治事件。

胡正向我说了这次政治事件中与他有关的一个细节："《三上桃峰》时有这样一件事：让我证实贾克的'罪状'。我当时就是坚持一条，我不说假话。当时对贾克不利的一条是什么呢？当时的导演桑夫，他在北京时候就说，我给他们讲过，这个有刘少奇的背景，他们不听。表示他的高明吧。他是说在我家里听到的。

桑夫他老婆和我是延安时期的同学,他来山西后,我请他们到家里来吃饭。在座的还有北京的一个导演,名字我记不清了,还有石丁、贾克。桑夫说,我在胡正家吃饭的时候还跟贾克说过。斗争贾克的时候,找我调查。北京的另一个导演说我记不清了。后来找石丁,石丁说,是啊,说过。这不成一对一了?就又找我。问我,是在你家说的,你一定听到了。我说,我没有听到呀。调查组的生气了,人家桑夫说的,石丁也听见了,你为什么没有听见呢?认为我是在包庇贾克。我说,他们在我家里吃饭,我总要出去端菜呀什么,也许是我出去的时候说的,反正我是没有听见。打了个圆场,也等于是耍了个滑头。后来这个案子定不下来。不是明知故犯,性质就不一样。后来文教委员会的副主任胡英,我们在晋绥时在一块,说话比较随便,一见我就说,老胡,又端菜去啦?"

雨果在描绘法国大革命的《九三年》中有一句名言:"革命是一架嗜血的机器。"这架"专政"的机器,归根结底是把人不当人,血肉之躯的活人碰上冷铁的革命机器。这与胡正"温情仁爱"的思想发生了剧烈冲突。

胡正说:"历次运动,一个接一个的运动,把人性都扭曲啦,没有了。没有温情,用政治对待一切了。所谓政治呢?也不是真正的民主政治,大众的政治,而是当时的需要,实用主义的政治,把人搞得没有正常的关系了。现在人们有了环保意识,一说就是空气质量如何如何差,一说就是食品污染了,水污染了。要叫我说,最大的污染是把人与人的关系给污染了,我们需要治理的是我们人生存的环境。"

胡正在读完张平的《孤儿泪》之后,饱含血泪地写下:《人间呼唤真情》;

胡正在为崔巍和钮宇大合著的长篇小说《爱与恨》作序时,干脆命名为:《泪与呼唤》。

胡正内心充满了对真情温情的渴望和呼唤。

7. 一道永恒的风景线

山西大学教授张恒在《一道消逝的风景线——"山药蛋派"文学的回眸与审视》一文中,对"山药蛋派"做了世纪末的回顾和总结:

山西"山药蛋派"的作家,有人认为包括赵树理、马烽、西戎、孙谦、胡正、束为等人。他们之中除赵树理外,创作活动均开始于20世纪40年代初的革命老区,基本上都是革命队伍中的基层文化工作者。共和国成立后,旧的思想文化遭到前所未有的荡涤,刚刚获得解放的国人,包括各界各阶层,对中国传统社会留下来的一切,差不多都充满着发自内心的鄙夷轻蔑之情以及与之断然决裂的真挚愿望;而对共和国的缔造者们从昔日老区带进来的一切,从扭秧歌到打腰鼓,从《白毛女》到《王贵与李香香》,则无不充满着一种由衷的拥戴和热切的认同。在这种情况下,那些自感风光难再的旧作家、旧文人遂纷纷改弦更张,而过去的相当多数的文学作品,也无不面临着被逐出历史舞台的可悲命运。如此,就在特定的时期形成一个特有的也是巨大的艺术真空,亟须为广大百姓提供的文化食粮却突然面临着青黄不接之虞。一方面是巨大的艺术真空应该填补,一方面是国人对革命老区的新型文学的热爱。这,不正是给后来的"山药蛋派"作家创造了一个大显身手的大好机会吗?

1949年,赵树理创作小说《传家宝》、《田寡妇看瓜》;1950年,他的小说《登记》以及1955年写的小说《三里湾》均轰动全国。此间马烽创

1990年代,山西省政府授予马烽(左起)、王玉堂、西戎、孙谦、李束为、胡正、郑笃等七人"人民作家"称号

作的《一架弹花机》、《饲养员赵大叔》、《孙老大单干》、《韩梅梅》等；西戎创作的《麦收》、《宋老大进城》等，都引起了一定反响。而孙谦则以电影文学剧本《农家乐》、《光荣人家》、《葡萄熟了的时候》、《陕北牧歌》、《夏天的故事》等令世人瞩目。胡正、束为也频频出手，正是在共和国建国伊始的峥嵘岁月，被时代巨变所赋予的难得的机遇所"照亮"，他们才一步步走向了自己的成熟和辉煌。

纵观他们的早期创作，其艺术旨趣、审美观念、创作心态、风格取向以及功利目的等方面的一致性是显而易见的。首先他们对革命事业充满了由衷的责任感、使命感，也充满了运用文学武器讴歌革命、抨击反动、配合形势、服务中心的强烈而坚定的自觉意识。其次，他们中的大多数传统的人文思想观念积淀不深，接受中华主体文化与舶来文化的系统教育均有限，却长时间地为俗文化所熏陶濡染，具有与普通大众特别是农民大众同甘苦、共命运的深切体验，民间艺术的吸纳至为丰富，美学思想相对单纯而不复杂多元，理论的滋润则显得阙如；而在早年的革命岁月，彼此又建立起较牢固的战斗友谊。正是这一切，为以后"山药蛋派"的形成打下了理论的、实践的乃至人情方面的基础。

张恒对"山药蛋派"兴起的历史背景的回顾无疑是准确的，也是深刻的。

马烽虽然对张恒的文章提出了质疑甚至还很激烈，然而对"山药蛋派"在文学史上的定位，还是保持着清醒。马烽说："我们就是时代造就的一批作家。如果沈从文、钱锺书他们还继续从事创作，怎么也不会显露出我们。"

张恒在分析了"山药蛋派"形成的历史渊源和时代背景后，对"山药蛋派"的衰落做出了必然的断言：

"山药蛋派"的形成，在相当程度上是政治的产物。功利色彩、宣教目的极其浓重，也极易陷入浅白直露或趋时的境地，很难获得高层次的艺术突破和恒久不衰的文化价值。其审美情趣单一而凝固，接受精英文化的心态偏颇，认识短浅、内容狭窄，手段欠丰，追求思想容量广阔厚重的自觉意识至为薄弱；封闭多于汲取，自足多于开放，跨文化、跨国别的借鉴颇差，更缺乏对世界现当代文学思潮的客观考量；视野有限，涉猎局促，门户之见甚深，切肤之言、逆耳之谈也很难吸纳。

"文革"过后，中国历史掀开了新的一页，文化事业同样呼唤着生机。熬过劫难的"山药蛋派"作家自然不会甘于寂寞,也纷纷重操旧业,披挂上阵。1978年,马烽以《有准备的发言》、《无准备的行动》二则短篇小说再次亮相;接着,发表了《结婚现场会》、《李顺德和他的女儿》等十几篇小说。此外,和孙谦编写了电影剧本《泪痕》、《咱们的退伍兵》、《山村锣鼓》、《黄土坡的婆姨们》等。西戎、胡正、束为等也发表了不少小说,但这时他们的创作却每每显得力不从心,事倍功半。马烽的《结婚现场会》还获得1980年全国优秀短篇小说奖,后来的小说却再难叫响。与孙谦合作的那些电影剧本,除了《泪痕》外,其他几部均每况愈下。西戎、胡正、束为的几篇小说也属昙花一现。意欲东山再起实则事与愿违,道理一目了然,"山药蛋派"作家根本没能力超越他们既定的美学体系与创作模式,在新的瞬息万变的社会形势面前,他们就必然越来越感到捉襟见肘,难以为继。因此一落千丈,贻笑大方,也就成了他们必然的尴尬结局。

我国著名的文艺理论家批评家唐达成,在讲到以赵树理为代表的"山药蛋派"、以孙犁为代表的"荷花淀派"时曾说过一番很深刻的话:"人们总喜欢把文学的'这一个',合并同类项,归纳成某某流派。殊不知,形成流派本身就是一种模仿的产物。一个人闯出一条路子,周围的人群起而仿效之,也许,这样可以不断丰富了某一种创作形式,但毕竟离个性的表现和发表对生活的独到见解相去已远。更何况如果整整一代人都蜂拥至同一条路上,在轰轰烈烈的表象下,掩盖着的是这一代人的悲哀。"

作家原本就是以"独立之意志,自由之精神"而行诸于世,当你硬要把他们归之于流派时,就难免落入老子"道可道,非常道;名可名,非常名"的悖论之中。

作为一个流派的主要作家,如果他比这一流派的开创者多从事创作三四十年,对先驱者只是亦步亦趋的坚守与继承,而没有任何发展创新和超越的话,那么他就失去了作为一个作家存在的价值。

胡正理应对"山药蛋派"有所超越。

张恒的文章发表于2002年,写作时间可能会更早一些,因为在转载此文的《山西文学》上有一则"编辑人语",说了这样的话:"此文曾投寄本刊,长期搁置,未予采用"。那么,张恒先生有可能没有看到胡正2002年写出的新作《明天清明》。但是,《人民文学》1992年第六期上发表的胡正的《重阳风雨》是应该能看到的。而更早发于1982年《当代》的《几度元宵》更无疑能够看到。大概张恒先生忽略了"山药蛋派"营垒里的这个"小兄弟"。

固定的认识模式所形成的思维惯性是强大的,它很容易遮蔽了我们的视线和影响了我们的目力。

1992年7月13日的《太原日报》上,丁东与陈坪以对话的形式,发表了题为《谁说"山药蛋派"不再发展?——漫谈胡正新作〈重阳风雨〉》。让我们看看文章中对胡正的新作做何评价:

> A:老作家胡正发表在《人民文学》1992年第6期上的中篇小说《重阳风雨》,读后给人以耳目一新之感。作为"山药蛋派"的一员,胡正写出这样的新作,确实给我们不少启示。
>
> B:这首先影响到我们对流派作家的看法。
>
> A:过去,人们一提起"山药蛋派",总是把它当成文学史的一个范畴,认为它发源于40年代,兴盛于50年代,结束于60年代,最多到80年代初还有一些余波。以后这个流派由谁来继承、由谁来发展,特别是在当代还能不能再发展,好像更多的是作为一个学术问题提出来。即使把它当做一个创作实践问题来提,人们也只是着眼于"山药蛋派"是不是后继有人,是不是有第二代"山药蛋派"作家,第三代"山药蛋派"作家等问题上。
>
> B:这种争论无形之中已经认定老一代"山药蛋派"作家的创作生命已经结束,这一流派本身已经作为墓志铭镌刻在文学的碑帖上了。在这种目光的审视下,"山药蛋派"老作家的创作就不仅表现为一种时过境迁的过去时态,而且呈现出一种历史定位的静态。
>
> A:……
>
> B:最近胡正发表的《重阳风雨》,给了我们一个新鲜的范本,使我们对"山药蛋派"自身的艺术活力有可能予以重新认识。从这种角度看,确实是"存在先于本质",因为人的存在本身就意味着可能性。即使是老作家,也是能够通过选择,使自己从他人概念把握的确定性中超越出来。胡正就是一个例子。
>
> A:……我读了《重阳风雨》之后,感到这篇小说不但给胡正的创作

1992年4月在山西省榆次市张庆村

生涯注入了新的生机,而且给整个"山药蛋派"都注入了新的美学因素。有了这篇作品,对胡正乃至整个"山药蛋派"都值得进行价值重估。

谢泳在读过胡正的中篇小说《重阳风雨》之后,说了这样一番话:"这篇小说的出现很有意义,它不仅意味着胡正本人的小说创作进入了一个新的阶段,突破了以往过于狭窄的题材范围和单一的主题,而且对于'山药蛋派'在当代的发展也有很深的启发意义:那就是当一个流派的主要创作人员都还健在,而且从写作年龄上看并不衰老的时候,这个流派的活力从何而来,他们应该以怎样的方式去重新为'山药蛋派'发展开辟一条新路呢?胡正这篇小说出现的当代意义就在于它不仅为我们重新评价'山药蛋派'在新时代的发展提供了一个范本,更在于为我们重估一个流派的未来找到了新的思路。"

而从《重阳风雨》到《明天清明》,胡正又继续向前走了十年的反思历程。

我问胡正:"你看过张恒的文章后是一个什么感受?"

胡正说:"看了以后,我们几个没有在一块议论。是李英反应强烈。为什么反应强烈呢?因为西戎对韩石山一直不错,而这篇文章你在《山西文学》上转载了,还加了个编者按,在编者按里还是非常肯定的口气。她拿给我看,我说不错么,过去我们还算一条风景线呢!你说是不是啊?"胡正说着发出一阵爽朗的"哈哈"大笑。

胡正又说:"再说,他也是一家之言,又不是文学史上的定论。另一方面,我的观点,'山药蛋派'也就是个历史现象,过去了,一个人也好,一种文学现象也好,他有辉煌的时刻,也就有衰落的时候,就是丁果仙,也不能总唱主角。我挺欣赏她的一点,她年龄大了跑龙套,有人说她,你是名家,你怎么能去跑龙套呢?丁果仙说,人还能总当主角,该跑龙套的时候就跑,比站在原地不动强。对一种历史现象有个正确的评价就够了。我没什么恼火的。作家出版社最近出了一套《山药蛋派作家丛书》，赵树理、马烽、西戎、李束为、孙谦和我六个人的。这就是个历史现象，过去就过去了。过去我们盖了个四合院，不错，现在不照样拆了四合院，盖起了高楼大厦。谁还再去盖四合院？任何事物都是历史时期的产物。"

胡正还说："我后来写的《重阳风雨》、《明天清明》，离'山药蛋派'远了一些。我自己也不是就死守着过去的一套。'山药蛋派'是适合于50年代的情况。那时候，农村农民的文化不高，所以它需要通俗化、大众化，要土得贴近他们。使他们有阅读兴趣。而现在人们的文化程度都高了，见到的东西也多了，这就要多元化。"

我说："张恒在文章中阐述了一个概念：'抛弃和淘汰一个被自己演绎的过了头的概念确实太难，坦然承认自身的衰落则不免感到面子尽失，自尊大伤。于是只有用加倍的呐喊，牵强的证明，对不同声音的排斥以及对外面世界的视而不见或者管窥蠡测式的挑挑剔剔，来捍卫一种泡沫般的声名，保持一种'精神胜利'式的陶醉。张恒的话无疑代表了一部分人的看法。你作为'山药蛋派'的一个主要代表作家，同时又作为山西文坛的一个领导人，你的反思和部分自我否定，是有可能影响到权威和威信的，一般有个性有权威的领导人，能够反思自己的失误和局限，并在今后的行动中做出修正，但绝不愿意在人前公开承认。而你能勇于对自己的弱点和局限进行公开的反思，这确实难能可贵。在这个反思过程中，你心理上有痛苦吗？"

胡正（很快，几乎是没有停顿地回答）："没有。为什么没有呢？因为在你的反思中，你认识到，你一方面是极左路线的受害者；另一方面，你又是极左路线的执行者。在你担任领导期间，不管你是察觉还是没察觉，你都是理解的要执行，不理解的也要执行。可以说极左路线所以能长时间的延缓，屡禁不止，愈演愈烈，你也是负有一份责任的。你也成为整部机器的一个齿轮，一个螺丝钉。你认识不到这一点，否定自我当然是痛苦的；你要是认识到了，还痛苦什么呢？知错改错不为错。"

我说："孔子说，知错必改，善莫大矣。"

胡正说："人们对你的认识，也会随着时代的进步而发展。你当年的局限，人们还可以理解、原谅，如果时代都前进了，人们思想都提高了，你还固守陈旧的观念，那人们就不会原谅你了。对自己的作品也一样，在过去那种形势下写出来的作品，你还要说它多么多么了不起，这怎么可能呢？它当然也有时代的局限性。为什么现在提出'与时俱进'呢？这是一种明智的做法。"

说着胡正又是一阵爽朗大笑。

胡正在《九十年代的希望》一文中，说过这样一段话：

> 我们要承认历史而不是否定它，因为历史是存在过的；然而历史已成过去，历史留给我们的是回忆，留给后人的是翻来覆去的评议。历史在延续，在发展，有时竟有惊人的重复和相似。它不可避免地要受过去的影响，更将在新的历史条件下呈现新的历史现象。

张恒把文章的题目定为《一道消逝的风景线》，对此，胡正以作家的语言，说出一段意味深长的经典名言："风景当然不能长久，这是自然的规律，还能永不消逝了？烟台蓬莱阁上看海市蜃楼，那更短暂，几秒钟的事，一晃，不就没了？风景就不可能永远保留，庐山夕照好看，天黑了，风景就没了；泰山日出壮观，太阳升高了也就没什么看头了。长江三峡，那更是著名风景区了吧？历代文人留下多少诗篇。现在三峡大坝一修，说消逝不也消逝了？消逝了没关系么，我们再给它创造一道新的风景线不就行了。"

说着，胡正又发出一阵胡正式的哈哈大笑。

（首发《新文学史料》2011年第四期，摘自《让思想冲破牢笼——胡正晚年思想的超越与局限》一书）

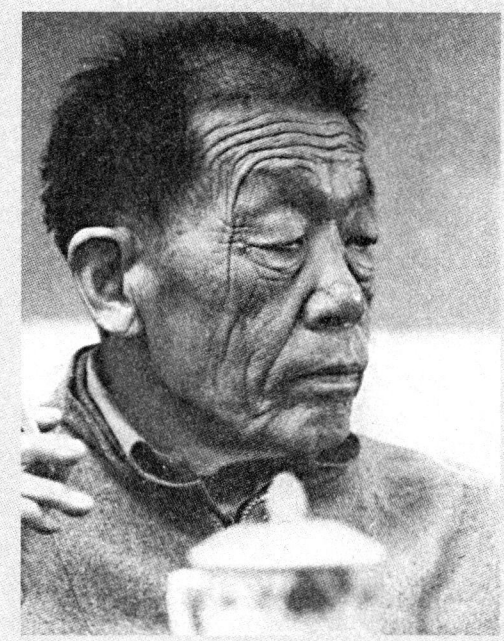

「 **虎头山拜谒孙谦墓** 」
——遗失信仰的悼祭

虎头山拜谒孙谦墓
——遗失信仰的悼祭

1. 郭沫若墓前的失之不恭

大寨虎头山如今更像是一座陵园。这块"风水宝地"上,青松翠柏掩映着众多耸立的纪念亭、纪念碑和墓碑。有周恩来题词的纪念亭,有当年大寨的领头人陈永贵、贾进才的墓碑……而其中尤其令人注目的是,共和国文学史上两个著名人物郭沫若和孙谦的骨灰也安葬在此。

2011年8月22日,我们山西作家"红色之旅"太行采风团,慕名来到大寨虎头山,既是对那个已然逝去的"农业学大寨"旗帜性人物陈永贵的凭吊。更是对郭沫若和孙谦这两位文人的拜谒。

距陈永贵墓地右侧大约二十米处,我们看到了一代文豪郭沫若的墓碑。1978年四五月间,郭沫若在

孙谦与大寨的不解之缘(后排中为陈永贵、左三孙谦、左五郭凤莲、右二马烽)

弥留之际,郑重其事地向身边的夫人于立群和几个子女交代后事:"我死后,不要保留骨灰。把我的骨灰撒到大寨,肥田。"6月12日,这位共和国的文坛泰斗走完了自己八十六个春秋的人生历程。在举行了高规格的追悼大会之后,郭沫若的骨灰用飞机撒在了大寨虎头山上的层层梯田之中。1992年11月16日,在郭沫若诞辰一百周年之际,大寨党支部和村委会为郭沫若立起了这座汉白玉纪念碑。纪念碑正对着狼窝掌沟。墓碑正面刻着"郭沫若同志永垂不朽";墓碑背面刻着的是郭沫若的手迹《颂大寨》:"全国学大寨,大寨学全国。人是千里人,乐以天下乐。狼窝成良田,凶岁夺大熟。红旗毛泽东,红遍天一角。"1965年12月,郭沫若率中国科学院代表团参观了大寨,这首《颂大寨》诗就是写于此时。在当年历史背景政治时势下写的一首应景诗,竟作为一代文豪盖棺定论的代表作镌刻于墓碑上,实在是让人读出了某种荒诞不经荒谬无稽。它让人联想起米兰·昆德拉的一句名言:"历史有时候是会开怀大笑的。"

为配合"农业学大寨",郭沫若留下了不少"脍炙人口"的诗词:

1965年的春节前不久,《人民日报》头版发表了长篇通讯《大寨之路》,并配发了社论《用革命精神建设山区的好榜样》。周恩来总理在三届人大一次会议的政府工作报告中,又多次提出了"大寨精神"。于是,郭沫若首次写出歌颂大寨的诗篇:"传统作风雪里梅,大寨精神从此来。已见黄河清澈底,要教宇宙共春回"。同年12月初,郭沫若在太原参观大寨展览馆,在题写馆名之后又以一首七律咏怀:"大寨人人是愚公,神州争效此雄风。百年基业防涝旱,千米山头待柏松。勤奋力将全国学,虚心赢得普天同。为防自满寻差距,绝不因循步自封。"……尤其让人叹为观止的是,1976年年底,正在病中的郭沫若为老友关良所画鲁智深题诗一首:"神佛都是假,谁能相信它!打破山门后,提杖走天涯。见佛我就打,见神我就骂。骂倒十万八千神和佛,打成一片稀泥巴,看来禅杖用处大,可以促进现代化,开遍大寨花。"本来风马牛不相及的鲁智深和大寨,也不知在这个"三千白云任剪裁",具有奇诡想象力的大文豪思维里,是怎样产生的"蒙太奇"链接? 真让人怀疑此时的郭沫若是否已然"脑死亡"!

这个不甘寂寞的文人,或者说这个生怕紧跟不上伟人步伐的文人,几乎在每次运动中,都要及时写出表态性的诗词。以至被人评价为:"郭老郭老,诗多好的少。"

读着这样的诗句,你能相信,这就是那个曾写出《女神》、《凤凰涅槃》这样经典名篇的大诗人？你能相信,这就是那个曾写出《十批判书》这样犀利文章的知识分子？也许,在共和国成立后的某一时刻,作为巨星郭沫若的闪耀光芒已然销声匿迹。据比尔·布莱森所著《万物简史》称:"我们一直神圣仰望的北斗星,实际上也许在此之前四年,或14世纪初以后的任何时候就已经熄灭,我们现在所看到的,我们至多只能说——永远只能说——是它在六百八十年以前发出的光。"这是时空造成的误差。这是我们人类视觉的局限。

1979年,钱锺书访问美国期间,曾与夏志清有一番问答。夏志清在《重会钱锺书纪实》中记载下这一细节:夏志清奇怪,郭沫若"为什么要写贬杜扬李的书?"钱锺书回答:"毛泽东读唐诗,最爱'三李'——李白、李贺、李商隐,反不喜'人民诗人'杜甫,郭沫若就听从圣旨写了此书。"

我至今仍记得四十年前读郭沫若《李白与杜甫》一书时的惊诧与愤慨。

韩愈有诗句:"李杜文章在,光焰万丈长。"我们两千年来的文化传承,一向把李白、杜甫并称。可偏偏这个郭沫若,为迎合伟大领袖的个人喜恶,要运用自己深厚的古典文学功力,做出"扬李抑杜"的论证。这倒真让韩愈不幸言中:"不知群儿愚,那用故谤伤！蚍蜉撼大树,可笑不自量。"

郭沫若在《李白与杜甫》一书中,有许多奇谈怪论:

李白有一首显示诗仙"斗酒诗千首"豪情的诗《陪侍郎叔游洞庭醉后》:"划却君山好,平铺湘水流。巴陵无限酒,醉杀洞庭秋！"前人一直是把此诗作为李白酒后狂言之句。但郭沫若偏偏从中看出了李白的"人民性":"……据以猜想李白的'动机目的',他要'划却君山'以铺平湘水,不是他看到农民在湖边屯垦,便想到要更加扩大耕地面积吗?"并进一步论证:"李白有《田园言怀》一诗,足以证明他确实重视农事。'贾谊三年谪,班超万里侯。何故牵白犊,饮水对清流。'因此,我乐于肯定:李白要'划却君山'是从农事上着想,要扩大耕地面积。'巴陵无限酒'不是让李白三两人来醉,而是让所有的巴陵人来醉。这样才能把那样广阔的洞庭湖的秋色'醉杀'(醉到尽头,醉得没有剩余)。因此,李白'划却君山'的动机和目的,应该说才是真正为了人民。"与此对李白的信口褒扬形成鲜明对比的是,对杜甫诗中为大家所肯定的人民性却要做出刻意曲解:对杜甫的名句:"朱门酒肉臭,路有冻死骨",郭沫若在书中这样评价:"作为一个封建时代的诗人,在一千二百年前就能有这样明白的认识,应该说是难能可贵的。不过问题还得推进一步:既然认识了这个矛盾,应该怎样来处理这个矛盾？也就是说,你究竟是站在哪一个阶级的立场,为谁服务?推论到这一层,杜甫的阶级立场便不能不突露出来了。他是站在地主阶级的立场,统治阶级的立场,而为地主阶级、统治阶级服务的。"在郭沫若这一阶级观点的分析下,就"敏锐"地发现了杜甫名诗《茅屋为秋风所破歌》里的问题:"诗人说他住的茅屋,屋顶的茅草有三重。这是表明老屋的屋顶加盖过两次。一般来说,一重约有四五寸厚,三重便有一尺多厚。这样的茅屋是冬暖夏凉的,有时候比起瓦房来还要讲究。茅草被大风刮走了一部分,诗人在怨天恨人。使人吃惊的是他骂贫穷的孩子们是'盗贼',孩子们拾取了被风刮走的茅草,究竟能拾取多少呢?亏得诗人大声制止,喊得'唇焦口燥'。贫穷人的孩子被辱骂为'盗贼',而自己的孩子却是'娇儿'。他在诉说自己的贫困,他却忘记了农民们比他穷困百倍。异想天开的'广厦千万间'的美梦,是新旧研究家们所同样乐于称道的,以为'大有民胞物与之意',或者是'这才足以代表人民的普遍呼声'。其实诗中所说的分明是'寒士',是在为还没有功名富贵的或者有功名而无富贵的读书人打算,怎么能够扩大为'民'或'人民'呢?农民的儿童们拿去了一些被风吹走的茅草都被骂为'盗贼',农民还有希望住进'广厦'里吗?那样的'广厦'要有'千万间',不知道要费多大的劳役,诗人恐怕没有梦想到吧?慷慨是十分慷慨,只要'天下寒士'皆大欢喜,自己就住破房子冻死也不要紧。但如果那么多的'广厦'真正像蘑菇那样在一夜之间涌现了,诗人岂不早就住了进去,哪里还会冻死呢?所谓'民吾同胞,物为吾与'的大同怀抱,'人饥己饥,人溺己溺'的契稷经纶,只是一些士大夫们的不着边际的主观臆想而已。"正是出于这一高度的"阶级觉悟",连杜甫讴歌新生事物的脍炙人口的名句"新松恨不高千尺,恶竹应须斩万竿",也被郭沫若解读为:"草堂里有四棵小松树,是他所关心的。所谓'新松'就是这四棵小松树,他希望它们赶快成长起来(杜甫是把它作为自己的寿材)。草堂里的竹林占一百亩地以上,自然有一万竿竹子可供他砍伐。"由此把这两句诗归结为是表现了杜甫"贪得无厌的地主生活"。

厚厚的一本书,此类例子俯拾即是。郭沫若真不愧是那个时代富有代表性的一代文豪。

机关党委书记冯彬虔诚地主持了郭沫若墓的瞻仰仪式:让我们向一代文豪郭沫若同志三鞠躬:一鞠躬……再鞠躬……三鞠躬……

我和作家周宗奇失之不恭地扭头走开了。

1976年初,周恩来逝世前留下遗嘱:不留骨灰,把它撒在大海里。两年后,郭沫若也留下遗嘱:把自己的骨灰撒在大寨的梯田里。也许,对一生看风使舵随波逐流的郭沫若而言,此举本是顺理成章的逻辑必然。

2. 叶落归根与《言大必空》

孙谦故乡文水县财政局干部王学礼,对自己的"乡亲"孙谦可说是一往情深。他以"孙谦家乡人"之名,开了新浪博客,收集整理了一些有关孙谦的资料。他在《叶落不归故乡有何考虑》一文中写道:

> 人常说:叶落归根。孙谦虽然早年参加革命,但他的出身是农民,一生接触的是农民,作品歌颂的还是农民,农家的风俗他是清清楚楚的。他生前情牵大寨,我们能理解。但死后不回故里,似乎与他晚年日益浓重的乡情、对家乡亲人的怀念和牵挂多少有些矛盾,让人有些不得其解。
>
> 孙谦虽然对大寨有着特殊的感情,但是他念念不忘家乡……"记忆中的故乡,多么亲切,多么生动啊!久别的故乡,多么使人眷念和想望呵!""故乡,我的母亲,我会回去的!"这是孙谦生前发自真情、非常恳切而又付诸文字的一段话。他离休后又创作了大量回忆家乡人家乡事、回忆父母和二弟三弟、回忆童年少年生活的散文,像《文学贵创新》、《买书记》、《闹红火——缅怀俺爹》、《小货郎迷路》、《演戏及其它》、《忆二弟》、《红裤带》等等,这些都是他晚年有的还是临终三四年前写的。生前他一遇见来自文水的乡亲和领导,就主动介绍说:"我是文水人。"从中我们能感受到他对故乡的无限眷恋和依依深情。

我问孙谦的夫人王之荷:"人之常情,总是希望叶落归根。我感到有些纳闷,孙老的临终遗言,为什么不是想把自己的骨灰埋回故里,而是要撒到大寨的虎头山上?"

王之荷:"我也问过他,可是他摇了摇头。老孙最终有个遗憾,就是觉得没给家乡文水写什么东西。他写过,也是批评的。他常跟我讲,这是他的个遗憾,他说他也没给县里做什么贡献。最早,反右之前,我们回太原之前,对县里的工作提出批评,写文章批评县委工作的假大空。他跟我说过,这是他的一个遗憾。但他批评的也是事实,也是应该给他们指出的。"

王之荷所提到的文章,是指孙谦 1957 年发表于《山西日报》的一篇杂文:《言大必空——就商于文水县委领导同志》。这篇短短的杂文颇能凸显孙谦的文风和个性。

我找到了这篇文章:

> 每个人都爱他的出生成长地——故乡。每个离开家乡参加革命工作的人,都会十分自然地关心故乡的一切变化。我是文水人。我常常通过亲戚朋友打问故乡的生产和生活情况,我拿起报纸来总希望能读到文水的消息。
>
> 上月七日,《山西日报》登了一则电话新闻:五月六日晚,文水县委决定干部参加劳动,下乡的县委书记县长和其他干部实行半天劳动,半天工作的制度;同时还号召每个干部自备锄头、铁锹、镰刀,作为随身三件宝……
>
> 我为这条新闻欢呼——文水百姓有幸,县区干部的主要毛病——工作不深入、作风轻飘——将要很快纠正了!
>
> 五月九日,《山西日报》又登了一则电话新闻:文水县委成立了整风办公室,决定立即在全县开展整风运动;同时还确定半天工作、半天整风,以便做到整风、生产两不误……
>
> 我也为这条新闻欢呼——文水农民有幸:今年的农业丰收有盼望了——据我所知,去年文水有不少农业减产了,减产的主要原因是干部的主观主义和官僚主义——干部们整风以后,农民再不要为那些悬空的规划和那些虚假的数字苦恼了!
>
> 五月十六日,我在《山西日报》上读到了文水县委的整风计划。我把

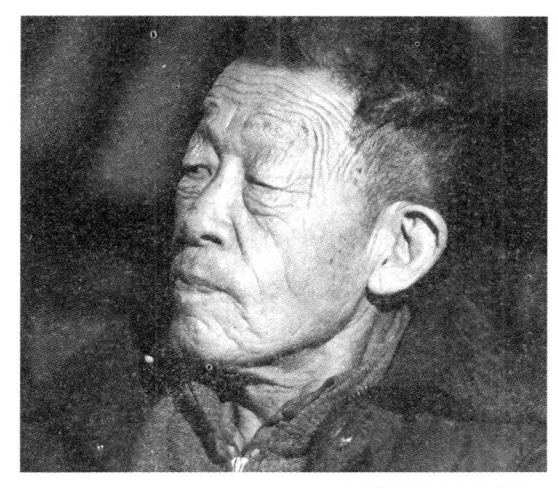

一生保持农民本色的孙谦

这个计划读了三次,读过以后,我想欢呼,但欢呼不出来了。我不明白这是怎么一种情绪,我不明白什么原因使我对文水县委的整风计划发生了怀疑!

我把前几天的《山西日报》找出来,仔细地查对了文水县委的决定和决议,我明白了。

文水县委在对参加劳动和开展整风运动的问题上,仍存在着不实事求是的作风。两个决议(参加劳动和展开整风运动)之间有着明显的矛盾,文辞和具体做法上都显得浮夸。

比方,文水县委决定下乡干部半天劳动、半天工作,又决定整风期间县级各机关半天整风、半天工作,试问,这是切实的吗?还有,县委号召每个干部每人自备锄头、铁锹、镰刀,这当然是好事,可是县委委员们就不考虑一下这三种农具要值多少钱?据我的调查,三种农具要值十元人民币;而且在一个小县城的商店里,很难一下子买得到那么多的农具。参加劳动重要,工作也重要,整风更重要。挤来挤去,势必把参加劳动的时间挤掉。结果是什么呢?农民为县委的决议欢欣鼓舞,而实际上县委干部并不能每日都参加半天劳动,更不能带自备的"三件宝"和农民一起劳动,那时候,就会引起农民的埋怨和不满。

又如,据我所知,文水各农业社去年的生产和分配计划大部分都落空了。这是为什么?这就是说领导和农业社(即农民)之间存在矛盾,而且是当前农业生产中最突出最主要的矛盾。但在文水县委的整风计划没有有力地强调这种矛盾,设法解决这种矛盾,而是强调什么"矛盾排队"、"调查矛盾"等等。矛盾很多,一下子不可能全部解决,放下主要矛盾不管,而想全面开花,那只能是:反本求末,凑凑热闹。文水是农业县,重点应该放在农业上,我在文水县委的整风计划上,只看到要和机关干部、民主人士、小学教员座谈。却没有看到要和农业社长、社干、社员——特别是同老农民座谈:应该问问那些农民去年的生产计划为什么没有完成?去年的分配计划为什么比原计划少了许多?为什么各种作物一定要实行密植?为什么棉花不让打顶?为什么要让农民多种不好吃的玉米,而不让农民多种喜欢吃的高粱?为什么高高兴兴参加了农业社农民会在秋收以后,对他自己喜欢的农业社有了各种各样数说不尽的意见?……

整风、参加劳动的目的是为了纠正缺点、改进领导作风,密切党与群众的关系,和群众一块儿建设社会主义,绝不是为了宣传,为了写几张空头支票。

语云:空雷不雨,瞎喜一阵;我云:言大必空,徒增牢骚。未知文水县委负责同志以为然否。

这真有了"以子之矛,攻其之盾"的意味。都是从白纸黑字的官方报纸上,却看出了其中的"猫腻"之处。

王之荷在访谈中对我说:"老孙他和一般的人不太一样:他不在意小事上,但大事上他非常清楚。比方说对大跃进,他那个时候就有看法,在下面说,'就是胡说八道,生产那么多粮食,骗谁去呀,最后还不是苦了老百姓。'我给你讲,除了他的作品外,我给你讲他的人格,我记得的,上世纪50年代,搞运动,人家都是往前跑,领导

孙谦正在构思时照

得带头吧?他不,运动里那些左的东西,他不干。他写的文章,棉花摆得一片,在地里,没人去收,反对官僚主义的,他也是写文章。而且他还给中央写信,那时候谁敢?他给中央写信,干部作风浮夸,虚报产量等等,他写了。他写了以后,内心非常矛盾,怎么办呀?他就是看到现实和宣传中的距离,他晚上睡不着,我怎么知道呢?我睡一觉醒来,看见烟头还在那儿亮着呢。他睡不着,躺在床上,一支接一支地抽烟,到后来就得了神经官能症,头疼,他就睡不着。我说你睡觉就不要吸烟了。他说,我睡不着,老百姓都吃不上了,还在那儿吹产量多大多大。要不那段时间,他写了好几篇杂文。后来他就给中央写信,就等于是告状,告当地政府的状。他写好,是我给他找的人,我那时候还在北京,我找人送到中南海。后来信就转到山西,他不是来了山西,下乡了解的情况。很快就开始反右派了,就是反

中央呀、暴露阴暗面呀，那一段可把我吓坏了。吓得我就睡不着，多久都睡不着。后来总算没打成右派……"

王之荷说："后来有人说，他为什么要回山西？他是怕打成右派了跑回山西。"

胡正在访谈中也向我讲述到孙谦的这件事情："李束为给省委宣传部写了个报告，把我们几个一个个批点一回：……说孙谦是玩物丧志，孙谦那时候在他家院里挖了坑养蚯蚓，喂乌龟……啊呀，这下子可气坏了。孙谦气坏了有道理，他经历过一次反右倾，反右倾的时候写过两篇文章，对大跃进人民公社不满意。他了解文水的情况，就把当时文水的县委书记写了一篇，叫《言大必空》。很有名的一篇文章，就被批判成右倾机会主义。在北影受了处分，他在北影受了一场冤枉，才跑到山西。孙谦火了，说，我哗哗地写东西吧，说我是宣传资产阶级生活方式，是老右倾。我养病，不球写了，又说我玩物丧志。怎么弄球也不对，怎么做也是个挨批。"

孙谦在1979年11月22日写的《自传》中说：

建国以来，从批判教条主义、概念化、无冲突论、干预生活、写个人命运到"文化大革命"的全面大否定，哪一次运动我都是被批判的对象……

1954年冬，我写过一篇叫做《奇异的离婚故事》的短篇，发表在长江文艺上，1956年，我把它改编为电影剧本，影片完成后，导演改名为《谁是被抛弃的人》。1956年夏，我和海默同志合写了杂文《会爆炸的食品》、《不管小事的税务局长》、《油漆的缺点及其它》；我自己在1956年和1957年，又写了杂文《橡胶树的厄运》和《言大必空》。为了那一篇小说、一部电影、五篇杂文和我在1957年写的另一个短篇《有这样一个女人》，在1958年召开的长春电影创作会议上，我受到了批判。1958年反右倾，我又被"炒了一次回锅肉"，好几家报纸和杂志发表了批判我的文章；在党内，把我的错误性质定为反党分子，并给予留察和降级处分；

……我便病倒了。1959年和1960年，我是在病中接受批判的。1961年和1962年，我在疗养院养病，头晕得连报纸都不能看，哪里还能再写文章？

俗话说："故土难离"。孙谦不愿"叶落归根"的选择中，也有着"性格决定命运"的因素。

3. 孙谦与大寨、与陈永贵的不解情缘

王之荷讲："老孙那个时候是在生病期间,他那时候就不能看东西了,一看就头晕,在晋祠疗养院还住了一段时间。他那时候脑神经不太好,神经官能症,看人都是无精打采痴痴呆呆的那个样子。一天,他无意间听到广播,说大寨遭了灾,就是山西日报那篇文章,说大寨怎么怎么样抗灾。他听后就激动得不行,眼睛发亮,精神好像也一下好起来。那时候大寨还没像后来宣传得那么厉害,许多人还不知道山西昔阳有这么个小山村。他听了广播,躺不住了,带了些药,带病就去了大寨,住在那儿,一直到写出初稿……是这么个背景,我是给你讲他这个大寨的情缘。"

是大寨把孙谦从命运的困厄中解救出来。撰写大寨,成为孙谦命运的拐点。

1963年8月,晋中地区昔阳县一连下了七天七夜大雨,降雨量高达五百多毫米,超过了前一年全年降雨量。作为小山村的大寨,山洪暴发江河横溢房倒屋塌。全村一百多间房和一百多孔窑洞,塌得只剩下十二间房和五眼窑洞可以住人。三百六十多口人无处安身。村里泥泞不堪,陈永贵带领大寨人苦心经营了十一年的梯田,也毁了个一塌糊涂。山沟里到处是稀乎乎流下来的泥滩,玉米地倒成了一片。十年来垒下的一百多条石坝也塌了。苹果园里,不少果树东倒西歪地露出了树根。人们被突如其来的灾难打击得垂头丧气悲观失望。沧海横流,方显出英雄本色,陈永贵此时此刻表现出他是鼓动农民的天才。陈永贵是很有演说口才的,灾

乐观豁达的孙谦(1996年2月15日病房中)

害发生时,他正在县里开人大会,出乎所有人的意料,陈永贵回到村里见到愁眉苦脸的乡亲们时,拱起双手说:"我回来是给大家贺喜哩!"乡亲们都愣住了,你看看我,我看看你,陈永贵是不是疯了?陈永贵是不是酒喝多了?陈永贵扫了一眼呆呆望着自己的乡亲们,反问一句:"人在还不是大喜?自古常说,留得青山在,不怕没柴烧。山是人开的,房是人盖的,有人就甚也不怕!刮了地我们能修,塌了土窑我们修瓦房,塌了瓦房修新房!坏事能变成好事!"大寨人此时此刻需要的正是主心骨。在毁灭性的灾害面前,大寨人在陈永贵的带领下,表现出一股勇于战天斗地的英雄气概。陈永贵呼唤起蕴藏在普普通通农民心底的理想主义的奋斗精神。大寨人提出了"五年恢复土地,十年修建房屋"的重建家园计划。

遭灾不久,一位公社领导给陈永贵打电话,说拨给了他们八十元医药补助费。陈永贵答道:"把钱给别的兄弟队吧,我们没有伤病员。"

过了几天公社又来电话,说拨给一百块钱买苇席,搭些席棚当临时住处。陈永贵又谢绝了:"我们大寨有苇地,也有钱来买席,救济别的兄弟队吧。"

第三次救济来得动静很大,一辆马车拉着寒衣进了大寨。陈永贵和几位干部招待车把式吃了顿便饭,没让卸车,在众目睽睽之下又让人家把衣服原封不动地拉回去了。

不少大寨社员对此也不能理解,说:"别人找还找不到,寻还寻不来,送上门来,你们不要,这光景还怕过得太富裕了吗?"有的骂:"傻瓜子干部!"还有的说:"不就是为了要当模范么!"

陈永贵是很善于把自己的想法变为大寨大队党支部的集体想法,进而再变为全体村民社员的想法。一天早晨,陈永贵和贾进才相遇,蹲下抽烟,聊起了救济的事。陈永贵问贾进才:"你说咱要不要国家的救济?"贾进才一贯忠厚,善于替别人着想,他说:"我想是不能要。水泉大队今年遭灾,劳动日每个预分五分钱,怎也得先救济他们才对。"

陈永贵召集党支部会议,他们分析了有利条件和不利条件,研究了政治影响和经济利益,最后坚定地提出"救灾三不要"的口号:即国家的救济粮不要,救济款不要,救济物资不要。大寨在三次拒绝了小额的国家救济之后,又第四次谢绝了国家拨给的恢复土地和修建房屋的款,把这笔钱转给了水泉大队和孟山大队。

陈永贵说:"我们真的傻?我们不傻。国家是我们的国家,集体是我们的集体,人民是我们自己的人民,我们自己能够战胜的灾情,能够办到的事情,为什么要依赖国家呢?不能只看到当时国家给我们那么多财富,要看到另一个问题,就是那样下去,会不会使大寨的贫下中农社员养成遇到困难就依赖国家,躺到国家身上呢?"

大寨人在灾害面前,继提出"三不要"之后,很快又提出了"三不少"。即社员口粮不少,劳动日分值不少,卖给国家的粮食不少。

我们现在有不少的县,把能申请成为"贫困县",吃上国家的救济粮,认为是聪明能干,占了便宜。躺在国家身上坐吃现成,就是

1980年代孙谦在旧居

不想办法脱贫。现在是,物质刺激压垮一切,再不提什么精神的作用……

激情是打火机,它能把人点燃得热血沸腾。孙谦为陈永贵的人格力量所打动,为大寨的这种精神所感动。人毕竟不是动物,人总还是要有点精神的。孙谦和陈永贵在人格力量上发生了共鸣!

孙谦说:"1963年,我在大寨生活了四十来天,写了报告文学《大寨英雄谱》。"

一向擅长写"中间人物"的山药蛋派,塑造出了英雄的典型形象。一时间获得了极大的好评。刘白羽在《英雄之歌》一文中赞扬道:

> 读了孙谦同志的《大寨英雄谱》,禁不住想把自己激动喜悦的心情写下来。这是充满时代精神、革命精神的文学作品。这是我们殷切期待着的作品,它以强大的现实生活内容感染着你,这也以与生活相适应的豪迈的艺术力量感染着你。你读着它,就觉得浓郁的生活气息扑面而来,你就看着一个个亮堂堂的人在大踏步行进。我们很久以来注视着,寻找着,总没能从文学作品中发现陈永贵这样高大的社会主义时代新型农民形象。现在他做出了革命文学所应该做的:为英雄的时代,谱出了英雄之歌。(刘白羽:《英雄之歌》,1964年第五期《文艺报》)

大寨人为孙谦所镌刻的墓碑上有这样的文字:

  1963年大寨遭受特大洪灾后,他深为大寨人民艰苦奋斗、自力更生的精神所感动,带病深入采访,与全村人民同吃同住同劳动,写出了具有巨大反响的长篇报告文学《大寨英雄谱》,以后又多次到大寨深入生活,他认为,大寨人民的艰苦奋斗精神代表了中国亿万农民改变贫穷落后面貌的强烈愿望。在他以后所写的作品中,始终贯穿这一精神。

  他的《大寨英雄谱》介绍了大寨事迹,引起中央重视,毛主席发出"农业学大寨"号召,使大寨驰名中外。

在孙谦生前,我与他谈起过他的《大寨英雄谱》。我说,我还在中学生时代,就读过您的这篇报告文学,正是从您的笔下,使我了解了一个大寨,一个陈永贵。那是一个放飞理想的时代,榜样的力量是无穷的。孙谦说:我就是个农民,所以大寨面对灾害时的事迹,就特别能打动我。我又没球多少文化,不是我写得好,是大寨精神感人。孙谦在谈到《大寨英雄谱》的轰动效应时还说:"我搞了多年创作,电影、小说、剧本都写过,没有料到一篇小小的报告文学《大寨英雄谱》,会打得这么响。"

王学礼在《孙谦编话剧和电影——孙谦和大寨(三)》一文中写道:

  为了了解大寨人的真实思想、情感,孙谦讲了一些他在大寨采访中的趣闻轶事。陈永贵好喝酒,他下去采访时带了一箱子汾酒,夜深人静时,他和陈永贵干杯对酌,让陈永贵"酒后吐真言",向他讲述自己的心里话;别的干部、记者到大寨采访时吃派饭,他自己"讨"饭吃。他想了解谁家的情况了,就到人家家里,人家干什么他就搭把手帮着干,边干活边拉家常,到吃饭时候想走人家也不放他走,在干家务、吃饭当中感受和了解社员们的真实思想;吃饭时间,社员们端着饭碗在大柳树下围成圈,有时他也端着碗挤到圈里听大家拉家常,说闲话;下雨天或晚上社员们在大队办公室里下棋、打扑克,他也挤进去参加,同他们一起嬉笑怒骂;地里谁家婆媳、兄弟、夫妻吵了嘴,他主动去劝说,有的人还误认为他是"公社派来的调解员"……就这样,他对大寨的家家户户了如指掌;人们的喜怒哀乐,他心中一清二楚。所以,写起来得心应手,《大寨英雄谱》才那样真切感人。

孙谦说过的一句话,给我的印象特别深:"至于陈永贵当政治局委员、国务院副总理,那是后来的事。我完全是把他当一个朋友。他也是把我当朋友,心里有什么憋闷的话,也愿意对我说。"

1965年初,中共中央华北局通知,春节后,在北京举办华北地区话剧歌舞剧现代戏观摩演出。省里决定,请孙谦将他的报告文学《大寨英雄谱》改编成话剧,由山西话剧团排演参加华北地区观摩演出。剧本名叫《太行高风》,在北京的华北观摩演出上拿回大奖。华北区观摩大会结束,根据周恩来总理的提议,省里又要求将《大寨英雄谱》改编为电影文学剧本。孙谦向省里提出:"这是重大题材,我一个人扛不动,要两个人抬",把马烽也拉了进来。孙谦说:"这个电影剧本是我所有电影剧本中写得最艰难的一部,耗时一年半,写了三稿,还没最后完成,'文化大革命'就开始了,材料和底稿被全部抄走;1972年,我和马烽在插队劳动期间,中央文化组和山西省委又令我们重新写作,又耗时四年,写了二十一稿,1975年冬交出剧本,定名为《山花》,发在《汾水》上。"我在《马烽与陈永贵的三次喝酒》一文中,对孙谦、马烽两人创作从《千秋大业》到《山花》的过程有详尽讲述,此处不再赘笔。

由此,孙谦与大寨、与陈永贵结下了不解情缘。

4. 对孙谦生命具有重要意义的紫团洞

孙谦的女儿王笑宓向我讲述了孙谦在弥留之际嘱托后事的情形:"也不知是怎么回事,那天他在病房里就那么说,我感到很意外,就没想到。他可能是对陈永贵有比较好的认同感,这是我这么想,不是他说的。我事后回想起来,因为当时他一说出来,我们家的人都有些意外。他说,骨灰也不要了,就撒到大寨的虎头山上做肥料,就这么说。"孙谦的小女儿笑非表示了不同的观点,她说,我因为在大寨插过几年队,亲眼看到父亲与大寨人亲同一家,父亲对大寨人有感情,大寨人对父亲也有感情。所以我很能理解父亲的想法。

王之荷在一旁插话:"这个是后来我求他了,我说,你把骨灰撒到大寨,那时交通也不方便,那么远,你叫我怎么跑去祭奠你?你总得给我们留下一些……(王之荷泪水夺眶而出)"

王笑宓:"我记得当时我就说,骨灰也不留了,既然如此(王笑宓声音也哽咽了)……为什么不把骨灰撒到对他的生命来说,同样具有重要意义的紫团洞呢?"

紫团洞是孙谦获得政治生命的地方。孙谦在《紫团洞,紫团洞——我入党的前前后后》一文中做了这样的介绍:

> 我们到达"民艺"不久,日寇便占领了长治县城,学校被迫分散活动;直到初秋,学校才集中到一个叫做紫檀洞的山村……九月间,唐桂龄极隐秘地塞给我一张用有光纸印的入党申请表格;当我把填写好的表格塞给他后,他便引我到村外的树丛中。我们既没有悬领袖像,也没挂镰刀斧头旗;唐桂龄让我读了一次表上我写的誓词,便算仪式完成。在回村路上,唐桂龄对我说:"现在,党处于秘密状态,不要乱说乱道。有事,只能找我联系。记住:你入党的时间是'九一八'国耻纪念日,地点是紫檀洞村。"
>
> 紫檀洞啊,紫檀洞!她是我的新生地,她也使我在"文革"中吃了苦头!
>
> 造反派要查我的"党籍"问题,提我去"拼刺刀"。我一进门,便听到一阵吆喝,又喊口号又是叫,看样子,是想把我"镇"住。——我的脾气,大概造反派他们也清楚:吃软不吃硬——软起来像团棉花,硬起来却像块钢铁。静场后,造反派文绉绉地问道:"你是在何地入党?"我答道:"紫檀洞。"他们又问:"紫檀洞在何州何县?"我像吞了一颗刚烧熟的小山药蛋,烧得烫心,却欲咽不得,欲吐也不得!——战时行军住宿,只问村名,谁能来得及问它在哪州哪县?我被"修理"了一通后,不仅没软下来,反而引起了我的犟劲:"紫檀洞在太行山里。不信,你们去查山西地图!"有个酸溜溜的家伙,嘿嘿地笑了:"你编造的地名,军用地图上都没有!你要老实交待,别想蒙混过关。"
>
> 紫檀洞啊,紫檀洞!你究竟在哪州哪县?
>
> 1984年秋,我到壶关县采访,无意中读到一份旅游宣传品:"县东南有翠微山,盛产党参中之珍品,山半壁有钟乳石溶洞,名紫团,故其党参亦称紫团参,其药效类似吉林野人参。据传说,紫团洞曾有紫气吐出,乡人于洞口设坛奠拜,故亦称紫坛洞……"
>
> 哈哈,原来紫檀洞就是紫团洞!

我找了张壶关县地图,图上既没有翠微山,也没有紫团洞。第二天,我便驱车直奔翠微山。山上没公路,只好徒步攀登。沿途村庄,家家晒党参,村村刨土豆。党参名贵,土豆特别肥大——有了这两种宝,紫团洞的农民穷不了!登上翠微山绝顶,顿觉脚下的众山皆小。阳光下,松杉挺拔,柞榛金黄,使人觉得心旷神怡。沿着羊肠小道,下到紫团洞口。洞口约二尺许,周边的青草上挂着闪闪的小水滴;不见有祭坛踪迹,唯见乱石累累。引路人说:洞内甚宽阔,雪白的钟乳石千姿百态。我欲俯身爬进洞里,引路人却坚决不让,说洞里路极难走,又没带照明设备。我只好坐在洞边,请随行的同志给我摄影留念。——等照片洗出来一看:在"紫团洞"赫然三字的崖刻前边,坐着一个衣冠不整、满脸皱纹的干瘦老头!

1984年10月16日孙谦在壶关紫团洞

此次太行山之行,我在壶关县的旅游介绍中看到对紫团山紫团洞的描绘:

紫团山距壶关县城东南六十公里,因山有紫气缭绕成团而得名。山区万峰突兀,方圆百里。古称抱犊,风光绝佳,有"南五夷(山),北抱犊(山)"之说,是"海内不可多得"之胜境。历史上有颂扬它的诗词百余篇及三十六景诗传世。

……紫微洞亦称紫团洞,是紫微道人面壁之处。洞如迷宫,宽窄不等,最高处达五十余米,最宽处达三十余米,最低窄处则仅容一人侧身而入。洞中有"天神"、"罗汉"、"八仙过海"、"玉龙捧寿"等溶岩层景点一百五十一处……

这样一个"风水宝地",又与孙谦的政治生命有着重要关联,他却没有"托体同山阿",可见在孙谦心目中,有着比紫团洞更为值得寄托灵魂的地方。

5. 生前友好身后伴

十一届三中全会以后，陈永贵从他人生的辉煌顶点跌落下来。

1979年12月17日上午，昔阳县革委大楼的二楼会议室里举行了一次县委常委扩大会。上午10点整，李喜慎宣布开会。他简短地说了几句开场白，便宣读了[晋中地干字136号]文件，大意是经山西省委常委讨论同意，地委通知，免去陈永贵的昔阳县县委书记职务。月晕而风，础润而雨，这是最初发出的政治信号。

1980年2月23日，十一届五中全会召开，会议决定批准汪东兴、纪登奎、吴德、陈锡联的辞职请求，免除或提请免除他们所担负的党和国家的领导职务。这些人与陈永贵的关系都很不错，尤其是纪登奎和陈锡联，与陈永贵过从甚密。

1980年8月30日，五届人大三次会议在北京举行。大会接受了陈永贵要求解除他国务院副总理职务的请求。

陈永贵失势后，各方面的揭发材料如雪片一般地飞到中央，仅中央转到陈永贵手里的就有一尺多厚。

陈永贵失去副总理的头衔的第二个月，山西省召开五届人大三次会议和省政协四届十二次常委会。山西省内长期受陈永贵一派压制的人这回抬起了头。在这次会议上，许多人大代表和政协委员对陈永贵群起而攻之，揭发了他一大堆问题，并且要求罢免他全国人大代表的资格，追查他和四人帮的关系，追究他在一些事情上的法律责任。人大代表们提出的罢免陈永贵人大代表资格的要求，经领导人出面做工作，勉强压了下来。有关领导人说，下次不选就行了，罢免就算处分了，不好。陈永贵听说了这些事，长叹着说："唉，老虎吃人有躲闪，人吃人可没躲闪哩！"

1982年9月1日，中国共产党十二大开幕，代表团里没有陈永贵的踪迹。身为中共中央委员、中央政治局委员的陈永贵在家乡山西落选。据说，上面的意思还想让陈永贵当个十二大代表，但是，尽管做了许多工作，陈永贵才得了二十七票，反对的却有三百零九票。

雪中送炭三冬暖，雪上加霜三伏寒。

因陈永贵的飞黄腾达，孙谦与他已久未联系。当得知陈永贵已经从副总理的职位上下来了，分配到北京东郊一个农场里当顾问；家也从钓鱼台搬到复兴门外的一套公寓里闲住。1982年秋，孙谦与马烽为修改一部两人合作的电影剧本，住在北影招待所，猜想陈永贵此时的心情一定不好，平日里门庭若市，如今门可罗雀。在这种情况下，作为老朋友理应去看望他。于是，两人上街买了两瓶好酒和一些下酒菜，又请北影食堂赵师傅连夜做了两只卤鸭子。赵师傅在海淀区一带是颇负盛名的厨师，他最拿手的菜就是卤煮鸭子。

马烽讲述过这次他与孙谦一起去看望陈永贵的情形：

"在喝酒闲聊中，看来陈永贵对从副总理职务上下来，并没有什么不满情绪，完全

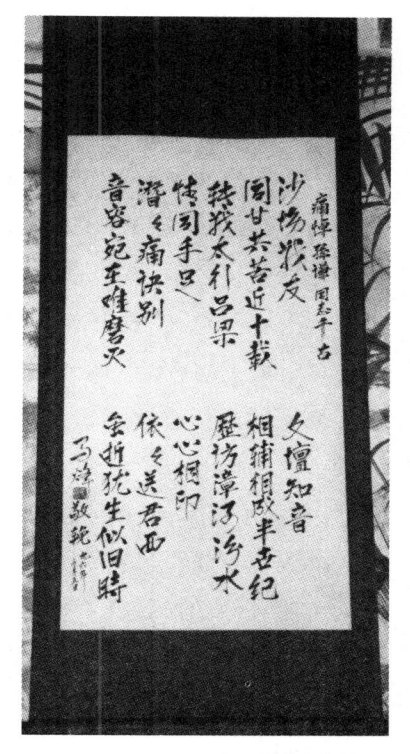

1996年马烽悼孙谦挽词

不是我们猜想的那样。他觉得这样倒好，无官一身轻。他唯一不满意的是，让他去京郊农场当顾问，而不让他回大寨。他说大寨的干部和社员，不断有人来看他，都希望他早点回大寨去。可是这事不由他，他得听从组织的分配。不过他迟早还是要回大寨去，他离不开那里的土地和干部社员。他说如今他们受到社会上很大压力，一提起这事，陈永贵不由得就激动起来，特别是喝了几杯酒以后，竟然对着我俩发开火了。他说，如今大寨人到了外面，连头都抬不起来，有些人故意在他们面前放凉腔，什么'学习大寨，人人受害'，什么'以粮为纲，全面砍光'等等。他冲着我俩说，大寨情况你们知道，是不是除去种庄稼什么都砍光了？粉坊、猪场、砖窑是发展了还是砍了？果园是不是这些年才发展起来的？陈永贵还说，有的地方把好好的经济林砍了种庄稼，这是大寨让你砍的？大寨人千辛万苦在搞人造小平原，可有的地方把平展展的耕地改成梯田，这叫学大寨？大寨人把陡坡修成梯田，开山打料石筑起那么多田埂，流了多少汗水？你以为大寨人天生就那么贱？那是没有办法的办法。建设社会主义不靠自力更生艰苦奋斗，靠什

么？天上能掉下馅饼来？陈永贵还说，如果说工作中有缺点，有失误，我承认，主要应该由我陈永贵承担，不能让大寨所有的干部和群众分摊。这些年他们也够辛苦了，如今再受上一顿窝囊气，谁心里能服？他们到我这里来，委屈得都哭了，我也为他们抱屈……陈永贵还说，咱们有一种很不好的风气，说起风好来，什么风都沾；说起雨不好来，什么雨都不沾。以前是什么工作都要学大寨，不管什么现场会也要在昔阳、大寨召开，你不同意开，就说你骄傲自满，瞧不起这项工作，好像只有在昔阳、大寨开才够分量；如今是昔阳、大寨什么也不沾了，什么上不去也是学大寨的过错。陈永贵冷笑着说，谁爱说什么说去吧，我不在乎。反正这些年修下的高标准海绵田在耕种，修下的渠道还在浇地，旋下的新石窑社员们住着，这些年上缴了多少公粮，卖了多少统购粮，粮库里账本上记着，我相信一句话：金盆子打了，分量还在着哩！"

孙谦曾对我说过这样的话："陈永贵跟我一样，他就不球是个当官的料。硬是活生生让政治给毁了。"陈永贵谈起他当副总理的事，说过这样一番话："这副担子太重，老实说，我挑不动。可是没有办法，毛主席周总理安排的，只能硬着头皮挑！"他说他曾向中央写过辞职报告，没有批准。毛主席批示：每年三分之一时间在中央，三分之一时间到外地，三分之一时间回大寨。他此后就是遵照毛主席的批示安排工作。

孙谦还向我讲述过陈永贵当副总理后的生活细节：

陈永贵的烟瘾很大，他抽烟有个特点，就是从进门点着第一支烟开始，就不

五战友老照片

断火。左手指夹着的烟刚抽了半截,右手已拿起另一支,慢慢用手捏烟头,挤出一些烟丝后,把那半截烟栽在上边继续抽。他做这些动作十分熟练,连看也不看一眼。一盒烟抽完,烟灰缸里只有一根火柴棍,连一个烟屁股也不见。陈永贵一天得抽两三盒烟。那时候,中央首长都有特供烟,不是"熊猫"就是"中华"。但陈永贵从来不抽好烟,他最常抽的牌子是三毛八一盒的"三七",和一毛八一盒的"阿尔巴尼亚"。(孙谦抽烟也有个特点:口袋里总是装着两种烟。待客用牡丹大前门,而自己则总是抽大生产。)

陈永贵到中央后,不仅老婆和孩子仍是农村户口,靠工分吃饭;他这位堂堂副总理也没有城市户口,也挣工分。没有城市户口就没有粮票。每年秋后大寨分粮食,要专门拿出陈永贵的那份口粮送到公社粮店,换成全国粮票给陈永贵捎去。陈永贵不算城市居民,也没有正式的国家干部的工资,自然就要在大寨挣工分。大寨大队给这位国务院副总理记满分画满勤,结结实实地算一个壮劳力,每天劳动工值一块五毛钱。除了大寨的这笔工分收入外,山西省每个月还发给陈永贵这位省级领导干部六十块钱。搬出钓鱼台之后,买粮买菜抽烟喝酒全得陈永贵自己掏钱了,山西便把一个月六十块提高到一百块。此外,中央每天也给陈永贵一块二的生活补助,一个月就是三十六块钱。一百三十六块外加一个壮劳力的工分,就是陈永贵可以挣来的全部月收入。

陈永贵经常在大寨接待站陪客吃饭,按规定可以不交钱,可是陈永贵要带头不搞化公为私,让自己的秘书交了一百块钱。陈永贵说:"规定不出,我们要出。不然,吃着香,屙着光,要着钱了扎饥荒。"

俗话说,谁家锅底没点黑,可陈永贵就敢于自揭家丑。陈永贵自己在支部生活会上说:"我坦白一件事,就是一个河北搞修建的,送给我家一瓶香油,六支小挂面,一斤花生。据家里说是接待站九昌相跟送去的。现在人也找不到,要赶快还给人家……"

孙谦说:"陈永贵每次出镜头,总是头缠白毛巾,身穿粗布衣。这么副打扮,仅仅是在做表面文章?不,我认为他始终还保持了一个农民的本色。"

孙谦写过一篇文章,题目就叫:《不是当官的"料"》。

孙谦是我印象里对当官最淡薄之人,按说,在山药蛋派西李马胡孙"五老"中,他资格最老。马烽在回忆孙谦的文章中谈到过这段经历:"在前方,我与孙谦朝夕相处,同甘共苦整三年,他一直是我的顶头上司。……他不论当队长还是当排长,从来没摆过干部的架子。对他领导下的小青年们,一视同仁。行军时看到谁走不动了,他就不声不响地把背包夺过来,架在自己的背包上。发现谁脚上打起泡,晚上就找根马尾,抱着你的臭脚给你穿刺,任你哭喊他也不松手。平素,他不在生活琐事上对我们吹毛求疵,可是如果你违反了军纪,或者是不认真学习、工作,他发起脾气来也够你受的。不过,大家都还是愿意在他的领导下生活。"后来,其他四老一个个都"后来者居上",成了孙谦的顶头上司,他却一点不计较,反而风趣地说:"这个世界上即使就剩下两个人,我也永远是那个被领导的。"

孙谦大概正是从陈永贵身上,发现或者说是寻找到一种惺惺相惜的共鸣。

职务并不能给人带来崇敬。当年,郭沫若大概可称之为"成功文人"的典范:身兼数职权势炙手:曾任政务院副总理、中国科学院院长、中国科技大学校长、中国科学院哲学社会科学部主任、全国政协副主席、全国文联主席、全国人大常委会副委员长等职。然而伟人早就有言:"粪土当年万户侯","伤心秦汉经行处,宫阙万间都做了土。"胜者为王化作土,败者如寇亦成土。只有那人性的高风亮节,永世留芳于百姓的口碑之中。

1994年,山西作协与省电视台到大寨拍孙谦的专题片。孙谦一进村,就上了虎头山,带了一瓶汾酒,到陈永贵墓前祭奠。他情不自禁,老泪纵横。也许就是在那次祭奠中,孙谦已然下定决心,身后要去陪伴无比寂寞凄凉的生前友好陈永贵。

6. 跪拜是发自肺腑的敬仰

在访谈中王笑宓说:"1996年安葬的时候,我爸他并没想着还要建坟,说的是把骨灰撒到虎头山上做肥料。可大寨郭凤莲说,不能这样,大寨人不能忘记孙谦对大寨的贡献,大寨人为他建了坟,当时还没来得及刻墓碑。上了虎头山,我妹笑非一边抽泣一边从手中的骨灰盒中取出白白的骨灰撒在沿途的树根下。郭凤莲还说,象征性地撒一点就可以了,还是要安葬在墓园里。那次,作协的许多同志都去了,还在大寨的招待所开了个座谈会。郭凤莲还动情地讲了话,回忆起我爸当年在大寨采访时的点滴往事,以及大寨人对我爸的深刻印象……"

王笑宓还说:"我爸他当时这样说的,不要开追悼会,不要树碑,就是一切从简,不要搞花架子,就把骨灰撒到大寨的虎头山上就行了。他为什么这样想,当时都没解释,我是猜测:他也不是有多高的觉悟多高的境界,他只是一种朴实的感情。我爸可能认同陈永贵这个人,认同陈永贵代表的这种'大寨精神',我是这么想。而大寨人为我爸所做的一切,也是对他人格的一种认同吧。"

我说:"我完全可以理解孙老的这种感情。孙老去世时已经是1996年了,那时关于大寨的功过评价早已尘埃落定,陈永贵也已经失去了当年头上的光环。郭沫若的骨灰也在大寨,但他埋得那时候早了,1978年,大寨还处于红火风光的时候。郭沫若把骨灰埋在大寨,有着政治上的趋炎附势之嫌。这也符合他的一贯做派。而孙老就不同了,1996年,大寨已经失势,甚至已经成为负资产。陈永贵也早已退出政治舞台甚至退出了人们的记忆。而这时孙老还认定要把骨灰埋到大寨,与陈永贵做伴,则表现了孙老不以荣辱交朋友的人格,以及对自己认准了的信念,一种执著和坚守!时间是最好的显影剂,在貌似一样的形式下,掩饰的却是截然不同的心理内容。"

解说员在孙谦墓地讲解时,发生了一个令人啼笑皆非的细节:

"我们现在来到了孙谦的纪念碑前,他是以赵树理为代表的土豆作家之一……他生前遗嘱就是把他的骨灰移我们大寨,他是我们陈永贵的好朋友。我们大寨大队党支部为了纪念他,在墓碑的背后题了一首诗:'铁肩担起民间义,妙手绘出农家情;生前笔下英雄谱,身后大寨安忠魂。'"

在一旁的山西作协党组书记张明旺向解说员更正说:"你刚才的讲解词中,把'山药蛋'说成'土豆'了。"讲解员振振有词:"山药蛋不就是土豆嘛?"张明旺再予以强调:"吃的山药蛋可以说就是土豆,但作为一个文学流派,你不能把'山药蛋派'说成是'土豆派'。你在今后的讲解中,一定要纠正过来。"

我问解说员:"除了你背的解说词,你还了解孙谦些什么?"

2011年,作者虎头山拜谒孙谦墓

解说员："当然知道……"

我问："现在大寨新成长起来的一代年轻人，还知不知道孙谦是谁？"

解说员笑笑："那肯定不知道。"

一个民族的记忆竟然这样如风易逝，我心中不由升起一阵悲怆。"其兴也勃，其亡也忽"，喜爱热捧追星必然降温也快容易健忘。

在孙谦墓前，山西作家协会敬献了花篮。机关党委书记冯彬仍在一板一眼地主持着一应程式：孙老师，我们看望你来了，我们全省的作家们看望你来了。大家三鞠躬：一鞠躬……再鞠躬……三鞠躬……

仪式已经结束，周宗奇意犹未尽："等等，我得磕俩头。"说着，跪下："孙老师，'这后生'来了。"周宗奇多次向我说起过，当年孙谦带他深入生活时，总是管他叫"这后生"。周宗奇的声音有些哽咽了："孙老师，你当年叫的'这后生'，如今也都成老头了。"说着，一连磕了四个头。

男儿膝下有黄金。刚才在郭沫若墓前连鞠躬也不肯的一个血性汉子，现在在孙谦墓前跪下了。

跪拜是发自肺腑的敬仰！

（首发于《人物》2012年3月号）

「夜半钟声到客船
　　——李国涛先生印象记」

夜半钟声到客船
——李国涛先生印象记

1. 停泊在枫桥边

李国涛先生退休后,写过一篇《说老年情怀》:

这两年自觉老境迫人。

……近来有朋友问我,于老年情怀有何言说,我想了半天,一下子也说不清。如果用简单的话来概括,或者有一句古诗同我的感受倒是相近。那句诗就是:"夜半钟声到客船",出于张继的《枫桥夜泊》,名气很大。

我不知道用这句诗来说明我个人的感觉有什么明显的道理,至少在心情上,在情绪上是一个很不错的概括。它澄澈、冷静而且肃穆。

我想到杜甫在晚年的诗里常写到舟船。当然,杜甫入川以后接触的舟船多了,是一种生活写实。但是可不可以也理解为一种心境的描摹呢?从"孤舟一系故园心"到"白首扁舟病独存",主要在写心情。我读他的《登岳阳楼》时,还很年轻。"亲朋无一字,老病有孤舟",那时候就使我受到震动,我是从写实的角度理解的。写这诗时杜甫五十六岁。他五十八岁去世,最后一首诗的题目是《风疾舟中伏枕书怀三十六韵奉呈湖南亲友》。好像杜甫把舟船作为老年生活和生命里程的一个象征了。我的年岁慢慢大,对这种象征的体会也渐渐深。

人生不就是在一条长河里漂动的孤舟吗？你可以放棹，可以划桨，可以撑篙，但急流大大超过你的力量，你不知道止于何处。谁能知道？多少不可一世的大人物也是如此，小人物又当怎样？

所以我觉得一条船，能静静地泊到枫桥或者另一个什么桥什么渡什么岸，那很幸福……

李国涛2008年在云台山

多少智者哲人"英雄所见略同"，都用一个"在路上""在旅途"的概念来表达对人生过程的体验。美国诗人艾伦·金斯伯格有句诗："人生是把命运驶入没有航标的河流上。"是一种漂泊，一种颠簸，一种"中流击水浪遏飞舟"，一种"随波逐流看风撑船"？

"行走"具有某种象征的意味。于是，就产生了何时"车到码头船靠岸"，对命运归宿的猜度、迷惘和窥探，有了对"安全着陆""好人一生平安"的期盼。

"流连的钟声还在敲打我的无眠，尘封的日子永远不会是一片云烟。月落乌啼，总是千年的风霜；涛声依旧，不忘当初的夜晚……"

2. 破书与断砚

李国涛出身于徐州世家，借用鲁迅笔下人物阿Q的一句话："我们家祖上也富！"李国涛说："我家前两代都是读书人。那时候他们有闲钱有闲时间又有闲房间，三闲，所以也就买书，买书之外又买字画、碑帖，想当收藏家。在我印象里，好像主要财力都花在砚石上，藏砚。日本人入侵以后，我家收藏损失大半。后来人事沧桑，几经变故，到解放后，几乎什么都没有了。"

李国涛在《破书与断砚》一文中，描写了这些"破书"的下落和砚石的命运：

大约在1955年前后，家里的经济极窘。我已经到外地工作多年，不大知道详情。后来听家里人讲，母亲和婶母商量，说：一堆堆的破书，放都没处放，虫蛀鼠咬，水浸霉烂，留着有什么用呢？卖了吧！确实也

在江苏省立徐州中学上初三时的
李国涛

对,今后还有什么人去读那种倒霉透顶的线装书呢?但是你不读,别人也不读,卖给谁?决心好下,实行困难。终于也没卖出。

又过了一阵,徐州市某文化机构听说家里还有些古书,竟主动上门来联系。来人大略看了看,现在想来也许是热心文化事业而并不十分内行的人吧,说:买下。什么价呢?三百元,统统买下。家人一听三百元,大喜,遂即成交。50年代的三百元,顶一个小学教师一年工资,于家庭生活补助甚大。好事好事!约定日子,开来一部卡车。破烂书装了满满一卡车。

买书的人大约是看上了那套二十四史。那二十四史由大小不等的精致木匣子装起,二十四个匣子合起来,成为一个完整的书架。版本不算讲究,是百衲本。我家本来也没什么元椠宋版之类。此外,还有木匣装的也是极普通的书,大部分属于摆在客厅作装饰品的,据我的记忆,有《金石萃编》和《渊函类稿》,也许还有其他的,如《李文忠公奏稿》之类。那部装书的卡车可能不大,或者车帮很浅,书装到后来竟还剩下三五十部,约半小架。装书很累人,来装书的人便说,算了吧,剩下的不要了。

因此,有一年我回家,见四壁空空,只剩了半架书,家里人便告诉了我以上经过。

关于那些藏砚的命运,李国涛做了这样的记载:

20世纪70年代末或80年代初,我又一次回到老家。我的妹妹住在以前堆过旧书的旧居里。那旧居只剩一个破院,三间破屋,她当时的境况已是彻底的城市贫民。

我去看她。看她一贫如洗的光景,我有些心酸。闲谈一番之后,她拿出一块砚石来,说:"二哥你看看,这旧砚台你有用吗?"我看看,旧砚台上有许多泥垢,上面还有铭文,也被泥糊住看不清了。我把砚台放一边,准备带回去洗一洗再看。我问妹妹:"咱们家……哪里还有砚台呢?"她笑着指指床下,说:"垫床腿的。""垫床腿?"我大吃一惊。你好阔气呀,用这种东西垫床腿!

　　徐州市内低洼,十分潮湿。床腿桌腿,永远有半尺都是湿漉漉的。徐州居民的桌腿、床腿的下半截就常常腐朽不堪。为了延长这些木器的寿命,便在床腿、桌腿以至椅子腿、柜子腿下垫砖头、瓦片或石片。那块石砚不知在什么时候,在怎样一种情况下,担当了垫床腿的任务,它在床下经过了多少个春夏秋冬,都无从知道了。现在它又突然出现,据说是在夏天翻晒床铺,重新垫砖时偶尔发现了它。一块石砚,它如果自己有知的话,该生出几多感慨来呢?

　　……看那砚质倒像是块端砚,铭文上也有"端州石室"之类的话,想来应是。至于新坑老坑、上岩下岩之类的讲究我就完全不懂了。

　　……这时便从木架上取下那一方砚台,用清水洗去积尘。洗去之后,放到案头,这时我才发现那砚台是断的。砚台从中间裂一小纹,小纹极细,不仔细看不出,但确实是断了。当然还没有从上裂到下。我想,这怕不能用了。裂纹里并没有墨痕,它一直在床腿下,久已不闻墨香矣。我要一用,墨汁渗入,那裂纹一定明显起来。或者我会把裂纹弄得更宽,以至断裂。朱筱河先生作铭的砚,毁在我手里,我有点不忍。

　　砚为什么会断?床腿压的。

　　……我现在再看那砚心,并没有被墨研得凹下,不像《红楼梦》里引用的诗句"古砚微凹聚墨多",可见这砚一直没怎么使用。正因如此,我怀疑它是假古董。它难道一制成就专门垫床腿吗?不会。再看砚上擦痕条条,极明显,很深,很粗,可以想象它在床下与其他石块相磨擦相碰撞的情况,那样子可以说惨不忍睹。就算是假古董吧,也毕竟是砚,怎该如此呢?

　　中国的传统文化,素来有状物寄情触景生情之说。当我们了解了李国涛先生的经历和命运之后,我们能感受到,李国涛先生在对古籍贬值和砚石命运的平静描摹中,内心却翻腾着一代知识分子对命运的慨叹!

　　李国涛先生前半生的职业是教师;后半生的职业是编辑。大概可以说,李国涛倾其满腹笔墨毕生精力,都担当着"垫床腿",为别人做嫁衣裳的角色。

3. 吃对虾品出的滋味

人的一生有许多回忆,那都是刻骨铭心的生命碎片。李国涛晚年的记忆衰退得很明显,我在与他的交谈中,提起许多别人对他记忆犹深念念不忘的"大事",他都淡然一笑说:"我不记得了。"然而,他"吃对虾"这样一件小事,却是不厌其烦地多次与人忆及。

李国涛说:"上世纪50年代初,我在山东泰山脚下教书。那时,早餐顿顿有对虾。难道一个穷山脚下一个穷学校这般阔气?当然不是,时代不同了,事情当然不一样。那时人口少,捕捞也不多,虾的个头大还便宜,谁也不当回事。那时各种食品之间的比价和现在也有极大的不同,咸菜一碟二分钱,酱油鸡蛋一个五分钱,酱油煮的对虾是一角钱一只,也就是说一只对虾顶两个鸡蛋。对虾的价钱低于猪肉。在学校吃早餐的人,有三分之一只吃咸菜,三分之一的人加一个鸡蛋或两个鸡蛋,三分之一的人吃一个对虾。我家境比较富裕,每月伙食费十二三元,算是讲究的了,十次早餐我总有五次吃对虾。1957年我由山东调到太原教书。我来太原以后才开始'反右'。我山东学校原来的头,一心想把我弄成右派,转来许多大字报,其中有那么两条就是关于我吃对虾的事。一条说,他总爱吃对虾,资产阶级思想;一条说,他吃对虾时把头扔下不吃,资产阶级思想,右派作风。当时我看到这样的大字报,真是有苦难言有冤难诉有怒难发。现在看来,简直就是笑话。可在当时,却一一都是罪状,给人的思想压力很大。为这事我受了好多次批判,直到把问题提到阶级立场的高度。我自知我爱吃对虾,从来都是把对虾的头尾吮吸得干干净净才扔掉,我怎么会发疯把虾头扔掉呢?虾头好吃,我爱吃;就算我不爱吃,又犯什么罪?那时候我还记得这份大字报作者的名字,后来忘记了,好像也不是什么很要好的朋友。后来到了新时期,我见到一位同我要好的同志讲,当时领导要求他写大字报,直到拍桌子叫他站稳立场,揭发问题。所以他也写了。他说:'我不写我怎么过关呀?'我想也对,要换个位置我也会写。实际上我在太原不是也给别人写过类似的东西。这时我才觉醒到,其实那个为吃对虾的事给我写大字报的人真是个好心人。当他不得不写点什么的时候,他就写这种事情。虽然这事不真,却伤不了人。即便伤了人,总也不是政治硬伤,伤得不重。何况他也许真看到我在早餐桌上扔过对虾头,这也说不定。这么一想,我觉得我对1957年那位写大字报的人还是应该心存感激。他没有在政治问题上做伪证写假材料,他也算得是个好人了,那时候,好人难做呀!"

任何深入心灵深处的"历史事件",都会"随风潜入夜,润物细无声"地幻化为潜意识,影响一个人的思维模式思维逻辑。由此确立一个人的生存意识和处世方式。

据张石山回忆:当那场严酷的政治风波尘埃落定,李国涛最终得一个"免予处分"的政治结论时,竟然情不自禁地发出了笑声。

这是一种如释重负的笑?恐怕也是一种自我解嘲的笑。笑命运之荒诞不经,笑人生之怪异无常!也许这笑中,还有一丝庆幸,还有一丝"阿Q"式的苦涩与腥酸。一个出身豪门富家,与生俱来就被立入另册,又戴着一顶"臭老九"的帽子,无疑是历次运动的"老运动员"。作为这样一个角色,却能在一生绵延不断经历的险恶政治风浪中有惊无险逢凶化吉全身而退安全着陆,这还不让人"偷笑"? 笑得神秘叵测!

法国哲学家柏格森,写过一篇《笑的研究》的文章。他以哲学家的深邃,对笑有着独到的洞察和丰富的想象力。他从人的这一再不能寻常的表情里、从那面部肌肉一瞬间的抽动中,捕捉到人内心深处的无限隐秘,揭示出这一审美感觉的某种滑稽性。柏格森说:"笑是人的一种矫正反应,是理性对把人与机械混同的反抗,是对人性的再次肯定。"

4. 世味如茶,杯中已空

李国涛说:"人的年岁大了,逢年过节回首往事,往往有人生如梦大梦一场的感叹。"

苏轼在《后赤壁赋》里,描绘了一个仙鹤道士幻化的梦;"庄生晓梦迷蝴蝶",庄子也写过一个"蝴蝶梦"。是梦中庄子变成为蝴蝶,还是世间的庄子原本就是蝴蝶所变?是道士变作仙鹤升华而去,还是仙鹤变道士来人世点化?

李国涛说:"'大梦谁先觉'是《三国演义》里刘备三顾茅庐时听诸葛亮念的诗句。说不出来怎么才算真正的'觉','觉'大约是指看透悟彻的意思。我不知道

李国涛夫妇 2008 年在天安门

我到底算不算'觉',也不知道别人谁'觉'了谁没有'觉'。后一句是'平生我自知'。我已经活了一个多甲子,大概是可以说真正知道自己的平生了。"

李国涛在《老年赋》中写下这样的文字:

杯中已空。

你对着夕阳或深宵的残烛,仍然可看出醇酒的当年色泽,深红浅紫也罢,浓绿淡黄也好,一一清晰。甚至当年溢出而留在杯外的痕迹,也宛然。当年怎么让它流了出来?真正可惜。不过你现在已不再心疼,反正也是饮完的杯子,你不过是再欣赏一下这个杯子,和它上面的残迹。这杯子透明,任你端详。这时,连夕阳的光,或那烛影,也渐渐暗淡下来。你觉得这杯子也可随时扔出手去。不过你没扔,却仍然细细地看着它,甚至闻一闻杯里的余香。

李国涛在《世味如茶》中,还有这样的文字:

鲁迅写过三首悼诗,其中有句云"世味秋荼苦"。……鲁迅那时才三十岁刚过,已感到世味之苦。他不嫌世味太薄,薄还是淡,淡薄而已。世味是苦的,还嫌薄吗?

"世味秋荼苦",荼苦二字来自《诗经》。《诗经·邶风》有云:"谁谓荼苦?其甘如荠。"荠是野菜中的佳品,春初生,清香可食。荼是苦的,至秋则叶大而密,更苦。

然而荼是什么?迄无定论。有一说倒说得好,有文字学上的根据,就是:荼即茶。古无茶字,后由荼变来,字音字形都变了,意之所指还是那种东西——茶。所以,不管叫什么,都苦,也都香而有微甘。

……不论鲁迅嫌苦也好,不论周作人说爱其苦也好,都是由于世味是以苦为底味的。

李国涛在《说老年情怀》中还说了这样一句:"老人的滋味像泡过三汤的茶,

还有一点色,却没有什么味。有味,也是小苦,小苦之外并无甜意,却带一点涩。"

李国涛先生无疑对人生持一种乐观的态度。这是一种超脱飘洒的境界。然而,我从李国涛的文章中,还是读出打翻了五味瓶,"别有一般滋味在心头"。

当今,与共和国同生共死的文人学者的晚境,大概都会有一种苦涩感。

李国涛作为一位资深编辑,当我在写山西作家人物系列,与李锐、成一、张石山、钟道新等谈到他们的成长历程时,不时都会闪现李国涛的身影。作为一个有见地的文艺理论家文学评论家,李国涛在鲁迅研究、小说文体方面都有专著;还写过不少慧眼识珠推出新人颇有影响独具创见鞭辟入里入木三分的评论文章。然而,每当我夸赞李国涛旧日的文章时,他总会感叹一句:"好不到哪去,你不能离开当年的时代背景。"

知人者明,自知者智。

把生命的华彩乐段锦绣年华,许多都耗费在写"遵命文学",应时应景文章上,大概成为这一代文人学者永久的心病心痛。怀一腔"千古文章未尽才"的遗憾与惆怅。

5. 成一身后的身影

今日的成一,著作等身,是新时期以来颇有影响的作家。一部泱泱八十万字剖析晋商兴衰的《白银谷》,更成为其经典之作、传世之作。

然而,成一的成名作(抑或处女作)《顶凌下种》,当年得以发表,却有着一段戏剧性的命运。

那还早在1977年,我借调在《汾水》编辑部(《山西文学》前身)看稿。我们几个小说编辑是按地区分片看稿。我分的是省外来稿。

有一天,李国涛把一份稿件交给我,说:"你把这篇稿子看一看。"

我一看是省内忻州地区来稿,我不明白李国涛意图何在。

李国涛说:"你看过后把你的意见告我。"

这篇稿子就是成一后来获1978年全国首届短篇小说奖的《顶凌下种》。成一的《顶凌下种》是自然来稿。那时候稿件分两种情况:一种为重点组稿,约请名家名篇为刊物增色;另一种是从众多自然来稿中沙里淘金,发现苗头,培养新作者。

《顶凌下种》是成一的处女作。当年,成一还在原平县委办公室工作,是一名业余作者。《顶凌下种》当然称不上是成一最好的小说,现在回过头来看,借用"顶凌"而播种,来寓意反抗极左思潮的主题,也带着"四人帮"时期文学创作的痕迹。但在当年浩如烟海的自然来稿中,《顶凌下种》透出一股与当年的写作手法截然不同的独特风格。特别是语言,雅致、优美,富于文学化,还带点学者气。其中有些细节的安排,比如男主人公因名字相同,竟把自己的亲生父亲绑到乡里等一系列细节,几十年后仍深深留在印象中。成一毕竟出手不凡,显示出与众不同之处。

我把我的想法如实告诉了李国涛。李国涛说:"你把你的想法写个稿签吧。"

这种反常,使我有些云里雾里不知就里。

李国涛让我看了一份原始稿签。原来成一的《顶凌下种》由忻州地区的责编报到小说组长处,意见发生了分歧。小说组长认为此稿不可用,已经批示了做退稿处理。责编不甘心,才又把这一情况告诉了时任编辑部主任的李国涛。

李国涛对我说:"你与我的看法基本一致。我们也不能说哪个人有眼光没眼光,文学上的鉴赏,从来是见仁见智,有不同看法也是非常自然的事情。多让一个同志看,多一份把握。"

李国涛说:你看,成一给编辑部的稿子,从来都是抄写得工工整整。一般人的稿子上,写错了字或者在誊清过程要修改什么字,都是划掉后直接写上去。而成一是精心地剪一小块纸贴上,再写上修改的字。从这个小细节中,就可看出成一创作态度的认真和严谨。这是一个值得关注的作者。

当年,刊物在每年都会组织一期小说专号,以集中发排若干重头作品,李国涛力主《顶凌下种》发了1978年小说专号的头条。

对人命运的慨叹,人们常爱用"假如"一词。我常常会想,虽然不能说因为有了伯乐才有千里马,但假如当年没有李国涛这一伯乐,成一的创

拜谒赵树理墓

作之路又将会是怎样一个面目？《顶凌下种》的发表和得全国首届小说奖，无疑对增强一个作者的创作自信心，有着非同一般的作用。李国涛并没有邀功讨好地把这一细节告诉成一。我不知成一知道后，会作何感想？

若干年后，李国涛对我说："实践证明我们坚持采用这篇稿件是对的。如果这样的一篇好稿在我们手里遗漏了，发到了外省去，那是我们一个做编辑的终身遗憾。"

6. 钟道新说：李国涛那双眼睛很"毒"

钟道新以其智慧写作闻名文坛。他的小说《股票市场的迷走神经》、《权力场》、《非常档案》等长篇小说，成为富有文学含量的畅销书作品；他编剧的《黑冰》，在影视界掀起一股"钟台词"风。成为影视文坛"两栖明星"。

钟道新曾对山西的另一个作家毛守仁说："李国涛那双眼睛很'毒'。"

钟道新与我谈起过他走上文坛的经历。钟道新说："我的第一篇小说《继承》，是投给《山西文学》，燕治国看完给我写封信。他说，你的小说可以改，有闪光点……改了一次，燕治国说还得改，我都改得没兴趣了，是李国涛说，就这样可以发了。我写的第一篇小说就这样于1981年发了。……1983年，我一次给他们两篇，《交接》、《青山遮不住》，李国涛说都好。小说两篇一次都发了。这对一个青年作者是破例的。后来我写了《风烛残年》，在宁武开会时我和李国涛讲了，他挺激动，说你写得真不错，是你的真情流露。《风烛残年》是我小说里写得最好的一篇，写我母亲的，李国涛给我写了一个特别长的编者按。"

由此可见，李国涛的所言所语在钟道新心目中的影响和分量。大概正是出于这一潜台词，钟道新才说出李国涛的眼睛很"毒"。

李国涛向我说起过他当年处理钟道新《交接》和《青山遮不住》两篇稿件的情形。

李国涛说："钟道新一次写来两篇小说，下面报上来，说选用其中一篇吧。我看过后，很明确地在稿签上批了一句：两篇都可用。后来就在同一期上发了。在这之前，只有马烽的《无准备的行动》和《有准备的发言》两篇小说是同一期发出来的。这是对新作者的一种鼓励，也是一种肯定。从钟道新一开始投寄来的小

2008年李国涛在皇城相府

说,我就觉得这是一个风格独特、很有潜力的作者。编辑部发现一个新作者,是件非常令人兴奋的事情。"

钟道新早年的文友,也可说是钟道新在工厂时的顶头上司冀文明讲过这样一个细节:钟道新最初写的小说叫《打赤脚者》,先后寄到北京、上海等全国性的大刊物,结果都被退了回来。这对钟道新是极大的挫伤极大的打击。钟道新几乎准备罢笔改行。是《山西文学》重新给了他在文学道路上走下去的勇气。

我对钟道新说了一句:"是黄金总会闪光。"

钟道新马上反驳说:"你这说法不对。不是金子就闪光,它金子是一大堆沙子中淘出来的,淘尽狂沙始见金。这里边有运气。你碰的人恰好对……你打击两下,像我这种人,肯定干别的去了。属于灵活的人,不会死谋一条道,一条道走到黑。"

我在钟道新的文章中还看到这样的话:"他并不是很看重才能,人谁没有一点才能呢?就是走卒贩夫之流也有。关键是有没有舞台,英雄无用武之地,照样窝了你的经天纬地之才。所以他常说,是因为伯乐,千里马才成其为千里马。"

钟道新又说:"物弃物用,其实全在人的一念之间。只能说你碰得人对。你碰上了'四人帮',就是一冤假错案;你碰上胡耀邦,就给你平反昭雪了。韩非子讲过一个和氏璧的故事。同一块玉,怎么一会儿是一钱不值的石头,一会儿成价值连城的宝贝?那深山老林里埋藏的金子多了去了。"

钟道新还说:"古人有诗云,'生平不识藏人善,逢人到处说项斯'。识宝不识宝,这里面不仅是个鉴赏水平的问题,更有一层复杂的人性因素在里面。"说着钟道新含蓄地笑了。

钟道新的这番感叹,可说是从一个侧面说出了一个作家对李国涛的评价。

7. 汪曾祺请李国涛写序

作为文学后进或晚辈,心念李国涛提携举荐之恩,请李国涛为其新书写序作评,倒也不足为怪。然而,可称之为一代小说宗师的汪曾祺请李国涛为自己的小说集《矮纸集》作序,却是令人颇费猜度。

汪曾祺在《文友》杂志1994年第8期上发表一篇题为《〈职业〉自赏》的文章,其中说了这样一段话:

>有不少人问我:"你自己最满意的小说是哪几篇?"这倒很难回答。我只能老实说:大部分都很满意。"哪一篇最满意?"一般都以为《受戒》、《大淖记事》是我的"代表作",似乎已有定评,但我的回答出乎一些人的意外:《职业》。
>
>山西的评论家兼小说家李国涛,说我最好的小说是《职业》。

高山流水觅知音,汪曾祺寻找到了李国涛这一知音。

汪曾祺在《矮纸集》的题记中说:

>陆放翁诗云:"矮纸斜行闲作草,晴窗细乳戏分茶。"我很喜欢这两句诗,因名此集为《矮纸集》。"闲作草"、"戏分茶",是一种闲适的生活。有一位作家把我的作品归于"闲适类",我不能辞其咎。但我并不总是很闲适,有时候甚至是愤慨的,如《天鹅之死》。

李国涛马上在为汪曾祺《矮纸集》所写的序中有共鸣回应:

>集名甚妙,反映出汪先生写作时一贯心态。不过,读到陆游诗句,我却以为还有一联似乎更能同集子的编法相应,即"此身合是诗人未?细雨骑驴入剑门。"如名为《此身集》倒也不错。不过陆放翁吟此诗时的得意,汪先生也许不愿取吧。

这是一篇一万多字的长文。李国涛说:小说就是回忆。是经过"一个较长时间的沉积过程"的心灵酝酿。"指陈年老酒的意思"。文中,李国涛先生除了对汪曾祺的人生经历进行了领悟感受外,还对汪曾祺小说文体的描述兼而论及。然而最终,由于出版方面的原因,这套《跨世纪文丛》用了谢冕的总序。汪曾祺又把李国涛的文章以"跋"的形式收于集后。伯牙摔琴谢知音。

此例是否又从另一方面印证了钟道新那句话:李国涛的眼睛真"毒"!

8. 马烽与李国涛的情义

马烽在临终前不久,曾给诗人马作楫一信。信中有这样的字句:"……说起来,人的一生相交无数,可真正能倾心交谈的又有几人?有些话我也只有同你和李国涛说说。"

李国涛多次提起和引用桓温之言:"卿喜传人语,不得复语卿。"李国涛的嘴一向很严,从不传播"小道消息"和背后议论人。

由此可见,马烽是将李国涛引为知己的。

李国涛的评论向来知人擅论,好处说好,坏处说坏,不藏锋芒。他对马烽小说的评论已经尽见文字,我不再赘述。我说说李国涛对马烽画的评价。

李国涛说:"马烽是当代重要的小说家。他的小说我都读过。我研究过马烽的小说。这些年他写得少了,倒喜欢起挥毫笔墨,作起字画来了。他的字我不敢恭维,以为太拘谨,或者说是呆板,钢笔字毛笔字都如此。马烽说,他初到延安,在没开始小说创作以前,他学的是美术专业,天天在街上写标语,做宣传鼓动。我想,也许是写标语把字写成'美术字'的样子了吧。但他的画却有点意思。我是在1997年前后才注意到这一点。马烽写小说讲究写实,画画也讲究写实,在写实中富有寓意。有一年,马烽画了一幅新画,画面是两盆大大的仙人球。仙人球上生出几株长箭,上面开着白色大花。题字最妙,写了'刺儿头上起白云'。经历了'文化大革命'的马烽,痛恨死了那种'头上长角,身上有刺'的造反派人物,画此画儿大概有所寄寓吧。马烽还画过一幅郑板桥式的《竹》,上面题字:'节节高宁折不弯腰'。这大概不妨看成是马烽的人生座右铭。马烽家的房前有一个小院,院里种了不少豆角、黄瓜、西红柿之类,还种了丝瓜。马烽似乎对丝瓜情有独钟,画过好几幅丝瓜。马烽说,丝瓜好啊,瓜嫩的时候,可以炒菜上席,等到长老了,又能给人搓背擦身。丝瓜从小到老对人都有用。马烽还在他的画上题字:'嫩瓜能佐餐,老瓤可洁身。'在马烽的晚年,我常去他家看望。都住在一个院里,早晚见面,想同他闲坐闲聊,山西人叫做'谝高兴'。那几年,马烽画了不少画,不时有新作替代旧作。马烽每有新作,我总要品头论足一番。我记得我评论马烽小说的时候,没有评他的画那么兴高采烈,原因很简单,因为我对画是外行,他作画是业余。而且是口头评论,没有文责,只有高兴。马烽谝起来兴头不比我小,他说话又幽默风趣,令对谈者笑口常开。他不是相声演员,不能甩出'包袱'而自己不笑,他也同我一样哈哈大笑。他说话多了,尤其一大笑,还有点气喘。但他高兴,真是'谝高兴'越谝越高兴。"

李国涛还专门为此写过一篇文章:《画里画外马烽》。这大概正是两位老人"心有灵犀一点通"的共鸣之处。

9. 从评论家到小说家

汪曾祺在提到李国涛时,冠名"评论家兼小说家"。李国涛的小说,得到了小说名家的认可。

李国涛这样说到:"自己是怎么写起小说来的":

> 我写作的阶段性很强。正如人们嘲笑没有恒心的笨伯,说他们像黑熊掰棒子,掰一个丢一个,永无积累。
>
> 1989年以后,我停止了研究和评论的写作。可是,不提起笔写点什么,心里觉得空荡荡的。写什么呢?我想到写小说。
>
> 平心静气一想,其实自己不是一个写小说的材料,阴差阳错,因为当了多年的编辑,接触了许多作家,看过许多原稿之后,也便附庸风雅,胡乱涂抹起了小说。打个比方说,就像一个药罐,里面煎熬过各种草药,从天冬、地黄、甘草、贝母,到人参、牛黄、犀角、灵芝,免不了沾上诸种药味。现在药罐经年不使,药味散去,又加清水煮上三过,还有什么呢?空空一个砂罐而已,用以煮粥烧肉都无不可。这才是药罐的真面目吧?

这倒颇有《文心雕龙》所言:"观千剑而后识器,操千曲而后晓声"的意味。

李国涛不愿借用自己原本评论家的名声,起笔名"高岸",以自然投稿的方式,把写成的小说投向各种文学刊物。谁曾想,竟然一举中的并且百发百中。从1989年到1993年四年中,竟写下长中短篇小说八十多万字。这真让有些一世为文的小说家汗颜。

山西文坛乃至中国文坛都发出惊呼,需要研究"李国涛现象"!

当我与李国涛谈起他的小说时,李国涛嘿嘿一笑:"那就是一种'玩'的心态。一种消遣。写来试试。"

10. 无情的文学史名单尚可添几人

从 2005 年起,我开始撰写山西作家人物系列。在与山西诸多成名作家的言谈话语中,大家总会不约而同地说,你应该写写李国涛。

我采访李国涛先生,说要写写他。李国涛先生一笑:我有什么好写!

李国涛在悼念一位文友时写下:"一个人,至于在文学史上,能否被提到一句两句,三行两行,那就由不得自己,也不必去念叨。杜甫说:'千秋万岁名,寂寞身后事。'后事,谁人料到?"

李国涛还写过《无情的文学史》、《名单尚可添几人》两文。其中有这样的文字:

近十几年来,首先是有人提出了重写文学史,继而提出重写学术史。本来,鲁郭茅,巴老曹,排定几十年,读者不易接受新的"史实"。另一方面,每一位有成就的或自认为有成就的作家,也都不能不关心自己可否在现代文学史上占个位置,是一章一节,还是三行五行,或只把名字一提。这种关心是值得尊重的。但要实现,也大非易事。这可不像开个作品讨论会再发一篇报道那么方便。游国恩编《中国文学史》提到八十位左右;中国社科院编的,提到七十多家;《辞海·文

2008 年作者与李国涛在赵树理故居

学分册》提到一百零三家。大体说来，都是一百人上下。所谓"清代"，从顺治元年（1644年）到鸦片战争前一年（1839年），共一百九十五年，取整数说，就是二百年。二百年，一百位作家，诗人词人小说家散文家都有了。争一个小位位也难呢。哪一位屁股大的一蹭，不就把你从座位上蹭下来了？文学史再无情不过，勃然大怒或赔笑脸，它都不睬。您熟悉的评论家和史家，到时候也都不再有权威为您说话。

但凡为人一世，在这个世界上走了一遭，人生苦短，大概都会存有"赢得生前身后名"的心理潜意识吧？

11. 为李国涛"正名"

在《山西文学》1982年第二期上，李国涛写下这样的编稿手记：

　　编了徐学波的这篇《大名》，我很兴奋，止不住要写下几句。常看本刊的读者也许记得，去年十一月上有一篇《勇气》，就是这位作者写的。当时，编入《新苗与园丁》栏里。现在的这篇，当然仍应算是"新苗"，但是，却是一株眼看着往上蹭的新苗。

　　我很欣赏这位作者向生活深处的努力开掘。难得他在极平凡的生活中看到不平凡的方面，在细微的小节中看到劳动者的崇高和自尊……

　　鲁迅说："选材要严，开掘要深"。向生活的深处开掘，首先要选到值得开掘的材料。这篇小说选材就不随便，很"严"的。不是什么重大事件，然而绝非琐屑扯淡的无聊事。写得也颇得章法，开头几句闲闲道来，从容有趣。以后写到队长和科长的大名和小名，你以为是顺笔举例吗？不是，是很有用的伏笔，在结尾时才显出作用。写袁师傅是重点。先写"聋子"的小名广泛使用，以致使他的大名无人知道，他自己也不知道自己是"袁师傅"。这是很好的铺垫。于是，结尾的一场"正名"之争，就显得很有声势，使读者受到震动，看到一个普通劳动者的崇高的灵魂。

字里行间，可以看出李国涛在发现一个新作者苗子时的兴奋。李国涛不止一次地说过:"作为一个编辑,当发现一个有潜质的新作者时,往往比阿里巴巴发现了四十大盗的宝藏还要激动和兴奋。"

徐学波最终没有成为一个小说家,后来,徐学波弃文从商,没有在文学的道路上走下来。也许他辜负了李国涛先生当年发现他时的兴奋和期盼。二十多年后,有一天,徐学波提出要请李国涛先生吃"谢师饭",说要偿还二十多年来一直藏于内心深处的心愿。徐学波说:"我从李国涛先生身上学到的不仅仅是如何为文,更主要的是学到怎样做人。"

也许连李国涛先生自己也没想到:二十多年前他评论别人小说《正名》的一篇文章,二十年后空谷回音,最终成为状写自己。我们应该为李国涛先生在山西文坛的默默耕耘而"正名"。

(首发《人物》2009年第1期)

「命在右，运在左」
——田东照官场文坛双轨迹

命在右，运在左
——田东照官场文坛双轨迹

1. 从姓名引出的命运话题

1993年底，我和田东照都搬进了新竣工的宿舍楼。他住三楼，我住二楼，楼上楼下，远亲不如近邻。

田东照仿用革命样板戏《红灯记》上的一句台词，笑着说："隔着楼板我们是两家，打通楼板我们就成了一家。现在不是时兴楼中楼复式建筑吗？"

陈为人与田东照在书房合影

我对田东照话中的友情表白心领神会，也投桃报李地说："陈、田两姓，两千年前原本就是一家。"

我言而有据引经据典：春秋中期，陈国发生一场争夺王位的斗争，宫廷之乱的结果，陈厉王的儿子陈完，为避难逃到姜姓齐国。古籍《正义》中说："陈完奔齐，不欲称故国原姓，故改陈完为田姓。"所以汉代以前，陈、田被看做一个姓。在汉代以前的古籍中，如《史记》、《左传》、《说苑》、《大戴礼》、《贾子新书》等书中,陈、田二姓互相通用的例子不胜枚举。

我还说:"闽南方言作为中华汉语的语言活化石,至今仍保留下不少上古读音。在闽南话中,陈、田的读音完全相同。"

作为有关姓氏的"二踢脚"回响,半年后,田东照推荐我一本书:《姓名学新编》。

《姓名学新编》一书的内容提要中,有这样的文字介绍:

  姓名学是古代测字术的一个分支,经过后人补充整理,逐渐形成了一个独立的体系。五格剖象法为日人首创,渐流行于日本、东南亚,后传入我国。

田东照问我:"你喜欢不喜欢看杂书?这本书是讲一个人的姓名和他命运的关系。"

田东照说:"命运可以拆成'命'和'运'两部分来说。古人说:'先天谓之命,后天谓之运。'人的出生时辰,也就是生辰八字,是与生俱来的,任何人终身无法改变,这就是先天之命。人的姓名,则能够进行选择,也就是命运中可以改变的部分,这就是后天之运。当一个人呱呱坠地的那一刻,他的星座、命盘、血型、四柱八字就铁板上钉钉,无可更改地被确定了。一个人无法选择自己出生的生辰八字,就像没法选择自己的爹娘老子,这就叫先天不足。先天不足后天无法弥补,只能认命。而姓名,后天之运,却可以弥补。姓父姓或姓母姓,现代人排除了男尊女卑的观念,可任意选择,香港还时兴把父母的姓合成双姓。姓名没起好,可以换一个吉利的。后天弥补先天不足……"

我有些不以为然:"姓名其实就是一个符号,叫张三叫李四,与人的命运风马牛不相及。叫'富贵'的可能一辈子贫穷;叫'万寿'的也保不住早早夭折。名不符实的现象比比皆是。"我生就了与人抬杠唱反调的个性。

田东照笑了,说:"一个人名字的好坏,并不在于它的词义。如果我们望文生义,只从字面上去理解,很容易顾名思义地认为,一个人的名字和人生命运,并没有什么必然关系。谁都会根据自己的意识观念、审美情趣,取一个字义很好的名字。可事实上,姓名的好坏,根本不在它的词义,而在于姓与名之间构成的数理关系。这本书里介绍的'五格剖象法'就是讲人姓名中的数理关系。"

田东照又说:"我们的上古传说中,仓颉造出字来,一时间风雨动,鬼神泣。这是非比寻常的创举。中国独特的象形文字,本来就是受自然界万物的启示。一个字是一幅图画,现在有古文字的研究专家,甚至提出一个姓氏对应着一幅图腾。它不仅仅是一个符号,它里面颇有符咒的意味。其中蕴涵着生命的灵气,传达着天地的玄机。中国的方块文字是根据一定顺序的笔画组成,古人有'天数'、'命数'的说法,还说'数之所定'、'天数难逃'。可见,数就是命运,人的姓名中蕴藏着代表各种命运的数理关系。"

田东照话语中多次提到的"数理关系",是我前所未闻的。

2. "聚长"演变为"东照"的心理潜意识

田东照曾告诉我,他们家乡穷,请不起私塾先生,他直到十一岁才上小学一年级。直到上小学时,他才为自己起名"田东照"。

我有些纳闷:"那你从出生到上学,有十一年之久,在这么长的时间段里,人们又怎么称呼你呢?"

田东照笑笑:"就叫小名。"

田东照说:"我们家五女一男,就我一个'带把儿'的。母亲在我之前,生一个是女的,生一个是女的,又生一个还是女的,一连生了四个姐姐。好容易在我之前换了品种,生了个哥哥,可是没活多久,就夭折了。"

我问田东照:"是不是给你起个'拴住'之类的小名?"

田东照说:"那倒不是。我记忆中是叫个'猴疙橛',我至今不知道那两个字咋写。反正是亲的不行,随嘴就叫,咋亲咋叫。"

我问:"一直叫到你十一岁进学堂?"

田东照:"大约在我两岁上,我爷爷去世了。在村里张贴爷爷的讣告,我作为传宗接代的孙子,在讣告上当然要有一个正式的名号。于是,我们家族几个有文化的人,凑到一起,真正是集思广益,集中了众人的文化和智慧,给我起了个名字,叫'聚长'。"

这有些出乎我的预料。族人郑重其事所起的名字,含义不是挺好吗?

田东照说:"是挺好。聚长:聚比散好,长比短好。"

"那为什么还要改名字呢?"我有些不解:"是考虑到姓名中的数理关系?"

田东照摇着头说:"那时候哪知道个这。好像也没什么特别意思……现在也说不上来了……我的几个本家兄弟,名字都在'东'字上:东升,东海……东升,啥升起?当然是太阳升起。农耕社会,太阳与农家的关系最密不可分。万物生长靠太阳么。和我一块上学的本家哥哥,比我大一岁,他叫'东亮'。我就说也起个'东'啥的?你叫'东亮',你亮我就照吧,亮是起因,亮是为了照,照是结果,我就来个最后结果……"

也许这是民族潜意识中的"红色记忆"?田东照1938年出生在晋西北兴县的一个小山村——西磁窑沟村。早在抗日战争时期,兴县已经是晋绥边区的首府。贺龙元帅的一二○师司令部就驻扎在此地。我还参观过这里毛泽东当年东渡黄河时的"故居"。东方红,太阳升。太阳升起红彤彤。这里曾是红太阳升起的地方。田东照就是诞生在这块红色土地上。那年头,红色根据地颇时兴改名字之风,"山药蛋派"的主要人物马烽、西戎、孙谦、胡正、李束为等人的名字,都是来这里以后改的。田东照十一岁上小学改名字时,正是1949年新中国诞辰之日。在我们的身边,又有多少"东生"、"东魁"、"东刚"、"东强"、"向东"、"卫东"此类名字,在山西省作家协会这么一隅之地,另一个作家王东满,名字中也有一个"东"字。王东满也是出生成长在晋察冀革命老根据地。我想这绝非用一个"巧合"或"雷同"可以解释。其中显然有着被弗洛姆称之为"社会集体潜意识"的蕴涵。潜意识是一种深层的意识。它会潜移默化抑或不以人的显意识为转移地影响和支配人的行为。

那天,田东照沉吟很长一阵又说:"田东照这个姓名的数理关系并不好,现在明白过来,已经悔之晚矣。"

那天,我翻查了田东照的"五格",田东照的总格是二十六划,注释一栏的标志性符号是一个"黑三角"。田东照说:"白三角是中等命运;圆圈是吉运;黑三角则是凶兆。"

田东照总格的文字诠释:

(变怪)变怪奇异的豪侠数。

含义:属波漾重叠,数奇变怪的英雄运格。有义气侠情,然而变动常多,风波不息此数中人。临万难,而奏大功者有之;力不足,遇风浪随波逐流者亦有之。

田东照当年五十六岁,虽还不能说盖棺论定,但已经走过的人生,据我所知,可说是顺风顺水四平八稳波澜不惊一帆风顺。也许说田东照"有义气侠情"

还有依据,但无论如何也不能说田东照的命运是"变怪奇异"之数!

田东照并不认同,他摇着头说:"《易经》的深奥之处,就是它内里充满了矛盾的辩证。比如说,水能生木,水是木的生命之源。但是有个尺度。咱们养花,不浇水是旱死了,浇多了,就把根也沤烂了。我研究过一段八字、八卦,就是讲辩证。按照算命,我这个命是比较硬的,八字里面,我的日干,就是日柱上的天干,我的日干是癸水,一般地说,滋润得多,那好么,旺盛么。但是太旺盛就不行了。我一生当中,不是说遇见水扶助就好,因水太旺,反而是遇上克制水的,耗损水的,就比较好。我前半生比较顺利,是因为我的大运运行到木地,东方木。水是生木的,你用水去生木的话,总要耗损一些自身的力量,这样就把水太旺盛的势头扼制住了。同水库要决口,就得从其他地方分流了是一个理。"

田东照还说:"'日中有昃,月圆则缺',太阳升过中午,就开始走下坡路了。月圆满了,就开始残缺了。八卦中六爻卦,从一爻开始,慢慢向上发展,我们认为六爻最好,其实不然。五爻是最好,是最旺盛的。我们说帝王是九五之尊,第五爻叫九五,九五之尊就是从这儿来的。第一爻叫初爻,二爻叫六二,三爻叫九三,四爻叫六四,五爻叫九五,九五之尊,六爻卦中的第五爻是最好的位置。到了六爻就坏了,物极必反。乾卦也是这样,从潜龙在渊一直发展到飞龙在天,这是最佳状态,再向前发展,真理向前迈进一步就成为谬误,变成了亢龙有悔。"

我印象很深,当时,田东照感慨地长长叹息一声又说:"顺还是不顺,是看指你人生的哪一方面。你心中,啥最重?你心中并不是很看重的东西挺顺,而你最看重的东西,为此不惜在其他方面做出牺牲的东西,却磕磕碰碰,充满了变怪奇异,你能说你的命顺吗?"

3. 有心栽花花不开,无意插柳柳成荫

田东照在与我谈到他的人生经历时,多次使用了"有心栽花花不开,无意插柳柳成荫"的诗句。

这大概是田东照对自己文坛和官场两条道路的总结。

田东照说:"现在的人们吧,总会有个人生奋斗目标:副处、正处、副厅、正厅,我怎么一步一个台阶地往上跨。我没有,从来也没有想过,可命运就一步步

安排你走过来了。完全是听命运摆布呢。当官和搞创作有矛盾,而且矛盾很大,所以我把职务看得很淡。有好几次提拔的机会,不是说因为其他原因,都是我自己不要。我写《长虹》的那个时候,县委书记陈明光就对我说,你这本书写完之后回来,另有重任。你写出了两本书,那在县里、地区都不得了。我就是不想回去。为了深入生活,我都从省城回来了,我再回到你县里去?后来,陈书记调走以后又来了个白书记,他说,你搞创作要有个摊摊,我就趁机成立了'兴县创作组',自任组长。咱们兴县历史上也没有出过这么个人,就给了我个文化局长。这在别人可是求之不得的

田东照 1970 年代著作《长虹》首发即二十万册

好事,我却推了好几次,你任命了,根据本人的要求,也可以重新研究重新变嘛。不行,县委书记说,给你配备上一个硬硬巴巴的副手。副局长我们处得很不错。我说,你放手大胆地去干,有了成绩是你的,如果出了什么差错,要检查,要承担什么责任,由我去,因为我是一把手么。副局长积极性很高。县里文化局长权力不小,管的是剧团、文化馆、书店,还有电影队。……当上兴县文化局长,地区文联开了文代会,我被选成文联副主席,地区又几次调我去,我不去。县文化局长是正科,地区文联副主席就是副处,而且很明显,调我回去就是接班呢,文联主席就和县长一样了。调我去,副处正处,我不去,我最在乎的是,兴县创作组长,还不是文化局长。创作组长什么级别?没级别,连个股级也不够。我愿意干。地区领导找我谈了几次,这是器重你呢。后来,地区文联的主席王逸风老先生,挂着拐杖,三下兴县三顾茅庐,他也是选接班人呢!第三次,正月十五,还下着鹅毛大雪,路也滑,山道也不好走,他来了。这真把我给感动了。不是地位把我打动了,是王逸风老先生把我给打动了。这才到地区工作了六年。……再后来就是省里第三次作代会上,把我选成副主席,后来宣传部又任命了常务。副主席你挂个名就行了,这一任命常务,就得回来了。我是一直不动,我说你把这个常务给我取消了。后来是张维庆亲笔给我写了一封信,是用毛笔写的。劝了我一通,约我

到太原来谈话。我谈话时主要是强调两点：一是我要离生活近一些,才从太原跑回去。现在再跑回来绕这么大一圈是图啥？二是我借口身体不好。张维庆的原话是：我总还当过几年副省长,山西的名医我都熟悉,我给你找大夫。怎么说,太原的条件总比你离石好吧？我说,部长,你把话都说到这个份上,我就什么也不能说了。你这么抬举我,我再强调困难就是不识抬举了。……再后来,省作协换届,我刚到六十,还在副主席的任职年龄之内,我要干,还能干一届,可我不干了,主动要求退下来。因为这,侯伍杰还在主席团会上表扬我,老田同志高风亮节,腾出一个职数来。因为这,给了我个正厅级调研员,又升了一格。我知道还有个正厅级调研员？根本不知道。都是瞎猫碰见死耗子,撞上的……"

田东照感叹地说："我这人生的走向,完全不是以我的意志为转移。都是冥冥之中有股力量推着你,你是身不由己。在一般人看来,你绕了一圈,城市也大了,职务也高了,这不是挺好么？可这不是我的想法,我不在乎这个。而我心里真正在乎的,却又总是不那么遂心如意。"

当然,对于田东照,山西作协大院也有另一种说法：这是逮了便宜卖乖。

在中国这种"官本位"的体制下,随着官位而来的是一连串切身利益。几人能对此漠然无视潇洒超脱？中国几千年的历史,演绎着"得意文人转为官人；失意官人回归文人"这样一条规律。写文章成为许多人改变自己生存环境的"敲门砖"。中国的文人一向矫情,一向对"政治目标"讳莫如深。明明对一官半职是朝思暮想梦寐以求,却做出俨然一副"人生在世不称意,明朝散发弄扁舟"；"不知腐鼠成滋味,猜意鹓鸰竟未休"；"安能摧眉折腰事权贵,使我不得开心颜"的姿态。人们听多了言不由衷,顾此而言他的两面派行为,传统的文化模式沉淀泛化为人们揣摩判断心理的依据。

田东照显然也多少风闻过类似说法,他在与我的交谈中曾这样解释自己的心理活动："我如果是个行政干

田东照 1984 年在吕梁地区文联

部,那我肯定在乎一官半职,它和一个人的切身利益挂着钩,怎么能不在乎。可我是个搞创作的,我觉得成了名成了家的话,比当那个官好。尤其是在五六十年代和七八十年代,那作家头上是带着光环的。你一个省长、省委书记,出了你这个省,还有几个人知道?可赵树理、马烽,天下谁人不识君?我愿意这么干。我兴趣在这方面。对当官我没有兴趣……在外人看来,你们作家协会的领导,又不坐班。他不干这个事,对这就不理解。咱们客观地说,也不是你在作家协会担任个职务,时间就占得满满的,一点也不能写东西。不是,不坐班,时间也有。关键是分心了,把心态破坏了,不能潜心创作了。有段时间我也写点东西,晚上九点以后,才是自己的时间。九点以前,说不定谁打个电话来了,又有什么事了。有职务牵着,你又不能躲到乡下去写作,躲也躲不开。九点以后比较安全了,也写不成个甚了。(田东照为此还专门写了篇文章:《九点钟以后》,描绘了这种矛盾心态。)在其位,你总得谋其政,不能占住茅坑不拉屎吧?人的头脑又不是电脑,说关就储存了起来,一打开,马上就能继续。人的头脑不行呀,有时候打开了是一片空白,或者是一个黑屏。分心得很。甘蔗吃不出两头甜,鱼与熊掌不可兼得。"

田东照还对我说:"现在一个领导干部退下来,你看那个难受劲。我没有,我高兴得很。刚办退那两天,吕梁文联主席成毓真来太原办事,两人在畅谈中,我就即兴编了一副对联:天天星期日;日日礼拜天。横批:优哉游哉。我终于解脱出来了。有了时间写作了,这是发自内心的。"

4. 若为创作故,二者皆可抛

田东照向我讲了他在毕业分配中有悖常情常理的举动。

田东照说:"毕业分配的时候,谁不想留城市?唯有一个想回农村的就是我。而偏偏学校就是相中要留我。我写了申请,要求回原籍,同学们都劝我,你可不敢犯傻。人家要求留城市还怕不行呢,你还写申请要求回去?农家子弟上大学跳龙门,图了个甚?不就是为了改变身份改变处境,留在城市。我说不,我坚决要回,梁园虽好,故土难离。我搞创作不能离开我的生活基地。那时候还没有留校指标,校长说,先留下再说。我们七月份毕业,我就留下上班了,编校刊。这才给文教委打报告,实际上是先斩后奏。留下待了五年,这就到了1970年了,那时候军宣队已经进校了。我瞅着这是一个空空,我找到军宣队长,我说我要求回兴县。他说你为什么要回?那时候不能说要搞创作,我只能说我家在农村,老婆孩子都在农村。他说,你说老婆是干啥的,我给你负责调回来,这么大个学校,还给她找不下个干的?那时候正在讨论如何教育改革,大学师资力量一个不能动。还是托山大艺术系的人帮着说了话,最后,王部长总算批了:'该同志坚决要求下基层回农村,大方向正确。'……我在山大的老乡、同学,有七八个人用了整整一个晚上围攻我。千万不能走这一步,你走了这一步,你一辈子会后悔。从县里到太原多难呢?你回去了,还能再来了?这是大学的师资呀,多少人梦寐以求的位置。都是好心,我这做的有悖常理。我有个解不开的情节就是创作。那时候可能理解的也有些狭隘,哪里没有生活?大学生活不是生活?城市生活不是生活?可我写的是农村题材,我不能脱离农村。他们那样苦口婆心地劝了一个晚上,我也不为所动,九牛二虎拉不转。我说,哪怕是我拄着拐棍乞讨着来看你们,我也不后悔。搞创作是我自己的选择。"

田东照还向我讲了他婚姻爱情上有悖常情常理的地方。

田东照说:"再一个就是婚姻问题,在别人看来我也是有悖常理。上大学,在大学里找对象,那是普遍的事情。本班或者本系,找上个同学。我却咋也不愿意在学校找。有一个女同学看中了我,啊呀,那真够顽强了。那时候,一个大学生,能在省级刊物、全国刊物上发表作品,大家很崇拜呀。那个同学作文写得好,文笔很好,她在班里是第一流的,肯定有共同语言。那时候,朋友买了两张电影票,给了我一张,也给了她一张,我不愿意去,硬是拉上我去的,成人之美么。但是我热情不大,一直是若即若离。不要说现在的人不可理解,那时候的许多朋友也是不理解。包括那个女同学,也不会理解。我在物理系、中文系的老乡骂我:你真叫不识好歹,你眼睛长到后脑勺上去了。大学同班同学,相互了解,一毕业,分配到一起,组成个家庭,多好?你回兴县找上个高中生,连工作也没有……你要这么写出来,给谁也不会相信。老田是脑子有毛病了?……不是我看不中她。我没有答应

1964年田东照在山西大学

她，并不是人家不好，条件不够，就比我现在的老婆差。不是，就是个理念问题。我是认定了创作，自古华山一条路，想一头扎到生活里去。再一个顾虑是，也可能人家比你发展得还好。知识分子不好驾驭，以后涉及到和老人的关系呀，成立家庭后的自我牺牲精神呀，我不能不有许多考虑。我既然立志要回农村搞创作，就地地道道地找一个本地的。她的亲戚社会关系，我的亲戚社会关系，整个构成一个盘

田东照夫妇在太原

根错节的生活网，这对我的创作有好处……在中国现有的条件之下，所谓的夫妻'比翼双飞'、'并驾齐驱'，几乎是不可能的，只能是两个人成全一个人。所以我干脆回农村找上个姑娘，她能扶助我就行了。这说起来当然有些自私，我就没考虑我成全人家去？我把自己的创作看得太重，一切都是围绕着这个中心这个基本点来。后来我这个家庭，就是妻子成全我，服务于我。一直服务到现在。有好处也有不好处，好处就是我从来不要考虑吃饭穿衣做家务，全部精力都投到了创作上。不好处是什么都不会干，成了十足的懒汉一个。"

我笑了，说："在操理生活上，也许可以说你是个甩手掌柜；可要说在写作上，你可勤奋得很。"

田东照："是啊是啊，一点都不懒。"

当年，田东照长篇小说《长虹》的责编罗继长与我谈到过田东照创作时的两个细节。

其一：罗继长说田东照是一个农民作者，家境穷困，在写作《长虹》时，一家四口，老婆和两个女儿都是农村户口，只有田东照一个人吃城镇供应。一个月二十八斤的口粮中，仅有四斤白面，其余都是玉茭面、高粱面。即便粗粮杂粮也是饥不果腹。田东照的创作是每天"日落而作"，从吃过晚饭开始，通宵达旦一直写到天明。半夜饿了，就是拿几个山药蛋扔在炉膛下，靠炉灰的余热把它们焖熟，拍打拍打，狼吞虎咽地吃下去，权当一餐"宵夜"。

另一个细节是说田东照七十多万字的写作，都是坐在一个硬板凳上完成。久而久之，屁股一挨凳子，就如同犯了痔疮般疼痛。于是只能换个姿势，干脆蹲在椅子上继续写。罗继长说，早在60年代初，人们就广为流传："山药蛋派"的重要作家孙谦，放着椅子不是坐，而是像个老农民，习惯于蹲在墙脚边或炕沿上，"圪蹴"在椅子上。

后来，田东照也给我讲述过他当年写《长虹》时的艰苦：每天在家里吃完晚饭，就到"县革委"二层小楼的办公室开始写。完全沉浸在创作的冲动中，失去了时间概念。直到楼下的老汉开始捅火烧茶炉了，才知道天快亮了。几个月写下来，写得脸都变了颜色。

田东照为了心中的这个"创作情结"，真正是把爱情和城市户籍都眼睛眨也不眨地全部舍弃了。

5. 一个五彩缤纷的梦：谁持彩练当空舞

回顾田东照的创作历程，到目前为止，大致可以分为三个阶段：第一个阶段，以长篇小说《长虹》和《龙山游击队》（与罗贤保合著）为代表；第二阶段，创作了"河魂系列"，以中篇《黄河在这里转了个弯》、《农家》，短篇《心绪》、《卖饼》、《二妗》、《外公》为代表；第三阶段，创作了"官场系列"八部中篇，以《跑官》、《买官》、《D城无雪》、《还乡，还乡》为代表。

田东照这样为我介绍了《长虹》出版后的一些情况：

"书出来以后，马上引起轰动。据老罗说，河北还是河南出版社的人来了，他们看了书，说你们这本书一定能打响。山西人民出版社也信心十足，第一版就印了二十万。我记得当年是和毛选五卷一起发行到县里。好家伙，一阵风抢。后来好多人找我要，我再到出版社去拿，已经没有了。说等再次印刷吧。我听说，光大寨就提出来，我们要多少多少。那时到大寨参观的人很多，每年有上千万人次。大寨人认为：把《长虹》介绍给前来参观的人，是高品位的宣传资料。

"我想趁热打铁，把《长虹》改编成电影剧本。用了十天时间，就改编出来了。也就那么巧，改出来了，出版社说，上影来人了，他们想把《长虹》拍成电影，人已经住在迎泽宾馆。我去见了，一个是夏田，就是上影那个著名老演员。还有一个文学编辑,名字我忘了。他们说他们有这个想法。我说我本子也改编出来了。他们看了说好好好,我们带回去,再审阅,然后给你们回话。回去后看了满意,两个人又来太原。据说当时山西在上影的本子还有几部,他们来后在太原开了个电影剧本创作会。那时我已经回了兴县了,我没有来,让罗贤保去开会。在这个会上,我们这是第一个本子。开了会以后,基本上准备开机拍了。可是,回去以后,望眼欲穿,迟迟等不上回音,后来我就写信,因为那时不兴打电话。那个文学编辑回信说,

田东照1984年在吕梁地区文联

原话我记不清了,大致是这么个意思:本来准备上,可是后来又停住了,里面有个问题。这句话我记得很清楚:'田东照同志,这个问题你也考虑考虑,据你认为,农业学大寨下一步会怎么发展?'你说这问题提得好笑不好笑?我回信说:'你提的这个问题,田东照同志回答不了。你得去问邓小平同志。'上海人家对形势敏感得很,也可能人家从上层得到什么消息。后来不就停了?尽管我里面没有涉及走资派,没有批邓,但你毕竟是那个环境下写的,写农村题材,离不开农业学大寨。以后再一批判农业学大寨,小说也就不行了。"

田东照还给我说到《长虹》以后,《龙山游击队》一书的命运。《龙山游击队》是田东照和罗贤保两人合著的一部长篇小说。

田东照说:"《长虹》出版以后,形势一变,电影下马。接住批判农业学大寨已经露头了。《长虹》看来不行了,我和罗贤保商量,咱们写个抗日战争题材的,也是个补救哇。现实变化太快,谁会想到,毛主席提出的工业学大庆,农业学大寨,说变就变了。学大寨不学了,甚至是错误的。但是抗日战争打小日本,这个总是正确的东西吧?不管谁上了台,也不能否定吧?我对罗贤保说,咱们大干快上,三个月就把三十万字拿下来了。这够快的了吧?又不行了,倒谁也没说错,至少是不吃香了。那时的形势是中日友好,不计前嫌。抗日战争题材的作品也不吃香了。时髦的是'伤痕文学'。魏巍的《东方》,是写抗日战争的,中央人民广播电台

正在连播,也突然停播了。一看这架势,我对罗贤保说,咱们这个题材又没抓准。"

田东照说:"两部长篇,《长虹》是七十万字,《龙山游击队》是近五十万字,两部加起来就是一百二十万字。一百二十万字的心血,你说容易吗?结果,两个东西就换回这么个情况。"

还有一个值得记录的细节:若干年后,田东照又创作出反映中日两国人民情深谊长的纪实性作品《一个日本人在中国的遭遇》。

田东照给我讲过他那个时期的一个梦:

"当时我做过一个梦,有三十年了吧?其他的梦,早忘了,我好像也不多做梦,可我还记得这个梦。《长虹》出版时间不长,我梦见是一个夏天,刚下过雨,就出现长虹了。挂在天边,弯弯的,五彩的,啊呀,好看得很。好像还有许多其他人一起看呢。一片赞叹。过了没一会,长虹就没有了,消逝了。当时根本没有考虑《长虹》命运如何,结果如何,就没往那方面想。就梦了这么个梦。后来我念头一转,将梦和小说联系起来。我小说叫《长虹》,这是不是梦中给我预示,就闪耀那么一下?唉!事后证明,这《长虹》也就是那么短暂地闪耀了一下,就过去了。"

6. 转折点回望"盘山路"

1986年,田东照在沉寂了将近十年之后,他第二阶段"河魂系列"的代表作《黄河在这里转了个弯》发表于《中国》第二期的首篇。

马烽在《序〈黄河在这里转了个弯〉》一文中,做了这样的介绍和评价:

《黄河在这里转了个弯》中,写了一个比较奇特的情节:黄河上的老艄公赵大,是个四十多岁的光棍汉,竟然娶了个病死的小姑娘,埋在了他家坟地里,准备将来与自己合葬,最后结果却是和这个小姑娘的寡妇妈结婚了。在偏僻的农村里,向来有冥婚的习惯。不过都是人死后,亲属们为之办理。活人娶死妻实属少见。这事乍听起来,确有点奇特,但作品写得入情入理,真实可信。因为作者不是在猎奇而是在塑造人物。赵大这个既正直又颇有本事的黄河艄公,他的正常爱情生活,在十年浩劫中受到了毁灭性的打击,之后又到处碰壁,产生了一种变态心理，于是就办了这么一件活人娶死妻的荒唐事，实际上是写了赵大以这种荒唐的行为对旧的习惯势力的反抗。作品写到赵大与死妻寡妇妈的结合，倒也顺理成章。因为这是在特定历史条件下，由各种因素所促成的。在党的十一届三中全会之后，赵大心灵上的创伤逐渐得到了愈合，抛弃了破罐子破摔的阴暗心理，党的富民政策鼓起了他追求美好生活的勇气。因而才能结出这样的果。拿时下流行的话来说，就是写出了赵大"被扭曲了的人性的复归"。

田东照的《黄河在这里转了个弯》充满了故事性和戏剧性。

"天门中断楚天开，碧水东流至此回。"黄河在这里转了个弯。田东照的创作道路也发生了"转向"。这是一个转折点，依着山势的峰回路转，我们更容易看清身后的"盘山道"。

"盘山道"从某种意味上说是"螺旋式"的象征。

关于《黄河在这里转了个弯》，我与田东照有以下一段对话：

田东照说："这以后形势整个变了。创作上也面临个'转弯'的问题。《长虹》也好，《龙山游击队》也好，还是'三突出'的那种影响，一号人物，二号人物，把人物塑造得十全十美，都是那一种。当时，国家的形势发生很大的变化，实施改革开放，我也在思索，考虑自己的文学路子咋地走下去。已经批判了'四人帮''三突出'的写作方式，怎么适应新的形势？那一段我就写得很少了。就是思想上如何适应形势，面临创作上的转弯问题。不过我的思考不是闭门思考，我还是走出去，到生活中去。当然不是说生活中的东西，你直接就可以拿到小说中来用，但你在家里关着，就没有灵感。在生活中，受某个事件触动，哗啦，就点燃你的灵感了。"

我说："好像是孙谦有一个理论，他头脑里就储备着许多'人干'，需要动笔的时候，到现实生活中去泡一泡，就滋润得血肉丰满了。'山药蛋派'好像是这么一种创作方法？"

田东照说："我好像还不完全是这样。生活在你脑袋里有点库存，说不定一辈子堆在库房里用不上。就像我们有些东西扔在地下室，十年二十年用不上，最后还是个扔。可是你在生活中，哗，一下子把库存也能调动起来。"

我说："这大概是一屋木柴和一点火星的关系。灵感像一颗火星，它既可能顷刻熄灭，也可能熊熊燃烧。能促使灵感熊熊燃烧的前提条件，是靠广泛而厚实的生活积累做燃料。但是有一屋子干柴,没有那一闪的灵感不行。翻开古今中外文学史,许多大师巨匠的传世名著,往往受生活中一个小细节的启发。所以有古诗说:'用笔不灵看燕舞,行文无序赏花开。'这大概就是揭示着创作与生活的关系。"

田东照说:"是这样。我的《黄河在这里转了个弯》,就是被生活中的一个情节所触动。有一次到柳林的时候,和村里人谈起,现在可有好小说呢,你写个哇(山西土话:你写去吧)。女的变个男的,变性。嫁时候是个女的,现在变成男的了。现在有变性手术,那时候哪有,是自然变的。具体咋变,咱也不知道,反正村里面的孩子还叫他'姑姑',因为他出嫁的时候是姑姑呀。不巧,我们去后,那人不在,人们议论说,这人可怜,永远成不了家,这就涉及到晚辈给他配'阴婚'的问题。'阴婚'就是活的时候没有成家,死了不要可怜兮兮,还是个孤魂。亲属们找上个死了的女的,埋到他坟墓里头,这就叫'阴婚'。李锐《厚土》系列里的《合坟》,写的也是个配'阴婚'的故事。'阴婚'在农村里多了。人家都知道他原来是个女的,现在又成个男的,人家谁跟他?但是死了以后,不止这个人,村里面有些人穷,一辈子没结过婚,家里也要给他配个'阴婚'。这个题材引起我的注意,这个也反映了农民很深层次的悲剧,我琢磨这人活着的时候给自己定'阴婚',比死了以后别人给他张闹'阴婚'更凄惨,更深刻。我一开始只是写了一万来字的短篇,陈步云说:写得太简单了,本身都留着茬口,写成中篇就好了。我就是根据他这个建议,写成后来这个五六万字的中篇。"

田东照给我讲了他第二阶段"河魂系列"的代表作《黄河在这里转了个弯》所遭遇的命运。(此段在《从丁玲展开的马烽人生》一文中已有叙述,不再重复)

田东照无比感慨地说:"你就说《黄河在这里转了个弯》,你只能努力到发表的这一步,再往下就由不得你自己了。"

这时,田东照用了一个词:"谋事在人,成事在天。"

田东照又谈到后来《黄河在这里转了个弯》改编拍电影的情况:

"西安电影制片厂来了,就住在吕梁地委招待所,住在那里等着我改成剧本,拿回去拍。导演叫金音。他说,老田,艺术上没问题,等着吧,准保能一炮打响。结果也没打响。我的运气不佳,导演金音运气也不行,两个运气不佳的碰到一起了,所以最终也没有打响。"

田东照还给我讲到"河魂系列"中《黄河绝唱》两篇:《河利》、《村碑》的遭遇:

我不知道田东照把这两篇小说冠名"绝唱",是否有"绝笔于获麟"之意,准备结束"河魂系列"的写作。

田东照的《黄河绝唱》,写作于他的"官场系列"《跑官》、《买官》的同时。然而,与《跑官》、《买官》的媒体热捧形成鲜明对照的是,《黄河绝唱》却冷寂得既无鲜花也没掌声。田东照说:"《黄河绝唱》是刊登在《北京文学》,出来后,《北京文学》的副主编说,这两篇小说没有选载,我们怎么也想不通。"

一个时期以来,人们似乎形成了一个思维定式:衡量和判断一个作品的价值,要看它转载的情形。田东照发生困惑,难道《黄河绝唱》真不如《跑官》、《买官》好?

7. 田东照打造的"官场系列"

1998年田东照退居二线后,开始撰写他的"官场系列"。

田东照在《说说官场事》的创作谈中这样介绍:

> 对于官场,我经历了前后两个不同的时代,自然也是两种不同的感受。在我上学的时候,比如五六十年代,官场比较淳朴清廉。我父亲是个科级干部,这在当时那个山区小县,也算得上一个官了。但没有给我留下任何特权的印象。整天背着行李要到乡村蹲点。我的上学以至参加工作,都与父亲没有一点关系。父亲在一个离家二百余里山路的边远地方任副区长,希望调近点,好照顾家,可难于开口,直到退休,也没向组织提出过,这一点给我的印象很深。

> 如今的官场风气大变,向组织讲困难提要求理直气壮。伸手要官也是常有的事。再往后,就有了跑官、买官之事,叫做"不跑不送,原地不动;既跑又送,提拔重用"。于是跑成了正常的事,不跑反倒不可理解了。我把这前后两种官场风气联系起来思考的时候,便有了创作的冲动并动起笔来。

田东照对我说:"我反正对官场的腐败是深恶痛绝,我无力改变,我写点文章发泄表达我心中的愤慨总可以吧。"

田东照"官场系列"的第一部中篇《跑官》,发表在《山西文学》。《山西文学》

的主编段崇轩说,田东照写出《跑官》,自己心里也把握不准,惶惑、迷惘、忐忑。田东照对段崇轩说:"你是搞文艺理论文艺评论的,我相信你的眼光,你帮我鉴定鉴定,这是和'河魂系列'截然不同的两条路子。"

令田东照始料不及的是:《跑官》一炮打响。

那一阵,田东照春风得意春光满面。虽然他性格含蓄为人低调,但仍难掩饰喜形于色。毕竟成功来得太突然。"众里寻它千百度","踏破铁鞋无觅处",蓦然间,却是"得来全不费工夫"。在"河魂系列"遭遇了一连串光开花不结果的跌宕起伏之后,《跑官》成为田东照的又一部转向之作。黄河在这里又转了个弯。田东照的创作之路,也又一次发生转向。田东照重新回到他轻车熟道的创作道路上。

田东照对我发表着自己的感叹:"有时候,你是'有心栽花花不开,无意插柳柳成荫。'或者叫歪打正着也行。我的'河魂系列',下了多大工夫?真可说倾尽全力、殚思竭虑、呕心沥血,从1984年,惨淡经营了十几年。每次都说打响了打响了,就像大麻炮二踢脚,有前响,没后响,不知怎么就瞎了捻。《跑官》写出来,我自己也没抱多大希望,谁能想到,却一炮打响。《跑官》发表后,一片叫好,《小说月报》、《新华文摘》、《作品与争鸣》……呼啦一下子,有十几家报刊转载了。深圳电视台还把它搬上了银幕。真应了谋事在人,成事在天。好文章往往不是自己写出来的,是别人捧出来的。福气升降不由人。"

《文化艺术报》的"人物论坛"栏目用一整版篇幅介绍了《细描官场田东照》。在"真实与虚构之间"的小标题下有这么一段话:"有人说,上世纪90年代以来,官场小说热表达出民间对权力建构正当性的一种焦虑,因此,官场文学甚至被冠以新现实主义的名头。"

任何批判运动都有其惯性,不可能人为地在哪一点停顿下来。"官场小说"的向前演进,终于顺藤摸瓜地引向了对现行体制利弊的拷问和质疑。

"首鼠两端"的矛盾心态,最终演绎为"叶公好龙"的寓言新编。

田东照在《我与官场小说》中这样写道:

> 我写官场小说始于中篇小说《跑官》,本是出于对腐败现象的愤慨而偶然为之,并非有什么计划,要写多少多少。没想到作品发表之后,先后有十三家报刊转载,读者来信来电也不少,还有改编电视、戏曲和连环画的,一时间很是热闹。于是有的朋友就再三建议,要我把官场文章继续做下去。还有的干脆把他想到的题目都开列出来:如《买官》、

《卖官》《骗官》《升官》《丢官》《赠官》等,竟有十余个之多,都是顺着《跑官》溜出来的题目。朋友们的热情大大鼓舞了我,我毅然接受了他们的建议,一鼓作气地写了下来。前四部用的全是朋友们建议的题目,从第五部《D城无雪》开始则离开"官"字另取新题,一直到写完第八部《还乡,还乡》才停下来。

"主题先行"的问题小说与民众的愤懑情绪找到了一个契合点。

史铁生在《好运设计》一文中说了这样一句话:"阴影最初是这样露头的:你能在一场如此称心、如此顺利、如此圆满的爱情和婚姻中饱尝幸福吗?"

田东照著作《跑官》

毕生从事创作并经历了数次反复的田东照是敏感的,就在《跑官》《买官》的一片赞美声中,田东照在《跑官》自序中写下这样的文字:

> 我是以一种平静的心态写《买官》的。毋庸讳言,买官卖官这种腐败现象是存在的,吏治的腐败是最大的腐败,不可等闲视之,但也用不着惊惶失措。吏治腐败,说到底还是一个政治体制的问题。人们所以对当官如此感兴趣,无非是因为中国的官是终身制,上去就下不来,别看是低薪制,却有含金量很高的种种特权,加之任用机制不完善,有不少空子可钻。人们能不趋之若鹜吗?不难想象,一旦体制变了,终身制废除了,特权取消了,任用制度严密了,透明度高了,监督机制强了,民主含量大了,一切都将迎刃而解。因此希望还在于改革。这便是我写官场系列小说的主旨,也是我并不因此而悲观失望的原因所在。

"既不等闲视之,也用不着惊惶失措";"我并不因此而悲观失望";田东照的这番话说得意味深长。《文化艺术报》在评说这段话中如是说:"这代表了一种健康积极的社会心态。由此可见,现实生活中人们对于权力建构正当性的焦虑客观存在,但并不特别悲观。小说《买官》中换届选举、民主投票的情节设计,可以看做是对权力滥用的纠偏与遏制。《跑官》中县委书记最终选择保全晚节,让人们相信这些挣扎在权力漩涡边缘的人物并未完全丧失理性。小说结尾处留下'光明的尾巴',寄托着人们对吏治的良好期待。"

"光明的尾巴"是"歌德派"与"缺德派"的试金石和分水岭。

田东照说:"马烽告诉我,他女儿梦妮读了我的《买官》很有感触,写了一篇评论文章,投给报社,可是却迟迟发不出来。"

为此,我专门求证于梦妮。梦妮说:"是有这么回事。当时正好是两会期间,还是地方的人大会政协会,报社说,考虑到政治影响,以慎重为宜。"

田东照还告诉我:"2002年,太原市电视台准备把他的《跑官》搬上屏幕,已经组织了编创人员开始运作。不料在一次专门组织的改编剧本的讨论会上,省委宣传部某位领导说:'我们的绝大部分县委书记都是响当当的嘛。不要把我们的干部说得那么坏嘛。'主管领导原则性的一句话,下面心领神会,于是,小说改编电视剧的机缘,又一次半途夭折告吹了。"

后来,田东照的在谈"保持共产党员的先进性"的学习感受时说了这样一句意味深长的话:"反面文章历来是要正面做的。"

8. "三朝不遇"的故事新编

田东照问我:"你说我的创作之路,称得上曲曲弯弯,坎坷多变了吧?老田命中没有,你就是怎么使出浑身解数,也是个赶不上趟。"

田东照讲述的创作经历,使我不由得联想到历史上那个周人三朝不遇的典故。

田东照几十年笔耕不辍,写下数百万字的作品,也称得上著作等身。然而,始终没有达到应有的预期。《长虹》是因为农业学大寨运动发生变化;《龙山游击队》是因为中日友好,不计前嫌;《黄河在这里转了个弯》是因为宗派斗争;《跑官》《买官》,又是因为主旋律和社会效果的问题。每次都是在正要叫红的紧要关口,就鬼使神差阴差阳错地与成功和辉煌失之交臂。

悲乎哀哉!

我问田东照:"你认为,你如此这般几朝不遇,总是赶不上趟,是什么原因?"

田东照苦笑着说:"这问题你不应该问老田,你应该去问老天。"田东照的一口兴县普通话,"田"和"天"不分,这就使得这句话听来变得格外怪异。

这一问答句式,使我又想起《长虹》在改编电影之际,上海电影制片厂编辑与田东照之间的问答。编辑问:"田东照同志,据你分析'农业学大寨'运动,在下一阶段将会是怎样一个发展趋势?"田东照答:"这个问题你不应该问田东照同志,而应该去问邓小平同志。"

《列子·力命》中对命运有这样一句话:"不知所以然而然,命也。今昏昏昧昧,纷纷若若,随所为,随所不为……孰能知其故,皆命也夫。"庄子在《德充符》中,对命运也概括了这样一句话:"不知吾所以然而然,命也。"

命,是对不知道为什么会这样,而又现实地已经成为这样一种现象的称谓。或者把庄子的句式稍做改动,用老百姓耳熟能详的话:"知其然而不知其所以然"则谓之命。

田东照在中篇小说《黄河小镇》中,借一位现代知识女性之口,表达了内心的困惑和迷惘:"屈原有《天问》,我这是《河问》,我在问我们民族的这条母亲河呢。"

9. 对人生命运的泛宗教解读

田东照在与我的交谈中,常常会不由自主地冒出一句对命运无常的感叹:

"我的人生之路,划了个圆圈带有一个柄,和那个羽毛球拍差不多。大学毕业留校,我是非要回基层回农村,从这个柄上转回去,兴县、离石转了一圈,十八年后转回太原,又回到这个柄上了……命运安排你一步步还要到大城市来。人都是跟着命运来的,你不承认也不行。"

田东照还说:"青少年一般是不相信命运的,都是上年岁才相信。我年轻时,也不相信命,算命是耍哩,说了高兴高兴,乐一乐。可相信自己生了三头六臂,'人定胜天','欲与天公试比高',想要达到什么目的,拳打脚踢,无所不能。充满理想,充满崇高的志向,可不知道要咋了。初生的牛犊不怕虎,因为他不知虎的厉害。可年龄越大,人生阅历越丰富,碰的钉子多了,经历的挫折多了,才明白年轻时的狂妄和浅薄。人到了晚年,回过头来回顾他的人生经历,就会感悟到一些东西。'心比天高,命比纸薄','谋事在人,成事在天','人算不如天算'不都是对命运的哀叹?你说,孔子该算是一个大智者大圣人了吧?他为什么有'五十知天命'这么一说?"

……

个性即命运。人物的个性里都凝聚着他所遭遇的生存环境。

我问田东照:"你算过命没有?"

田东照说:"我大学毕业前,面临分配的时候,第一次到五一大楼背后去算命。那张卦纸我原来一直保存着,后来找不到了,丢了。我算过几个,好像就数这个算得准。基本准。五一大楼后面摆着不少卦摊摊,那时还允许,至少不制止。其中有个老头,拿着根绳绳,量手的尺寸。根据你的尺寸,几寸几分,那是一种很特殊的算法。以后再没有见过。那人算我,你六亲骨肉无缘,你父亲母亲双亲不全。一开口就把我说愣了。我母亲是1961年我复习准备高考时去世的。我父亲死得更早。我的大舅、姑姑、姨姨,在我上中学、上小学的时候就死了。我记得给我算的是:'少年好学,功名之格。'少年好学这不需要解释。功名之格,就是功名能达到一定的高度。啊呀,我说我现在连学校也考不上,不上学。他说,你哄我,你绝对不可能。他还算……能成功……什么名扬四海。能成功不是这么说的,名扬四海是原话。反正是,能成个名人吧。也不能说错。还算什么五十岁以后就高楼大厦,功业建成。我五十一来的太原,住上楼房了,还不是高楼大厦?20世纪60年代,还很少楼房,有也都不高,山大的教学主楼也才四层。他算你高楼大厦,至少说你不是农村生活吧?四十年前算的卦,可以说已经验证了吧。对,还说到写文章,说你是文人,而且有名,名扬四海。三百六十行呢,人家说的就是这一行。他量了那个尺寸,就按这个尺寸找卦辞。卦辞写了那么一张纸。多少尺寸,有一个对应的卦辞。有的卦辞叫'龙凤之骨',龙凤之骨就高贵了。我是叫'清高之骨'。说我清高,文人清高,那时我还是个学生。他给你预测了几十年后的命运。我有个同学,不在山大,我们一个中学和我一起考到太原的。他就忌讳算命,不敢算,说算命不好,结果算出来他就是不好。他怪怨我们,我说不算不算,你们非让算,算出来……我们说,那是客观存在,你要相信它的话,不算它也存在的,你还有个思想准备;你要不相信,那算和不算一样了。后来那个人,家里这个事那个事多了。那老头不是光说好听的,讨人欢喜骗俩钱。他那是死的,按量下的尺寸对上'龙凤之骨'你就高贵了,像我'清高之骨',就是搞学问,清高文人。像我那老乡，他就不知道对了个什么骨，那么差劲。"

田东照还给我讲过他在隰县小西天算命的事：

"前四五年吧，我去了交口，他们告我说有个算得准的，就在去小西天路的下面，摆了个卦摊。那天副县长领着我们去了，没有找到。后来又返回县里，在交口城里找到了。在一个什么单位的院里坐下，说你给算算哇。他拿了副扑克，让你鼓捣扑克，他给你算。他问我，你要算啥了？我说，我过去有工作，现在给人看门房了。看门房也担心哪天人家不要了，我连饭也吃不开了。他说，你这人，你的职位比县委书记高，还说不定是省里领导。我说，可绝对不会，我是看门房的，常常吃了上顿愁下顿，担心吃不开饭。他说绝对不可能，他不相信。人们起哄说，你可说对了，你知道这是谁？这是咱们省的田副省长。你不看

田东照 2005 年在太原

电视不看报？说得那人害怕了，不敢说了，并推说有事匆匆走了。没说多少，但人家这个看对了，绝对不是看门房的。不管有权没权吧，副厅级总比县委书记要高。"

绝大多数中国人，都有着"信命"的倾向。"听天由命"就是这一倾向的文字表达。几千年的文化积淀根植于一个民族的潜意识中，恐惧与希望交织，使人无奈地将自己交付于命运。

几千年农耕文明形成的意识积淀，更概括为一个词："看天吃饭"。这是一个五千年农业国的民族局限。

我在田东照的中篇小说《还乡，还乡》中，看到一段关于"破五送穷土"的描写：

> 送穷土是此地乡俗。据文化人考证，此俗可能与东汉扬雄的《驱贫赋》或唐代韩愈的《送穷文》有关。人们受文章启发，认定凡是贫穷之

田东照荣登《北京文学》封面人物

家,都隐藏着一个穷鬼,在死死盯着这家人,以家贫人穷为快事。为此,每年年初,每家每户都需要做的一件事,就是送穷鬼。可大年时节,人们忌讳说鬼,就以垃圾土替代。况且鬼无影无形,太空幻,垃圾土是有形之物,端着送出去,使劲一扔,觉得实实在在,心里踏实。因此从正月初一起,只扫地,不倒垃圾,积攒到初五早上,再把屋里清扫一遍,将五天的垃圾一起送出去倒掉,就算把穷鬼送走了。

对此乡俗,小说里的人物还有这样一段对话:

王慧转向孙应宽问道:"老孙,这种乡俗迷信色彩很浓,你们相信?"

孙应宽说:"老百姓就是这样,光景过好了,迷信思想就淡了。初承包土地那几年,很少有人家送穷土。以后光景一年不如一年,就又想起送穷土来了。你说当农民的,除了这,还能有啥办法?"

还是在《还乡,还乡》中,田东照借小说人物李来福之口,说了这样一番话:

……为了祈福消灾。村里人如今活得不太顺当,马吉祥一死,人心慌了,害怕再有什么灾祸降到头上。唉,咱老百姓比不上你们公家人,除了求神,还能求啥呢?

也许,人们在生存境遇中,遭遇了太多的不测和变故,就会身不由己地陷入宿命论的泥淖。急来抱佛腿,有病乱求医。费尔巴哈说:"什么地方数学上的确定性宣告终结,什么地方神学便宣告开始。"人们对于落在头上的"命运"不可解释,便使"命运"永远罩上了神秘的、莫测幽深的黑色袈裟。剧作家曹禺在为剧本《雷雨》作序时,不无惴惴地吐诉内心的惶惧:冥冥之中,似有一个不可知的、巨灵般的"命运",俯瞰大地,君临尘间。

我国著名的文艺理论家唐达成,可说是一生都坚守着唯物主义辩证法。然而,在经历了一生命运的坎坷之后,在《七十抒怀》一诗中也写下这样的诗句:"混沌鸿蒙无定则,天命古怪有玄机。"

10. 田东照的"望尽天涯路"

田东照在中篇小说《还乡,还乡》中,有一段"九曲黄河阵"的描述:

场地上栽了三百六十五根杆,代表三百六十五天。每根杆头一盏灯,表明天天亮堂,日日光明。

关于九曲黄河阵的起源,有诸多说法。一说是:既为阵,必与古代战争有关。这个战争就是《封神演义》中说的,三姑摆下黄河奇门阵,欲把玉虚门下十二大仙困进阵内,使其失神、销魂、丧本元、损肢体。于是民间就效法三姑,也来个九曲黄河阵,当然斗争对象不是十二大仙,而是日常给人们制造厄运的阴魂鬼魅。摆下黄河阵,不怕鬼狰狞,人们只要进九曲黄河阵转一回(简称转九曲),就能消除灾祸,一年通顺。如此说来,民间的九曲黄河阵始于明代《封神演义》成书之后了。

另有一说:不是民间受《封神演义》的影响,而是《封神演义》受民间影响。也就是说,许仲琳在写《封神演义》中三姑欲擒十二大仙时,借用了民间已有的九曲黄河阵。若此说成立,民间的九曲黄河阵就远在《封神演义》成书之前,历史更久远了。

不管是谁受谁的影响,有一点是一致的,即九曲黄河阵是非常厉害的。其厉害在于"九曲"二字——曲曲弯弯,复杂难辨,因而连玉虚门下的十二大仙这样神通广大的仙人,困于阵中都无法出来。这种复杂绝不是寓意性的、象征性的,你只须看看阵图,就会明白它的文化底蕴和知识含量,就会为其构思奇妙和构图严谨惊叹不已。它根据太极生两仪,两仪生四象,四象生八卦的易理,以三百六十五根杆为点,而连成乾、坤、艮、兑、震、离、坎、巽八宫。八宫之外,又设中宫,这就构成复杂的八卦九宫图。转悠起来,大弯套小弯,小弯连大弯,转出来又转回去,转回去又转出来,越转越感复杂,越转越觉奇妙,使转悠的人迷失方向,分不清东南西北。

黄河九曲十八弯,一阵子向东,一阵子向西,一会儿左转,一会儿右转,田东照从黄河边走来。在这儿转了个弯,在那儿又转了个弯,身不由己无可奈何地陷入了"九曲黄河阵"。

田东照写过《少时梦想三部曲》,其中第一梦想就是"望远"。田东照这样写道:

> 我的出生地是山西兴县西磁窑沟村。从村名就可知道我的家乡在一道沟里,而且是一道狭长弯曲的沟。从前村到后村,拖了二里地,沟宽却不到一百米。抬头望天,天也是狭长弯曲,好像一条河,也像一条带子。这就是我眼中的天,它在我幼小的头脑里形成一种固定的图景。
>
> 稍大一些以后,我能跟着父亲上地了,人在沟里住,种地就得爬坡上山,山路陡且弯曲,得出一身透汗才能到达地头。我第一次上山就有惊人的发现,天原来并不像河,也不像带子,它从山头上面伸展开来,连成一片,好大好大,宽阔无边……这一天我没玩别的,而是继续看天,惊叹天的广大。看完天又看地,原来地也同样广阔!那山梁土峁一个接着一个,一眼望过去,极像起起伏伏的波浪。"波浪"伸延到极远处,好像被一道靛蓝色的屏障给挡住了。问父亲那是什么地方?父亲说那是杨家山一带。问有多远?父亲说远哩,可能有百十里。问为啥那里蓝雾雾的?父亲说那是长着丛林吧。其实那是山岚瘴气所致,这是我后来才知道的。父亲还说,那蓝雾雾的丛林里,老虎、豹子、野猪什么都有,对一个孩子来说,这些东西的魅力可想而知。以后每逢上地,我就站在最高处极目眺望,眺望的主要目标就是那蓝雾雾的杨家山。望得眼花了,似乎真有虎豹在动弹似的。但使劲眨眨眼,又什么也没有了。我把这种情况告诉父亲,父亲说,人没有千里眼,怎么能看清那么远的东西?

天苍苍,地茫茫,上穷碧落下黄泉,即便拥有了"哈勃望远镜",也解决不了山隔水阻,云遮雾罩的翳障。拥有超越时空,洞幽烛微的"千里眼",也许成为人类永久的梦想。

田东照向我讲过他创作之始,写作和修改《长虹》的经过:

"从大学毕业到1970年的10月份调回去,中断了有六年,这才又拾起我的写作。那时候县里修水库,我和罗贤保去工地上,也叫深入生活吧。在这个基础上,我就想以水利工程为题材,写一部长篇。那时候很简单,有这个想法,马上就行动了。我那时候是兴县创作组长,在县里边有一间办公室,挺安静,他们其他行政工作也不抓我,我就全心投入创作。我用三个月时间,就写出了三十万字。我拿给出版社看,那时候,出版社文艺组的组长是关守耀,编辑是罗继长、林友光。看了以后他们说,你这个东西很有基础,能不能把它改得更好一些?我说行呀,我是不知道如何能提到一个新的高度。你们觉得哪儿不满意,应该怎么修改,你们说,我修改。他们研究了一下,统一了一下,提出了那么几条。我回去以后,基本上完全抛开了原稿,开始重写。他们提的那些意见,牵扯比较大,不是局部性的,哪个小问题你改一下。他们根据出版要求提出的设想,我要把它体现在作品里。等于是重砌炉台重打灶。我就按他们的意见开始重写。大概用了一年时间,一气写下七十万字。我带到出版社,那么满满一提包,罗继长说,哎哟,这么多呀?原来没有这么多嘛。原来是三十多万字,现在改成七十万字,是原来的一倍。那你这改动可大了?我说,你们的意见就是大改呀。他们看了,说不错,改得很符合他们的意见。……那时候,还有个叫工农兵审书一说,出版社找了些工农兵作者,开个座谈会,大家看一看,提提意见。这都是当时的出书程序。叫工农兵一审,就审出问题来了。说怎么没有写走资派?现阶段写小说不写走资派,就站不住脚。那时候老关害了怕,说咱们是不是也设置一个走资派。那时候的口号就是,资产阶级就在共产党内。走资派还在走。咱们是不是在里面再加些东西?

陈为人与田东照交谈

或者就把原来人物里面思想保守的,你把他改写成走资派……"

田东照讲到以上情况,我想起与涂光群的一次谈话。

涂光群从上世纪50年代开始,一直担任《人民文学》小说组的组长。新中国成立以来,几代共和国培养起来的青年作家的重要作品,都发稿自他手。他在一次交谈中对我说,他正在写一本书,根据他几十年的编稿经历,写出若干经他手发表的作品的案例:如何在帮助作者拔高和升华的"编辑意图"下,一部原本很好的作品,被一步步改得面目全非,好作品改成了坏作品。

韦君宜的《思痛录》一书中,有一章叫"编辑的忏悔"。韦君宜说,她"解放"后到人民文学出版社,实际上是进入了一个囚笼,让她干的事都是欺骗读者、欺骗工农兵的。有一篇小说,在她看来还算可以,可军代表说,这篇作品怎么没有阶级斗争?她只好和作者商量,你能不能写点阶级斗争?斗争什么呢?就设想能不能表现阶级敌人反对使用拖拉机,破坏生产。那作者说我不知道拖拉机会出什么问题?韦君宜说,我就带着他,请教懂拖拉机的人:如果想让拖拉机出毛病、搞坏它,应该动它什么地方?韦君宜说,你说我是在干什么呀?我就是干了这么多哄人、蒙人的事,对不起作者、对不起读者的事。

我还联想到一首寓言诗《喜鹊救鱼》:鱼原本是生活在水中的,鱼儿离不开水。当一条小鱼不知何故离开了活命之水,挣扎在泥泞地面上时,喜鹊出于好意,把它衔回自己松软的窝里,没想到这样一来却把小鱼害死了。这是"拔苗助长"的寓言新编。

这确实是一个个富有中国特色又令人深思的创作故事。

田东照也向我讲过,他的中篇小说《农家》,在《山西文学》发表前,依据以往的经验,田东照很谦恭地问当时任《山西文学》副主编的李锐:"看看还有什么需要我改动的。"李锐说:"不要改了,我怕你把它改坏了。"

当年出版社编辑手中衡量作品的尺子,当然是"革命文艺思潮"打造成一个模式的"样板"。首先要把的就是政治关。出版社提出的修改意见,自然要按照政治标准和艺术标准,革命现实主义和革命浪漫主义高度统一的创作原则。

田东照对我说:"我们这一代人,从一开始走上创作之路,接受的就是'三突出'的创作原则。我看的参考书,都是上海《朝霞丛书》,写作时,设计一号人物、二号人物,脑子里先有了个框框。……"

弗洛姆在他的哲学著作中,提出了"社会过滤器"一词。主流意识形态,必然会在生存于其间的人们的头脑中编织一张"过滤网",强制哪些思维可以进入意识层面,哪些思维只能蛰伏在潜意识之中。而且作者自己头脑中的那张无形的网,要比官方实际设置的大出许多倍。

毛姆的《人性的枷锁》,成为发人深省的传世佳作。

田东照在《黄河在这里转了个弯》里,借书中人物之口,说出这样的话:"脖子上的枷锁,不光是官府给戴的,有时自己也给自己戴哩。"

11. 一个令人深思的结尾

马克思曾向恩格斯推荐巴尔扎克的《玄妙的杰作》。马克思说:"这真是一篇杰作,其间充满了绝妙的辩证哲理。"

《玄妙的杰作》讲述了一个极有才华的画家,他在两种画派间犹豫不决无所适从,最后走向惨烈毁灭的人生经历。小说中有这样一段描绘:

> 你在两种流派之间犹疑不定,在图像和色彩之间,在德国老画师的细致的冷漠,简洁的刚硬,同意大利画家们的耀眼的热情,幸福的狂潮之间犹疑不定。你想同时模仿汉斯·霍尔宾和提善,阿尔布雷希特·杜雷尔和保泉·韦罗内兹。当然,这是一个很大的野心!可是结果如何呢?你既没有刚硬严谨的魅力,又没有明暗的诱人魔力……到处都有这种不幸的犹疑不决的痕迹。如果你觉得你的天才没有足够的力量把这两种敌对的手法熔化在一起的话,那就需要坦率地选择其中一种,以便获得统一。

《玄妙的杰作》有一个绝妙的结尾:这一天才画家,原本画出了一幅杰出的作品,但他在两种风格、两个流派间犹疑不定,以这一画法在他的作品上抹一笔,又觉得不好,以另一画法在作品上再涂一块。左顾右盼左右为难,花费十年的心血。最后,当天才画家将自己的"杰作"展示于人们时,人们看到的只是涂抹着厚厚一层油彩的画布。

小说的结尾,老画家说了这样一段话:

> 老头子注视了他的画布一会儿,他踉跄了:
> "一无所有!一无所有!费了十年的苦功一无所有!"

他坐下来哭了。

"我原来是一个傻瓜,一个疯子!我既没有天才,也没有能力……我走着走着,为走路而走路!我一点东西也没有创造出来!"

这确实是一个令人深思的结尾。

(首发《黄河》2008年第四期,再刊《人物》2010年5月号)

「 **人天生是政治的动物** 」
——周宗奇叛逆性格写真

人天生是政治的动物
——周宗奇叛逆性格写真

1. "政治"一词引出的文人话题

在一次酒宴上,有位领导说周宗奇:"你是个搞政治的。"周宗奇几乎是不假思索地回应一句:"我要是搞政治的,还能轮到你坐这把交椅?"

周宗奇快人快语,口无遮拦。他的回答颇能凸显他的个性。在极讲含蓄极讲分寸感的中国官场,有他这样说话的吗?有句名言:"性格决定命运。"这句话用在周宗奇身上是再贴切不过了。周宗奇"成"也因了他的个性,"败"也败在他的个性上。

对话往往是一种思想碰撞,蓦然间迸射出火星火花。

这是政治家和文学家的碰撞,这是成功者与失败者的碰撞,这是"代言人"和"多余人"的碰撞,这是"主流话语"和"假语村

1994 年 5 月周宗奇在河津

言"的碰撞(周宗奇曾发表中篇小说《假语村言》)。

两人的对话,是饶有趣味而又耐人寻味的。

2. "接班人之歌"的序曲部分

周宗奇是最早一批调入省作协的中青年作家。当年,文联在"文革"中被"砸烂"尚未恢复,临时叫做"山西省文艺工作室"。马烽是刚刚组建的山西省文艺工作室的党支部书记和主要负责人。

大家都记得,马烽曾经当众讲过:周宗奇不仅小说写得好,人品也很好。我们是要让他担负一点领导工作的!

马烽曾在不止一个场合说过类似的话。

说话听声,锣鼓听音。从马烽的话中,人们听出了其中的含义。

当年,我也正借调在《汾水》编辑部。"文革"刚刚结束,人们仍心有余悸,不敢恢复《火花》而改名《汾水》,大概有"水火不容"的涵义。在我的记忆中,周宗奇是人们议论的一个话题,内容就包含上述传言和对其人的传闻。周宗奇,当时如日中天名头正响。周宗奇、从维熙、谢俊杰共同署名,在《山西日报》副刊版连续发表了好几篇七八千字的小说,周宗奇的名字赫然排在第一位。与此同时,在省外乃至全国性刊物,周宗奇的名字也不断闯入人们眼帘。

那时,我们几个借调人员都在一个锅灶,吃着据说曾做过乔家大院厨师的范师傅的刀削面。借调数月,对周宗奇我只闻其名未见其人,直到我借调期快结束,有一天,周宗奇也拿个大海碗来同我们一起吃刀削面。范师傅一人削不过来,我们敬让他先盛,他躲在后面,笑笑说:"我吃得多,你们先来,你们先来。"周宗奇一米八的个头,胃口奇大,那顿饭他满满吃了三大海碗。记得我和他谈话中用了"深居简出"一词,表达的是我"只闻其名,未谋其面"的感受。周宗奇笑了,未置一词,笑得我心虚,是否用词不当?熟悉周宗奇后才知道,这个词用在周宗奇身上真是"驴头不对马嘴"。周宗奇不是个关在象牙之塔中坐得住的人。用他的话说:"我可爱到外面疯跑。"

在我们借调的那段时间,马烽有意识地让孙谦带了周宗奇到各地煤矿去体验生活,尽快搞出一部电影来。当年颇时行"以老带新",其中所传递出的信息当

1999年9月与胡正在作协大院

然是明确无误的。

张石山在《文坛行走三十年》一书中有这样一段记载：

可是，一个矿工，就算发表了几篇东西，就足以担任南华门的一点领导职务吗？那么，关于马老所说，要周宗奇担任领导工作，有什么深层原因呢？

据说，有这样一点背景。

只是"据说"，所以我在这儿仅止说说而已，不足为凭。

"文革"进行中，邓小平出来主持工作的时节，中国出现有限转机。解放了不少干部，所谓革命之外的许多事业有所恢复。几位老作家回到省城来成立文艺工作室，就是那时的事情。

但紧接着开始了反击右倾翻案风，复出的邓小平竟至被再次打倒。各省解放出来重新任职的老干部也纷纷被打倒，游街批斗。比如，山西省副省长王谦就是这样。

形势急转直下！刚刚准备恢复工作的省文艺工作室，尚未开展工作，已经再度面临危机。据说——主要是这一点据说——马烽等老同志分析了当下形势，决定采取一个紧急应对措施。造反派不是要打倒老干部、鼓吹所谓新生事物、一概提拔使用青年干部吗？那么，文艺工作室本来就有现成的青年干部。不是别个，正是周宗奇。老马他们决定将周宗奇推到领导岗位上，说是和周宗奇已经进行过谈话交流。

殊不知"四人帮"一夜之间倒台，形势发生了天翻地覆的大变化。

要把周宗奇安插到领导岗位的动议，结果不曾变为现实。

当年，在周宗奇的办公桌玻璃板下压着这样一条格言：

"你有什么权利享受安逸的生活？"

周宗奇没有注明出处。我印象是车尔尼雪夫斯基笔下《怎么办？》中，那位为了锤炼革命意志而刻意睡在钉板床上的职业革命家拉赫美托夫的语言。颇有些"卧薪尝胆"的豪迈气概。

3. 马烽与周宗奇共同演绎了"伯乐相马"的故事新编

周宗奇出道伊始,他的"处女作"——第一本小说集《无声的细流》是在马烽关注下出版的,是文学界前辈,在山西文坛乃至中国文坛都声名显赫一言九鼎的重量级人物马烽,亲手为周宗奇登上文学舞台揭开了序幕。无巧不成书的是,近三十年后,当马烽即将走到自己生命的终点,又选中周宗奇担纲为他撰写传记,由周宗奇为马烽拉上终场的帷幕。中国文坛向来有由前辈作"开幕词",由后继者作"闭幕词"的成规惯例。马烽为周宗奇做了"开幕词",周宗奇为马烽致了"闭幕词",鬼使神差般暗合文坛规律。

周宗奇撰写的马烽传,正名为"栎树年轮",副名为"宙之诠释"。有评论家解释:"宙"为"周"的谐音,就是周宗奇对马烽的诠释。我有些不以为意,我想周宗奇若找"周"的谐音,尽可有数十上百种选择,何以偏偏选中个"宙"字?我窃以为,不妨把"宙之诠释"看做是把马烽置于一个大背景下的诠释。

诠释就是一种解读。

马烽无疑是发现周宗奇的"伯乐",是提携周宗奇的"恩师"。

1996年5月2日,周宗奇与马烽夫妇在马家

让我们看看,在周宗奇的笔下,又是如何解读他的"伯乐"和"恩师"的。

在《栎树年轮·宙之诠释》中,周宗奇有关于"党性"这样一段文字:

"五战友"中,他们有一个共同点:做中国共产党党员比当中国作家的历史要长许多。在他们还远远没有懂得"作家良心"为何物时,"党性"却早已成为他们的最高精神追求。

他们的"党性"形成于可塑性最强的少年时代,又在一个远离家庭、远离社会的相对封闭的特殊环境中,不断得到革命思想的灌输并真心真意接受了它,其纯洁性和坚定性是终生再难更易的。比如马烽先生,自从"我把入党申请书交给老唐之后,好像把心也交给他了。"也就是交给党了!我要"为共产主义奋斗终生!""从此感到生活更有意义了,也感到无上光荣。"我按时"缴纳党费,汇报思想情况","吃苦在前,享受在后"……而且所有这一切,"并不是在自我表现"!

马烽先生确实不是一个善于自我表现的人。可他一生由于党性太强,经常有着不同一般的特殊表现,并为此承载着相应的赞誉与贬毁、欣喜与痛苦、成功与尴尬、走红与落寞……

这就是周宗奇对马烽的"盖棺论定"?不知读者从这"宙之诠释"的字里行间,品出的是酸甜苦辣何种滋味。

周宗奇颇给人几分"吾爱吾师,吾更爱真理"的气魄和境界。

我读完《栎树年轮·宙之诠释》后,问过周宗奇:"你对马烽如是诠释,你敢直面马烽?"

周宗奇不无尴尬地笑笑说:"恐怕很少有人能理解我这份历史性的大公正,他们总要简单化地、世俗化地看问题。书稿写出来好长时间了,我一直发愁丑媳妇如何见公婆。我担心在马烽那儿就通不过。后来,解铃还须系铃人,是大宇宙间不可抗拒的自然规律,给我解开了这道难题。"

马烽生前终于没有看到《栎树年轮·宙之诠释》。

马烽在对焦祖尧的执政深感失望后说过一句话:看焦祖尧是看走眼了。焦祖尧听说后忿忿不平:"怎么叫看走眼?我和他们在文艺思想上始终是一致的。"

老马识途,轻车熟道。是同床异梦还是殊途同归,马烽当然是"金风未动蝉先觉"、"春江水暖鸭先知"。在山西省第四次作代会换届前,马烽向省委推荐的焦祖尧的接班人已经不是周宗奇,而是老实听话的田东照、王东满了。可见马烽还是目光如炬洞若观火的。

小说家梁晓声对"伯乐相马"有一段颇为精彩也颇为深刻的表述：

"中国人尊崇伯乐，西方人相信自己。伯乐是一种文化和民族心理方面的国粹。中国人总在那儿祈祷被别人发现的幸运。而西方人更靠自己发现自我实现自我。千里马的发现使人们认识了伯乐。是千里马成就了伯乐，而不是伯乐成就了千里马。十位伯乐的价值，也永远不如一匹真正的千里马。如果伯乐只会相马，马种的进化便会导致伯乐们的失业。对马，伯乐是伯乐；对人，伯乐在今天还包含有'靠山'和'保护人'的意思。"

"恩相"、"靠山"，在中国的国情下，往往成为镌刻在一个人身上的政治烙印。根深蒂固的"出身论"、"血统论"，总会改头换面，以新的形式表现出来。只不过是与时俱进，换成"背景"、"班底"等时髦说法而已。

被称为写出西方"黑厚学"的马基雅维里，在他的《君主论》里也谈及保护人与被保护人的话题。"一个潜在的保护人对他的被保护人的智慧并不是特别感兴趣。他想要的只是厅堂的一件装饰品。保护人自己的智慧的一件陪衬，而不是对立面，或一个唱反调者。保护人需要的是被保护人的时间和关注，在必要的关键时候，被保护人必须呼之即到，挺身而出，付出自己的全部忠诚。作为交换，保护人会为被保护人搭起人生的阶梯，帮助他踏上成功的每一级台阶。"

这就是政治关系中的"潜规则"。周宗奇显然违背或者是他不屑于这些"潜规则"。

"伯乐相马"的现代寓言，在周宗奇身上演变成"白马非马"的哲学命题。

4. "生瓜蛋"是否是个贬词？

郑笃某次提起周宗奇，把脑袋摇成个拨浪鼓：唉，生瓜蛋，一个生瓜蛋。

我当然能听出郑笃话语中的"惋惜"口气，还有些"恨铁不成钢"的遗憾。

应该说，郑笃对周宗奇是赏识的，至少在初期（文联和作协分家后，我与郑笃疏于接触了）。

那年，我有一部中篇小说《老中医和他的女婿》，投稿《山西文学》。时任副主编的郑笃看过了这部小说后对我说：你们这些知识分子家庭出身的作者，普遍存在一个弱点，孱弱，太孱弱。笔下的人物，普遍缺少一种刚硬之气。郑笃分析了我作品中的三个主要人物的性格弱点之后，特别向我推荐：你读读周宗奇的作品，周宗奇作品里的人物，《戴上火红的袖标》里的老奶奶，《黄金心》里的姜胜利、矿工姜师傅、霍师傅，虽然他们在生活中也遭到过磨难，但没有"煎熬得可怜兮兮的软骨头"，都是些生活中的强者、硬汉。

那一天，郑笃与我讲到，作协分房中发生的一件事。

我问起周宗奇，周宗奇也还记得。

周宗奇说："那年机关分房，成立了一个分房领导小组，郑老任组长，我是成员之一。其他成员有马烽夫人段杏绵、顾全芳、周玉等。有人弄了一个假工龄的证明材料想分房，好多人反映她的工龄不连贯，按规定就不能分房。但领导小组有人觉得既然有证明，分了算了。顾全芳是很正派的人，说那不行，分房有个原则，你这么一弄，很多人都知道，都找来，怎么办？顾全芳一说，反倒惹来不满。我当时身任《山西文学》主编，有一大摊事情要办，加之个人创作时间得不到保证，眼看一帮哥们儿一路飙升而自己滑坡不已，心烦着哪，对分房这种破事就没兴趣，本来不想说话，但一看这场面就坐不住了，人家正确的，你们反而为难人家。我这火就压不住了，说了一通不好听的话就拂袖而去，竟将身后那门摔出一声重响。我刚刚回到二楼编辑部，那门咚地一声被踹开，只见郑老怒发冲冠，大声吼道：'周宗奇！你想干什么！'浓重的洪洞口音充满着火药味。我这个人是吃软不吃硬。我说，郑老师，你说你们今天分房这个态度对不对？我说我对你们今天做法有看法，我不参加了，你们爱咋地咋地。他一看我硬气了，老汉软了，年轻人啊，不能这么做事。我年轻时候比你脾气还大了，不行，吃不开，要吃亏的，给我讲开道理啦。段杏绵是马烽夫人，你还能是那么个态度？缓和了以后就给我讲这道理，我坐那儿不吭气。分房会我就是不参加了。"

那天，郑笃失望地摇着头说：这个周宗奇，是个生瓜蛋呀。

此类事情，虽不能说俯拾皆是，却也不乏其例。顺便再说一件：

事情其实很平常，日常生活中司空见惯。作协机关大院有个羽毛球场，打羽毛球时，蔡润田和马莉的儿子发生争执。起初还是"君子动口不动手"，争吵到激烈处就变成"该出手时就出手"了。马烽先听了一面之词，批评蔡润田说你先打人不对。但实际上是对方先动手打人。老蔡受不得委屈，就跑去告诉周宗奇。按说作为小字辈的人,又是生活小事,劝劝老蔡,来个为"尊者讳"最聪明了。可周宗奇这个"生瓜蛋"立即挺身而出抱打不平,跑去与马烽理论,认为马烽拉了"偏架"。马烽很有涵养,既是给自己找台阶,也是为周宗奇留面子,说,你了解情况,你给我介绍介绍。周宗奇还真就说开了,并拉出李锐、张石山两个当事人作证。

2008年4月22日华山西峰与张石山陈为人

5. 西戎怎么变成了"西戒"

如果说马烽是周宗奇的恩师,那么,西戎一直是周宗奇的顶头上司。

不论周宗奇任编辑部副主任、直至副主编,西戎都是主编。

1985年,周宗奇和李国涛成为《山西文学》双主编。那年头,为了达成人事平衡心理平衡,时兴双主编制。西戎则退居二线做了顾问"垂帘听政"。

那年头,连中央还专门设立了"顾问委员会",富有中国特色的权力结构模式。

这种权力格局,从那个年代过来的人,谁都不难领会其中的复杂和微妙。

周宗奇却是我行我素,自说自话。"一朝权在手,便把令来行"。

那一年,我还在太原的一个文化宫当业务主任。我也是新官上任三把火,想搞出点新鲜花样来。在这一年的春节,我组织了一个"青年画家六人展"。六个人都是当年崭露头角的新锐画家,包括现在任《黄河》副主编的刘淳、山西大学美术院的教授王纪平、山西人民出版社的美术编辑王亚中等六人。但是后来因为展品的新潮和前卫,在预展时就被勒令取消,胎死腹中。

周宗奇不知是得到此信息还是出于对我的信任,说我在文化宫与各界联系广泛,把《山西文学》一年的封面封底以及内文插图,全部"承包"给我。我找的封面设计人就是六人中的王纪平。

王纪平出手就是一幅云遮雾罩让人不识庐山真面目的抽象派图案。刊物一出来,马上引发激烈争议。从这幅设计中,见仁见智海盗海淫,不同人等看出了诸多内容。有一个最让人目瞪口呆的见解,说这是"性文化性象征"。

出了两期,就传出西戎的话:《山西文学》哪还有一点山药蛋派的味道,整个一个"改换门庭"。

我当时颇不以为意地说了一句:山药蛋不一定就非得是土豆丝或是土豆块,直到共产主义还是个土豆烧牛肉。把山药蛋做成"土豆沙拉"就不行了?

周宗奇无保留地大力支持,话说得决绝果断:"走自己的路,让别人说去。"

李国涛的话说得比较含蓄,但也旗帜鲜明:鲁迅十分欣赏珂勒惠支的版画,他在自己办的《语丝》上多次采用。我不一定能全看懂,但不影响我采用。

西戎的意见没有得到回应。随后的几期《山西文学》,用西戎的话说还是"看天书",质问有几个读者能看懂?

西戎几十年树立的权威受到挑战。与西戎渊源很深的诗人张承信给我讲过这样一个"细节":《汾水》创刊号出来以后,美编赵国荃在封面上采用的是一幅版画作品。版面是土黄色的,然后用黑笔构出一些粗线,猛一眼看就是层层梯田的虎头山,仔细瞧又模模糊糊像是一幅印象派画。我在资料室,赵国荃也在,马烽进来了,说:国荃,你这期封面是怎么弄球的,下边都反映不像个样子。赵国荃说,力群看了很是称赞。力群是有全国影响的著名版画家,赵国荃的言下之意是:这是得到专家认可的。没想到马烽长脸一拉:我们的刊物主要是办给外行看的,内行有几个。"

张承信所传递的信息是耐人寻味的。

然而有周宗奇的撑腰做主,《山西文学》面目依旧。

好像是出到第七期的时候(抑或第八期),由于我们的失误,终于让西戎找到了一个发泄口或者说突破口。

在这一期的顾问栏目中,西戎的名字误印成"西戒"。

西戎借题发挥,大发雷霆之怒:什么时候西戎变成西戒了?我"戒"你们什么了?我妨碍你们什么了?这样拿我的名字做文章。

西戎向来是仁慈宽厚通情达理善解人意的好好先生形象,这次却有些一反常态。

李国涛一向为文严谨做人谨慎,他也觉得这个失误不小,西戎是全国著名作家,怎么能把名字也印错了。

而周宗奇却坚持认为:西老师有些小题大做,有失风度。明显是工作中的错误嘛,谁又敢成心欺师?

西戎毫无通融的余地:这是关乎一个人的"署名权",想取消我的顾问资格,也不是用这办法。这话就说得很重了。

西戎坚持:出现这么大的差错,这一期不能发。

一期刊物停发,这可非同小可。

我记得,为了正常发行刊物,周宗奇亲自同我们一起,几天几夜,日以继夜,硬是用刮胡刀片一划一划地把几万份刊物上的"戒"字刮成"戎"字。

我后来为此事向西戎致歉时,西戎"嘿嘿"一笑,不冷不热地说:我是顾问,顾得上就问,顾不上就不问。

6. "犯上"成性

钟道新有一句在山西作协广为流传的名言:"你别跟自己单位的一把手过不去,因为他管着你的饭碗儿。"钟道新在《特别提款权》一书中还说了这样一段话:"县官不如现管,一个小科长,只要是你的顶头上司,他就对你的升级、住房、调动都能发生作用,他就是令人敬畏的。你如果不在乎这些,他就对你失去了威严。可谁能把这种'布衣傲王侯'的劲头终身矢志不移?"钟道新是以其高智商的"智慧写作"而闻名中国文坛的,他妙笔生花出口不凡。

然而,周宗奇却老犯忌,经常跟一把手过不去。他说:"这由事不由我,有些事当一把手的真做得不地道,不说怎么行?我这人就这坏脾气。为此,我得罪过马烽,得罪过西戎,得罪过郑笃,焦祖尧上台后,我又开始得罪他老人家了。"

马烽是山西省文艺工作室以及后来恢复的山西省文联的"一把手",西戎是山西省作协也兼任着《山西文学》的"一把手",郑笃也做过《山西文学》的"一把手",焦祖尧更是党组书记兼作协主席"双肩挑",又是党的十三大代表,又是山西省委委员,是集党政财文大权于一身的"一把手"。

周宗奇说:"老焦刚刚调来那一阵,我们关系挺好。他刚从大同回来,给西戎当副手,着手干的第一件工作就是诗歌评奖。你知道诗歌界的情况,那评奖有多难。老焦刚来不熟悉情况,大伙也不买他的账,搞着搞着,就让诗歌界一帮大佬把矛头集中到了他身上。我有些看不下去,对西戎说,西老师,闹成这样,你怎么不站出来说句话?你是机关主持工作的一把手,老焦是协助你工作的,你怎么能让人家承担压力,你躲在一边好像没看见。我也不管西戎脸上挂不挂得住,我这人较起真来,别人还都有点怕。"

中国有句俗话,县官不如现管。你尽可以"背后骂朝廷",因为"天高皇帝远",皇帝的尚方宝剑也有鞭长莫及之时。而本单位的一把手,低头不见抬头见,举手之劳就不愁给你个"三寸金莲"的玻璃小鞋。《红楼梦》开篇即有诗云:"世事洞明皆学问,人情练达即文章"。钟道新一语道破天机,说出了深刻的生存之道活命哲学。可这个周宗奇就一点不开窍!

现在社会上还流传有"三个不要较劲":在世界上不要和美国较劲;在机关不要和一把手较劲;在家里不要和老婆较劲。也属于"识时务者为俊杰"之言。

如前所述,在焦祖尧还是西戎的副手时,周宗奇敢于站在焦祖尧一边,锋芒所向不惜也不忌指向一把手的西戎。其后,在山西省第三次作代会上,周宗奇作为焦祖尧的同盟军,在焦祖尧和西戎的角逐中,把焦祖尧拥戴上台。然而,一旦位置发生变化,当焦祖尧成为一把手,周宗奇又犯了老毛病。

周宗奇总是和"一把手"过不去,就有些"不识时务"了。在中华民族根深蒂固的文化传统中,"反贪官不反皇帝"向来是一种生存策略。在这样的文化背景中,周宗奇可算得上是一个"异端"、"异类"、"异数"。

在所谓"七大群团"的作家协会,真正掌控实权的是党组。党组由省委直接派出,无须进行选举程序。主席团反而成为装饰门面的荣誉机构,主席团中的副主席,不进入正式的干部序列,也就是说不享受相应的级别待遇。而作为副主席,只要组织部门冠以"常务",就获得了"副厅级"待遇。

由此可见,党组成员、常务副主席、副厅级干部,是多少人梦寐以求的位置。人们司空见惯了这种现象:把"辞职"一词挂在嘴上,以示清高洒脱,而真正到了要把他的职位拿掉,则哭爹叫娘如丧考妣。而周宗奇则是"来真格的",把辞职付诸了行动,甚至有点形同儿戏。

周宗奇把文学生命看得重于政治生命。

7. 脑后的"反骨"是遗传还是后天生成

周宗奇笑着摸摸后脑勺，又摸摸后颈椎说："《三国演义》中有个人物叫魏延，天生脑后有反骨。我脑后并无反骨，却天生抗上，对来自上层的压力，总抱有逆反心理。我对强权，对专制，从小就看不惯，天生就要反抗。看不惯就要反抗。好多年来，政治压力一直压在心上，我本性并不是个顺从驯服的性格，有时候觉得你咋地突然爆发了，实际上酝酿已久，忍无可忍了。"

周宗奇讲到他的中学时代：

"我们班来了个红旗班主任，就是从各条战线选拔先进分子到中学充实政治力量，那时候叫'掺沙子'。班主任叫赵××，一来就在班里划出进步学生落后学生。我们那时候就是和班干部不和，闹别扭，就把我们打成反党小集团，十几岁的娃娃反的什么党嘛！我们几个学习好，上自习不用功，就是打

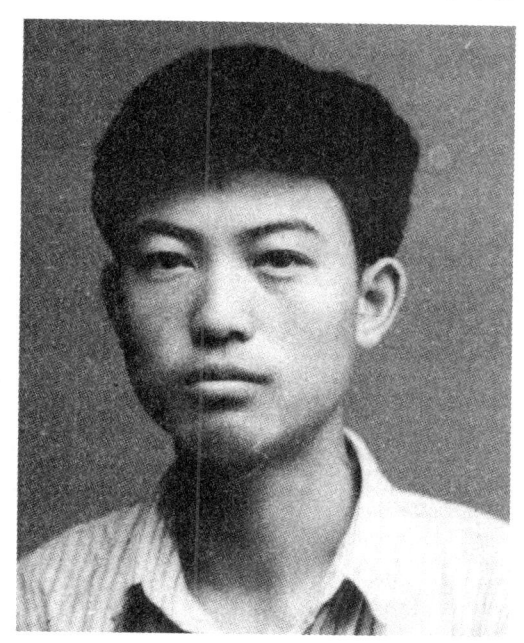

周宗奇 1963 年上大学前

篮球，那时候是小皮球。那时候学生为了讨好班主任、班干部，从家里带来馍馍，就先孝敬他们。我们几个尿球他们，给你送什么东西，不送！不送就给你们点颜色看看。"

周宗奇还讲到他青少年时期的两次"猛然爆发"：

"1958年，学校让我们中学生也上吕梁山大战钢铁，回家取衣物时，发现母亲不在，原来被当成'四类分子'发配到外地无偿地服劳役。我跑到公社找见头头闹，要我母亲回去，公社干部说不行，四类分子就得劳动改造。我平时看上去性子挺绵善随和，可一旦发起火来也厉害。我大喊大叫说，你们不让我母亲回家

给我准备衣物,就是反对大闹钢铁!还真把公社干部镇住了,好家伙,这小娃这么厉害。就让我把我母亲接回去了。

"我发的另一次火是在村里。我们家的老宅,房屋挺宽敞,村里就用它办了公共食堂,把房子弄了个乱七八糟。办了一年就办不下去了,撤了。撤了以后不给我收拾,让我搬回去。我就找村干部。这个村干部是有名的坏家伙,外号就叫'颜料碗',就是谁见他,他也要给人点颜色瞧瞧。没人敢惹他。我找见他说,你得给我修房,不修我没法住。他蛮横地说,不修怎么着?地主崽子!这一下我火了,十六岁的我不知从哪儿来了天大胆,骂了他个狗头喷血,乖乖给我修房。村里围上来不少人,都说,真没看出来,这宁娃还真有点血性!我生在西安永宁门,有个名字叫周永宁,村里人都叫我宁娃。"

童年的印记,势必影响人的一生。悬念大师希区柯克写了那么多令人毛骨悚然的恐怖片,就是因为他童年时亲眼目睹了一个杀人的凄惨场面。

周宗奇写过一篇取名《苦骡》的散文,写他童年时,如何以一个"孩童"的目光,看那头在磨道里日复一日不停转圈的"骡子"。

我摘录其中的部分段落:

……便是那匹可怜的骡,更确切说,是它那双被捂得严严实实的眼睛。我一走进粉尘弥漫,声音嘈杂的磨房,不干别的,总是安安静静坐在那个圆木墩上,双手托着下巴,目不转睛地盯着不断转圈的小灰骡,盯着它那难见光明的双眼。盯着盯着,便会冷不丁地发出一些严厉质询。孩童们全是善于重复的老手,对自己感兴趣的地方不惜聒噪千百遍。记得我追究的重点,便永远围绕着为啥要捂着小灰骡的眼睛而层层展开。出面作答的老是干妈,她矮矮胖胖,高颧骨,一双不小的小脚总在磨房里走动不停,肉乎乎的圆鼻子上总沁出三五滴小汗珠儿。

我们的对话常常如下:

"咋要捂住小灰骡的眼睛?"

"捂住跑得快。"

"那它不急吗?"

"牲口不知道急。"

"那它不疼吗?"

"牲口也不知道疼。"

"那它咋不知道？"

"它是牲口呀。"

"那它咋是牲口？"

"天生的呗。"

"那天咋是蓝的，它是灰的。"

……

有一天，我与干妈舌战已久，焦点集中在小灰骡的眼睛疼还是不疼。我忽然发现了新论据，尖叫起来："它不疼咋会哭？"

干妈一下愣住了。

我说你快看，小灰骡正在流眼泪呢。

干妈扭头一看着急了，惊叫着扑向小灰骡就往下解眼罩儿，可眨眼工夫她又轻松地说："没事，那是眼罩儿松了，磨它的眼。——你这小憨娃，牲口咋会哭呀！"

我对干妈不顾事实的狡辩感到又气又委屈，立刻认为这里不是说理的地方，正要拂袖而去，忽被一种又陌生又威严的声音震住在那里："牲口咋不会哭？心里苦了照样会哭！跟人是一样样的。"

这是瞎子干大，我看见他那双瞎眼一个劲地眨动着，艰难地挤出几滴眼泪，没等落地，便拿一张粗硬的巴掌抹去。

周宗奇是这样谈到他对童年的看法："我觉得一个人的性格和成年后的行为方式，都和他成长的家庭环境分不开。人成年后的许多行为，都可以在童年找到影子。人们看到的只是'好大一棵树'，殊不知每棵活着的树都有无数根须埋藏在不为人见的地层。弗洛伊德的心理分析认为，人成年后的一切反常行为，都与童年受到的压抑或伤害有关联。"

8. 政治是只"九头鸟"

周宗奇说："什么叫政治？一百个人读《红楼梦》，就能读出一百本《红楼梦》来。道学家看到淫，革命家看到排满，才子佳人看到缠绵悱恻的爱情，只有毛泽东看出那是政治。"

"政治"这个词,在中国的特定"语境"中,已经被扭曲、污染,乃至异化,变成了权术权谋、"官场潜规则"的代名词。傅国涌说:"一提及'政治',人们便谈虎色变,因为在大多数人的心目中,早已经把'政治'等同于'权力',等同于'皇帝的餐桌',一提起'政治',人们首先就会联想到尔虞我诈、勾心斗角的阴谋诡计,联想到普天之下、莫非王土,联想到改朝换代,而不管是宫廷政变还是农民造反,无不弥漫着一股血腥味。中国人之所以会把'政治'与'权力'挂起钩来,一方面是因为我们从来都没有真正拥有天赋的基本权利,一方面是当权者总是刻意使权力极度神秘化,策划于密室之中,大搞暗箱作业,始终不离'君权神授'、'圣主英明'那一套。实际上这不过是见不得阳光的狭隘的政治,它与人类的政治文明完全是相背离的。"正是在这种特定'语境'中,那位由戏剧家而坐上总统宝座的哈维尔才提出"不是权力的权力","非政治的政治"。

周宗奇说:"我对政治其实特别感兴趣,甚至可以说是到了酷爱的程度。(说到此处,周宗奇发出近乎羞涩的一笑,似乎向人袒露了内

1990年9月11日与蒋韵、铁凝合影于清西陵

心隐情。在中国这一特定"语境"中,敢于开诚布公地说出"酷爱政治"也需要勇气。)什么叫政治?我的理解就是替天行道,为民说话。人之道是削不足补有余,也就是趋炎附势,锦上添花。天之道正好相反,是削有余而补不足。也就是现在的时髦说法:关心弱势群体。政策向弱势群体倾斜。讲究公正、提倡平衡。我理解的政治就是'当官不为民做主,不如回家卖红薯'。红薯是山药蛋的同类项,不如就当个山药蛋派作家,个人写文章。"(说到此处周宗奇哈哈大笑,为自己寻找到一个恰如其分的联想而得意。)

周宗奇还说:"那时候出身不好不让上大学。我考大学的时候情况好一些,是出身不好不让出省上全国性大学。当时是陶鲁笳当省委书记,他想为省里培

养一批干部,从文科考生中挑了一百五十个人,写作能力比较强,政治上比较好的,办了一个省委党校政治系。这批学生没有在高教部备案,'文革'中造反,人家高教部说没有这批人的名字,所以当时说'黑省委党校'。后来把我们和山西大学政治系合并了,毕业时一下拿到山西大学、省委党校两个毕业证。我这样的家庭出身能上党校政治系,人家都觉得挺奇怪。后来据说一是我的高考作文分数相当好,二是继父的政治资本——老贫协干部、老共产党员起了作用,大概把我作为可以教育好的子女了。"

周宗奇的一席话引起我浮想联翩。

中国的文人向来矫情。明明身怀经天纬地之才,心存入阁出相之志,还不时流露"大鹏一日同风起,扶摇直上九万里";"长风破浪会有时,直挂云帆济沧海"。但当着人的面却总要羞羞答答,遮遮掩掩,"犹抱琵琶半掩面"。一阵子说"不知腐鼠成滋味,猜意鹓雏竟未休",似乎他根本无意仕途。一阵子高歌一曲'人生在世不得意,明朝散发弄扁舟'。'安能摧眉折腰事权贵,使我不得开心颜',表现出一副文人傲骨。把心中理想抱负,埋藏于内心深处,不到火候不揭锅。即便到郁闷不堪不吐不快之时,也采用一种折光反射的形式表现出来。李商隐可算典型一例。李商隐明明对"走马兰台类转蓬"的官场很有兴趣,却偏偏写下那么多的《无题》诗。什么"春蚕到死丝方尽,蜡炬成灰泪始干";"身无彩凤双飞翼,心有灵犀一点通";"此去蓬莱无多路,青鸟殷勤为探看";"沧海月明珠有泪,蓝田日暖玉生烟"等等,比比皆是。爱情本来就是一个私人性的隐秘话题,可当对政治孜孜以求而讳莫如深不愿明言之际,便宁肯托辞于爱情。李商隐的这些所谓《无题》诗,其实政治指向的"主题"非常鲜明。中国几千年的历史,从来展示的都是一条失意政治家成为文学家,得意文学家成为政治家的轨迹。

大而化之深而化之,几千年的中国文化积淀,向来就是一个"达则兼济天下,穷则独善其身"的两元两极思维模式。儒家的"修身、齐家、治国、平天下"的理想,更是把这一思维模式推向登峰造极的地步。其实说穿了,所谓超脱飘逸的老庄哲学,何尝不是纳入"庙堂和江湖"的思维模式?《老子》五千言,也许他的本意是一种超脱的教诲,可是最后令人感悟到的效果,仍是一种无以"为帝王师"的懊恼和失落。如老子的诸如"以其无私邪故能成其私";"夫唯不争故天下莫能与之争";"为无为则无不治"等说话方式,何尝不是在用心良苦地为当政当权阶级献计献策,提供一种"新思维"?再诸如"古之善为道者,非以明民,将以愚之";

"是以圣人之治,虚其心,实其腹,弱其志,强其骨"之类,从这些话语中,我们解读到的不也是殚精竭虑而献上的一套愚民驭民之术?我们看到的,分明不是什么出世求道的隐士,而是一个心系朝廷的谏客。在他高深幽远的警言中,对权势既屈从又恐惧的矛盾心理常常欲盖弥彰喷涌而出,甚至闪晃着俗不可耐的术数色彩。至于法家纵横家就更是为虎作伥为虎添翼,厚颜无耻又明目张胆地为帝王提供统治的"黑厚学"了。

在这一政治思维模式下,所谓处世之学,意味着不是为人之学,它们遗忘了生命本体的存在,放弃了对生命意义的形而上追寻,甚至不屑于为自己的学说设置一个先验的价值依据。所谓处世,完全堕落成审时度势,权衡利害。

本来,中国的文化人几乎都存有"庙堂乎江湖乎"的内在矛盾,却对这一内心矛盾顾此而言他,意属于此而言归于彼,言不由衷口是心非……

周宗奇说:"一个人,应该敢于公开地亮明自己的观点,君子坦荡荡,小人常戚戚。热心政治就说热心政治,就像民主制度下的政治家,公开发表竞选演讲,公开竞选市长、州长,竞选总统。这很正常,没必要吞半截吐半截。古希腊大思想家亚里士多德在《政治论》中有一句名言:'人天生是政治的动物'。"

亚里士多德关于"政治"的这句名言,施蛰存与黄伟经有一段有趣的对话:

问:亚里士多德说过:"人是政治的动物。"此话怎讲?动物多得很,人是哪一种?

周宗奇 2008 年 4 月 22 日华山西峰与陈为人

答：有些人是野兽，会吃人的；有些人是家禽，被吃掉的。

问：这与政治有什么关系？

答：前者是用政治吃人的，后者是被政治吃掉的。

这就是周宗奇的"政治"观？政治家不等同于政客。

9. 写作，成为精神的支撑，成为生命的一部分

人的生命是由无数个日子的细胞组成。周宗奇说："实际上做官，你已经浪费了好多创作的生命，你生活中的很多感受，就像流水一样，从你的指缝里流走了。现在好了，你可以静下心来，好好写一些自己愿意写的东西。作家作家，'坐'回家里。名副其实。"

周宗奇为我讲述了贯穿他一生始终的"作家梦"。

周宗奇说："我的写作才能，从小学到中学到大学，都是全校出名的。大跃进时放卫星，叫我这中学生放的卫星就是写一部长篇小说。另一部是分给一位名叫胡竹便的女同学写，她后来考上北师大中文系，但未能成为作家。我从小的理想就是当一个作家。

"大学临毕业，学军一年，在北京军区一个防化兵部队。1969年珍宝岛事件后，不让学生在军营了，让我去霍县报到。那天，在霍县站下了车，下着雨，风挺大的，刚过完年，路过一个铁木厂，堆着废铁，锈迹斑斑，凄凄清清，风刮起一片肮脏。我想，把我分到这么个小厂可就糟了，心里七上八下。结果到了县里，人家说，你们不在这儿，在矿务局呢。我当时听了心里挺高兴，矿务局虽是挖煤的，毕竟是国营大单位。然后，分到霍县矿务局辛置煤矿。我对第一次下煤窑印象可深了。一开始是分在南下庄矿，是个斜井，不坐罐笼，六百六

1985年之假军官

人天生是政治的动物——周宗奇叛逆性格写真

十级台阶,一级一级往下走。鼓风机劲可大了,呼呼的声音,吹得你啥响声也听不见。我从小要当一个作家,这一下跌落到黑窟窿里,觉得这一辈子全完了。"

六百六十级台阶,周宗奇记忆犹新。他就这样一步一个台阶,走进人生低谷。而走上文坛,他又走过多少台阶呢?周宗奇的今日,来之不易。

周宗奇还向我讲述了他的"自杀",那段不堪回首月明中的凄楚经历:

"1968年到1970年,这三年是咱们国家最暗淡的岁月,也是我心情最灰暗的年头。你笔杆子有两下,写材料就把你抽上来,可关系还在队里,出身不好,不敢给你调动工作。这种过了今天不知明天怎样的日子,对人的心灵是最煎熬的。希望总不断涌现,可希望后面是更大的绝望。我从1972年开始写作。写作成为一种宣泄,一种排遣,成为一种精神的支撑,真正成为你生命的一部分。那时候为了能够发表嘛,抱着改变命运的冲动,只能按着时兴的路子来,也是塑造高大形象,三突出那一套。你知道不知道?高尔基刚刚走上创作之路时也自杀过,用手枪对准自己的胸膛,打偏了一点,没有射中心脏,把肺叶打穿了。我能理解高尔基,一种对自己能力的怀疑,一种对过平庸生活的恐惧,大于死。死其实是想活得更美好。现实主义者很容易走向实用主义,而理想主义是最脆弱的,一旦理想破灭,他就绝望了。少年维特之烦恼,青春期的骚动。我气得不行,心想我这一生,没有做过任何坏事,怎么就摊上这么一个命。什么天生我材必有用!前途的亮光在哪儿呀?心情非常不好,我当时就真不想活了,准备了一瓶安眠药……喝是喝了,却鬼使神差地没能死,命不该绝呀。"

也许是事情过去很久,周宗奇讲得很平静。然而我听着却很难平静,我感到了一种生命激情的涌动,一种不甘寂寞不甘平庸的生命拼搏。

10. 周宗奇笔下的杨深秀:写人物其实是在写自己

我对周宗奇说:"我从你的早期小说中就可以看出,你笔下对于那些有骨气而不得志,又不合时宜,甚至不为社会所接受的人,寄予了深深的同情和敬意。比如你的《老干事吴诚》,当了一辈子干事,就是得不到一官半职的提升。其他作品中的霍师傅呀,我的'第一个师傅'呀,都是这种不合时宜的人。"

周宗奇说:"我就喜欢写讲义气的人,硬气一些的人,主流边缘的人。"

1990年代以后,周宗奇"穷则独善其身",退守书斋,开始他那洋洋洒洒二百五十万字的《中国历代文字狱纪实》的恢弘工程。周宗奇说:"搞《文字狱》,我最早的冲动在杨深秀。"

杨深秀是山西闻喜仪张村人。他出生于一户家道中落的书香门第,幼丧双亲,为大伯父杨崇烈收养。他十岁即能赋诗作画,父老誉为神童。二十一岁中举,广涉经史、考据、说文、音韵、地理、算计、佛经诸书。1889年光绪亲政,授刑部主事,累迁刑部郎中。1898年戊戌变法开始,杨深秀与康有为、梁启超等一起,成为维新运动中心人物。为宣传变法,曾与康广仁一道,上《请厘定文体折》,要求科考之文"当议论时事,不得仍破承八股之式。"时朝中守旧大臣盈庭,光绪皇帝左右动摇。杨深秀再于四月十三日上书,认为维新与守旧之间,"互相水火,有如仇仇……"要求"明降谕旨,著定国是,宣布维新之意,痛斥守旧之弊。"在杨深秀影响下,光绪于四月二十三日颁布《明定国是》诏,公开宣布变法。八月初六,慈禧发动政变。此即为中国近代史上著名的戊戌变法"百日维新"。变法失败,当时"京师人人自危,志士或捕或匿,奸焰昌炽,莫敢撄其锋。"杨深秀却大义凛然,不顾个人安危,于初八日上书慈禧:"诘问皇上被废之故。援引大义切陈国难,请西后撤帘归政。"被捕后,于八月十三日以"大逆不道"罪,和谭嗣同等五人被杀于

1987年1月4日在家中客厅与雷达

北京菜市口，时称戊戌六君子。杨深秀留下许多热血激荡的诗句，从中颇见其人格人品："风气新成绕指柔，问君能否曲如钩？""鸡虫得失须臾事，大鸟从他笑莺鸠。""如此头颅欲何为？只应闭户学雌守。""呜呼当时神骏姿，岂意今成牛马走。""太行无限英雄骨，化石犹然望渡河。""五月城中望眼枯，他年把臂于忠肃。"等等，读来让人热血中涌摧肝裂胆。

周宗奇说："杨深秀是戊戌变法六君子之一。他的事情我知道的早，对我有很大影响。我觉得中国知识分子到近代，杨深秀绝对是个人物。六君子里现在评价最高的是谭嗣同，他那一句名言，'各国变法，无不从流血而成，今中国未闻有因变法而流血者，此国家所以不昌盛也。有之，请从嗣同始'，成为空谷足音，千古绝唱。戊戌六君子中，康广仁是替他哥哥康有为去死；而杨深秀则是自己找死。本来他的罪不至于判死刑，慈禧太后政变成功，把光绪皇帝软禁在瀛台之后，他'不识时务'，给慈禧太后上了个折子，说你这个不对，应该还政于皇上，你应该推行皇上的新政。在这最关键的时候，好家伙，你跳出来说这么一番话，你还不是找死？我一直想为他写本书，他太值得写了。六个人里他是年龄最大的，死时已经四十九岁了，还像个热血冲动的小青年，京官当了二十年，你想，在北京官场上混了二十年，按说都混成官油子了，他居然像一个入世不深的热血青年，与旧官场一刀两断，不惜以身试法，舍生取义。你再看看，他和刚毅早就是好朋友，刚毅在山西做巡抚时，杨深秀当时任山西最高学府令德堂山长，相当于现在的山西大学校长吧，私交特别好。刚毅没文化，一切重要文稿，都是让杨深秀给他代写的。两人好到什么程度？就是刚毅每年都要到闻喜县去看望杨深秀的母亲。可刚毅从山西调做京官，当了大学士，成了保守派的核心人物，与帝派的戊戌六君子是对立面。你想，当年的好朋友由省委书记当了副总理了，一般人谁不趋奉？可杨深秀就是不见他，最后见了一面怎么见的？在刑场！刚毅是监斩官，杨深秀是死刑犯，你看这戏剧性大不大？好多人劝过他，刚毅是管这案子的，凭你们的关系、交情，他肯定能在太后那儿给你开脱开脱，怎么也能免你一死。杨深秀根本不为所动。包括儿子要去找，他发怒说，要这样你就不是我的儿子！杨深秀走过监斩台的时候，两个人对视了一下。那一瞬间的对视，你想想谁是强者、胜利者？刚毅吃不住劲呀。后来有一个戏剧性情节：八国联军打进北京，慈禧太后西逃的时候，刚毅跟着。逃到侯马，要过闻喜，就是杨深秀老家，突然一只金雕，从天而降，向刚毅的轿头撞去。刚毅居然吓出病来，说那只金雕定是杨深秀！

就此病倒，又返回侯马，很快就死在侯马。"

李白一句"蓬莱文章建安骨"，成为历代文人追求的风范。

在演说别人的时候，往往也是在袒露自己的心迹。只有作者心灵上的"共鸣"，才会使作品中人物的闪光点熠熠生辉。从杨深秀的身上，我们看到的是周宗奇的某些性格特征。

11. 世上多见《阴阳魂》

周宗奇对我讲，《清代文字狱》中，他最得意之作是《阴阳魂》。

周宗奇说："当今时代，知识分子是一个被用滥了的词。喜鹊是知识分子，乌鸦也是知识分子。余杰有句话说得精彩：'有歌唱权力的往往并非夜莺而是喜鹊，有写作权力的往往并非大师，而是御用文人，日复一日年复一年，喜鹊也成了我们心目中的夜莺。'《文字狱》我就是要写出历代知识分子的悲惨命运。这些历史经验教训，对知识分子灵魂的腐蚀和摧残。鲁迅说，中国之所以缺少西方那样的硬汉，也是因为中国的酷刑比西方更惨烈。在西方没听说过千刀万剐吧？死也不让你死个痛快。在统治者的淫威下，知识分子学乖了。识时务者为俊杰，全驯化成一批犬儒主义者。没有自己的政治主张，没有自己的人格追求。有一些冤

周宗奇决意开写《文字狱》

案,还是要报效没有报效好,舔屁股舔到胯骨上去了。我敬佩历史上那些传统知识分子的气节。武死战,文死谏。你跑什么?跑美国去,真没有一个像人家谭嗣同那样,'自嗣同始'的气概。中国知识分子太软弱,毛泽东早吃透了这一点,皮之不存,毛将焉附。知识分子是毛,我皇上才是皮,中国知识分子的依附性太大,从来没有形成独立的社会人格,没有形成一个独立的阶层阶级。说什么争取民主呀自由呀,叫我说中国知识分子真他妈的不争气,没骨气,逆来顺受,委曲求全,一代一代知识分子就这样浑浑噩噩地过来。

"我的《阴阳魂》就是写了两个知识分子的典型:天台二齐,齐周华、齐召南弟兄两人,一宗同姓,却是龙生九种,各不相同,截然相反的两类典型。用现在的语言来说,一个是体制内的,吃皇粮的,逆来顺受。一个是体制外的,恪守独立特行,桀骜不驯。"

下面,我先摘录《阴阳魂》中的几个片段,了解一个故事梗概:

> 齐召南生于清康熙年间,他像封建社会大多数知识分子所热衷的那样,走的是一条科举求官的正途,因为他天生聪颖非凡,有神童之誉,年纪很小就中了秀才,并被选送进县学里成为"诸生";不久,他又一跃而成为"拔贡",从此走上一条仕途之路。而他的堂兄齐周华,却备受人世间的百般磨难。同样是知识分子的齐周华,选择了一条与当权者抗争因而充满曲折坎坷的路。就天赋才华来说,齐周华绝不亚于齐召南。但他生性喜欢游山玩水,吟诗作画,自由自在,无拘无束,对进学读书升官发财这一行兴趣不大,三十五岁时还是个屡考不第的"诸生",别说中进士点翰林,连个举人的边儿都没沾上。

> 齐周华的厄运起始于雍正王朝。雍正在残酷地处置了"曾静——吕留良"一案后,深知人心不服,尤其是全国的读书人,一定会对此耿耿于怀。他为了缓和一下人们的对抗心理和情绪,假惺惺地发出一道谕旨,让全国的读书人,就对吕留良的处决一事发表意见。而且特别强调发表不同意见,可以直接给皇上写信。同时,要求各省的学政大臣,不仅不准阻拦、威吓发表不同意见的人,不准扣压、隐藏、销毁所发表的不同意见的材料,而且要保护敢于独抒己见的知识分子。哪一个学政胆敢违命不遵,严惩不贷。很明显,这只不过是当权者一种虚伪的姿态,一种狡诈的权术,或者干脆从本质上说,是一种包藏祸心的可怕的

圈套。但凡有一点官场经验或人生阅历的人，都不会轻易上当。然而书生意气的齐周华宁愿上当，也要公开发表自己不同的观点。

齐周华写了一道准备呈送给雍正的奏稿，题目是《救吕晚村疏稿》，其原文大意是：吕留良先生生在明代末年，进入我们大清王朝以后，致力于钻研理学，著书立说，其声望远播四方。依照他的生活阅历和所受的教育，心里时常怀念前朝，甚至诉诸文字，抒发一些恋旧的感情，这都是可以理解的，并不值得大惊小怪。正如古语所说："桀之犬可以吠尧"。假如说尧帝因为英明就不允许夏桀的狗叫一声，那么，夏桀的狗还算是夏桀的狗吗？明朝的臣民，能允许人家不对我们大清王朝发几句牢骚吗？正是因为这个简单的人人都懂的道理，所以对吕留良的言行，全国的百姓不但觉得无害，反而认为他是一位敢作敢为的义士。再从另一方面说，吕留良奇才盖世，学问精深，他所写的文章不但文采风流，而且含义深刻，大得古贤之真谛，乃公认之理学大师。这样的学识和文章，对于推崇程朱之学的大清王朝，不是很有用处吗？我反复细读了皇上您的圣谕。您不是说，完全出于允许别人有过失、也愿意改正过失的宽仁之心，赦免了曾静的罪行，不但不杀他，还放他回去在长沙城随衙办事。这确实是仁慈的举动。但是我想，既然如此，为什么对已死去多少年的吕留良不能宽大为怀呢？为什么要掘他的坟戮他的尸，还要杀掉那么多他的子孙后代呢？未免太过分了吧？假如允许吕留良的子孙改过自新，他们的表现会比曾静差吗？曾静这样一个反复无常的软骨头尚且能得以宽容，继续活在世上，难道一个死去的吕留良，而且早就得到过先皇康熙的赦免，竟然要赶尽杀绝吗？难道吕留良先生的几本书就能断送我们大清王朝的万里江山吗？真要如此，不是显得这个大清王朝也太脆弱了吗？

最先看到齐周华奏稿的人是训导王元洲。这位王训导一看内容，吓得面无人色。他是认识齐周华的，也很推崇他的才学。出于一片好心，他想劝说齐周华收回这篇奏稿。

二人私下里有一段对话：

王：齐学兄，你这是干什么？你想找死吗？

齐：怎么是找死？我不明白。皇上不是特诏让写的吗？

王：叫写你就写吗？

齐：皇上岂能说话不作数？君无戏言！

王：我说齐兄你呀，你太善良了。如今这世道谁不说假话？谁不骗人？不骗人能活下吗？你还不明白皇上下诏书的真实意图？他正是怕人心不服，才故意……

齐：我不管他这个！他既然让独抒己见，我就要说真话。我心里就是不服。

王：你不服又怎么样？在天不服的有识之士多了，也没见有第二个像你这样的人站出来。

齐：唉，这也正是中国读书人的可悲之处，逆境一来，先去明哲保身，苟且偷生，开头那会儿高喊反清复明的男子汉有多少啊！

王：所以，齐老兄，听我一句话，你也算了吧。

齐：不！正因如此，更得有人站出来说话。不怕死的人在中国没有死绝。

王：你可想到，这有杀身之祸？

齐：哈哈，王兄。你难道忘了，我俩早年同游茅山时，那位修成的老道怎么说我的，说我是东方木星对不对？既为木，则不斫不成器。岂不记荀子在《性恶篇》里说："工人斫木而为器"。

说来话长，《阴阳魂》是一个故事套故事，冤案接冤案的血泪历史。既让人曾抱"车到山前必有路"的侥幸希望，又常面临"山穷水尽疑无路"的绝望之境。一波三折，一节三叹，让我们还是直接进入到结局上来。

乾隆三十三年，二月三日，齐周华在杭州城被凌迟处死。凌迟处死是一种非常残酷的死刑，就是用刀把人肉一小片一小片地从骨头上割光，人还要活着。那就是死也不能让你死得痛快。民间传下很多传说，说齐周华在行刑时，还一边大笑一边吟诗。倒是把杀人不眨眼的刽子手震惊了，没有割完规定的刀数，就吓得昏然倒地；说观者无不为这个天台奇才失声痛哭，哭声绝对能盖过八月钱塘潮。

齐周华是这么个结局，那么，齐召南的结局又如何呢？他一生安分守己，效忠皇上，下场应该是另一番样子吧？有句老古话，伴君如伴虎。官场争斗险恶，充满了勾心斗角尔虞我诈，齐召南就因为曾为堂兄齐周华出的书作序，竟然被政敌罗构罪名，借题发挥，经历了精神上的极度紧张和恐惧，终于在乾隆三十三年五月二十三日惊病交加死去。齐召南只比他的堂兄齐周华多活了一百天，死时家徒四壁，门庭冷落。比起齐周华的轰轰烈烈而死，名传一时，他的这种落寞的结局，岂不是更悲惨？

一个阳刚之魄，一个阴柔之魂，就这样在人世间历尽磨难，最后又都殊途同归，烟消云散化入茫茫宇宙之中。

周宗奇将其取名《阴阳魂》，可谓用意深远。

这是历史题材的写作。周宗奇在书的扉页题词："没有灵感，没有技巧，没有文采，其全部可读性在于历史档案的真实与神秘。"这是写作者惯用的手法："此书纯属虚构，若有巧合，纯系偶然。"小说的障眼法被周宗奇借用于纪实作品。我想，当周宗奇在批阅、撰写这些历史故事时，难道没有当代思考？当读者阅读、感受这些历史故事时，会不产生当代联想？

古为今用，借古鉴今。指桑骂槐，含沙射影。周宗奇不愧为一条血性汉子。山河易改，本性难移。即使寄情笔墨，也是以笔做刀枪的。

12. 为雍正皇帝定位的当代语境

那天，我与周宗奇还谈到他《清代文字狱》中所塑造的雍正形象。

周宗奇在《清代文字狱》中，刻画了雍正皇帝的形象。雍正皇帝的阴狠机诈；他用以统治臣民的帝王权术的圆熟多变；他对吕留良掘墓、锉尸、灭族，却有意留下曾静师徒不杀的奇招；他在日理万机的情况下，仍不忘记在上谕中对臣下做认真的同时又是廉价的"感情投资"；他自己动手，撰写驳斥汉族知识分子头脑中根深蒂固的"华夷之辩"的长文；他既要大开杀戒，让臣下和在野的知识分子畏惧，又想留下"宽仁皇帝"的美名的矛盾心态等，都写得非常传神。让人感到这位机关算尽的君主就站在眼前。还有前面写到的，周宗奇在揭穿雍正皇帝发出征求全国知识分子不同意见的上谕时说："很明显，这只不过是当权者的一种虚伪的姿态，一种狡诈的权术，或干脆从本质上说则是一种包藏祸心的可怕圈套。"

周宗奇入木三分直逼灵魂的雍正皇帝形象，有着让人浮想联翩触类旁通的当代意义和价值。特别是将周宗奇的"这一个"历史人物，放入"当代语境"，

1996年12月8日与张平杨占平合影于人民大会堂作协五代会期间

则会感受到"历史的惊人相像",发现"老谱正不断袭用",从而达到"典型"的共性,当代的共鸣。

一种言说的价值,主要在于言说的语境。遇罗克、张志新所呼喊出的声音,当我们获得新的话语空间之时,回头再看他们的呼喊,并不是具有多么深刻的思想或道出了何等过激的言论,而是在万马齐喑中的空谷足音。左拉《我控诉》的历史价值也正在此。

让我们看看周宗奇塑造"雍正皇帝"这一人物形象的"当代语境":

同一时期,《雍正王朝》的电视连续剧正在热播。用报纸上炒作的话叫做"走红荧屏,火爆京城"。一时间,电视广播、报纸杂志争先恐后不甘落后;一时间,请出专家学者,请来"广大观众",谈雍正的"改革",谈雍正的"政绩";更有导演和男主角郑重宣称:"我就是要调动各种艺术手段,展示坚忍不拔的雍正皇帝所走过的一条困难重重的改革之路。""法国人谈拿破仑,美国人谈华盛顿,十分骄傲,中国呢? 康熙、雍正、乾隆,励精图治,特别是雍正,大胆新政改革,因此才把前清历史推向了前进。我想为中国人塑造几个伟大人物。""康熙去世,国库内只有白银七百万两,雍正继位十三年,国库内留给乾隆的白银有五千多万两,雍正容易吗?"

话说到这份儿上,人们也就听出了话语之中的"弦外之音"。聪明的中国文人,真不乏审时度势察言观色随风转舵刻意奉迎的"马屁高手"。一句话吐出十八瓣莲花,拿了肉麻当精神。

在任何社会热点的背后,总有着权势话语的"舆论导向"。意识形态一统的新闻媒体,是调整了频道调整了波段的喇叭筒。

作家李锐在《也谈皇帝戏》中,有一段颇有深度的议论:

我关注的是,这位被中央电视台隆重推出的"改革皇帝",在社会各界所引发的强烈共鸣。我想问问为什么一提到改革,我们中国人就如此"下意识"地仰仗权力?如何"自然而然"地要求人们臣服于绝对的权力之下?在雍正所有的"孤独"和"艰难"中,可有一星半点是让他人分享权力的艰难吗?艰难必须要由大众由人民来分享,权力——绝对的权力是一丝一毫也不能出让的。这是什么样的"改革"?所谓改革难道不正是经济权利、政治权利、思想言论权利、文化权利,从高度极端的专一统治向权利的平等分享吗?以吕留良、曾静一案惊动朝野大兴文字狱的雍正,以"密折"的方式建立告密制度的雍正,一个如此依赖、迷信、加强极端权力的雍正,怎么就成了"孤独"的"改革者"呢?有了五千万两银子就可以颠倒历史?从什么时候起连谈历史也要"一切向钱看了"?即便要唱主旋律,也总该有点起码的是非吧!

在这个"改革皇帝"的形象中,我们看到了当代巨人的阴影。

与"改革皇帝"雍正的众星捧月形成鲜明对比的是,周宗奇的"残暴皇帝"雍正却消失在公众的视线外,没有鲜花没有掌声,"寂寞开无主"。真正让人尝试到"主旋律""权势话语"的甚嚣尘上铺天盖地。

周宗奇还在《清代文字狱》中,塑造了一个川陕总督岳钟琪和"好奴才富勒浑"。

周宗奇写岳钟琪,此人善于揣摸皇上的心理,知道皇上猜忌多疑,喜怒无常,因而他既要不断表示忠诚,不使自己失宠,又要处心积虑地杜绝一切可能产生疑忌的漏洞,因而始终能让人真切地感到他的奴才侍奉皇上的一片诚惶诚恐。

周宗奇写"好奴才富勒浑",又把一个殚精竭虑绞尽脑汁要讨主子欢心的奴才形象,跃然纸上。光听听名字,也由不得不赞叹周宗奇的"神来之笔"。

中国有着根深蒂固的史官文化传统。中国士人起源于宫廷史官,他们一开始就是一个务实的、以知识求俸禄的、自觉充当国家工具的、几乎完全丧失文化想象力的群体。顾准说:"所谓史官文化者,以政治权威为无上权威,使文化从属于政治权威,绝对不得涉及超过政治权威的宇宙与其他问题的这种文化之谓也。"

周宗奇倒骑着历史的毛驴,完全与传统"史官文化"的时代潮流背道而驰。

周宗奇选择了一条告别鲜花告别掌声，注定"默默无闻"的寂寞之路。

我对周宗奇说："鲁迅有诗文：'何来酪果供千佛，难得莲花似六郎。'说的是他做不出供奉在神坛上的甘美作品，写不出"莲花六郎"那样的漂亮人物。而你则更上一层楼，进得庙来，原本就不准备烧香磕头，干脆是要把庙大卸八块而后快。你把自己定位于这么一个角色，怪不得别人把你视若眼中钉肉中刺！"

我还说："中国有句描写蠢人的俗话：搬起石头砸自己的脚。样板戏《红灯记》里，李玉和有句唱词：栽什么树苗结什么果，洒什么种子开什么花。你学不会中国文人察言观色看风使舵的聪明，又没眼色不合时宜地总往痛处戳，不向痒中搔，这不是你自找的？注定了这一辈子没有好果子吃。"

周宗奇听得大笑不止："骂得好、骂得好。隔靴搔痒赞何益，入木三分骂亦精、知音。知音。人生得一知音足矣。"

（首发《人物》2010 年第 2 期，摘选自《最是文人不自由——周宗奇叛逆性格写真》一书）

「　**恶人韩石山**　」
　　——一种文学现象的剖析

恶人韩石山
—— 一种文学现象的剖析

1. 韩石山说：我就是个恶人，你不用加引号

有记者采访韩石山，提出："文坛上提到韩石山的名字，送一名号，叫做'刀客'，大概是指你对文坛上曾当红或正当红的诸多名家，横刀立马，出刀麻利，下刀忒狠。广东有个作家李更，发表了一篇文章叫《中国200个作家的公众形象》，每个人都给了一句话的评语，称你是'纵横文坛一恶棍'，是个恶人。你对此有何感想？"

记者职业天生伶牙俐齿铁嘴钢牙，这一提问可谓尖锐，甚至可说尖刻。

韩石山雍容大度不恼不愠从容应对："先得界定一下什么是恶人。坏人大都是恶人，恶人却不一定就是坏人。说我是恶人，我就笑着承认了，但要是说我是坏人，那我可就不依了……说恶人就不一样了，我确实批评了好些在他人看来不该批评的人，既不因名高而有所畏惧，也不因权重而有所规避，按现行的社会规范说，当然就是个恶人了。最近，中国友谊出版公司出了我的一本新书，《谁红跟谁急》。在书的序言中，我自己写道：'在中国文学界，我要算个恶人了'，'现在我把我的这些恶行编为一本书，希望能坐实朋友的指责。'或者换句话说，也算记录下我这个'刀客'，留在文坛上的刀光剑影。"

韩石山无愧"刀客"高手，从容接招躲闪腾挪借力发力，不仅化解了对方锋芒，还不失时机地推销了自己的新作。

说着,韩石山发出一阵"嘿嘿嘿嘿"不无得意的笑声。

中国的语言真是神奇。言发于此而意归于彼。言有尽而意无穷。有时候,看似一句吹捧的好话,却让人觉得肉麻反胃甚至弄不清其中暗藏的是杯弓蛇影还是刀光剑影;有时候,明摆着是一句攻讦的赖话,却有着化腐朽为神奇的功用。

许多人有同感:听韩石山的话,听话听反话,不会当傻瓜。韩石山生就"有话就不好好说","语不惊人死不休"。

换了一个场合,韩石山在与我的一次交谈中说:

"如果中国文坛说我是个恶人的话,你不用加引号,我都能承受得了。你就是说我是个坏人,我都认。为什么我敢说这样的话呢?因为我知道我面对的是什么样的一个社会氛围,什么样的一种人与人的关系,什么样的文化背景。我为什么要在这么样的一种社会里去做好人呢?"

韩石山的这番话就说得色厉内荏有点辩解的意味了。从韩石山的话中,我听出了几分无奈几分悲怆又有几分凄楚。

人之初性本善。韩石山的内心深处,大概仍有着做一个好人的本性。

陀思妥耶夫斯基有一部传世名著《被侮辱与被损害的》,描绘了在沙皇专制统治下,几位"好人"的凄惨人生。在陀思妥耶夫斯基笔下,"好人"成为受凌辱受欺压的受气包,成为逆来顺受忍辱受屈的卑微弱者的代名词。

韩石山桂林讲演

韩石山倔强的个性，无法消受"好人"这样一顶桂冠。在韩石山的词库里，好人这个词，反而是要加上引号的。

在交谈中，韩石山还说道："有些人比较理解我，知道我的本性，是一种生存之道。而有的人就认为，你就是个恶人，你就是个坏人。你就是个无赖，你就是个神怒鬼愤。他们骂我的话，我都可以拿来收集收集，就像鲁迅那样，编成一本《三闲集》。"

也许还有更深一层的社会潜意识根源。黑格尔认为：主张性恶比主张性善深刻得多。恩格斯指出："在黑格尔那里，恶是历史发展动力借以表现出来的形式。"这里有双重的意思：一方面，每一种新的进步都必然表现为对某一种神圣事物的亵渎，表现为对陈旧的、日渐衰亡的，但为习惯所崇奉的秩序的叛逆；另一方面，自从阶级对立产生以来，正是人的恶劣的情欲——贪欲和权势欲成了历史发展的杠杆。

关于性善性恶的争辩，一直是哲学上一个不竭的话题。

宁恶，不合俗。这是一切强悍人物的共同特征。

从韩石山似有得意似有失意的矛盾话音中，我们看到了一个人激烈冲突的心理活动。

雨果有一句被人频繁使用的名言：有一种景象比海洋更壮观，那就是天空；有一种景象比天空更壮观，那就是人的内心世界。

人的内心世界，是一座迷宫，一个司芬克斯之谜，一道哥德巴赫猜想。其全部的复杂性来自于无比的丰富性。

韩石山是复杂的，也是丰富的。

2. 一个偷祭器者的自供

毕星星是《山西文学》副主编，长久与韩石山同事共处。他说："老韩是最早觉悟到名气就是一种财富，不管是正面的还是负面的名气。老韩自己就说，一篇文章，报纸刊物上发表了，你是出了一次名。别人发文章批评你，哪怕是攻击你，等于是让你又出一次名。还有比这更上算的事情？老韩这话说得再明确不过了。出名是根本，好名恶名倒在其次。"

韩石山在与我的交谈中,也谈到了名气。韩石山说:

"名气分两个方面,一种是圈子里的名气,一种是社会上的名气。对一个作家来说,你的名气能不能冲破文学小圈子,产生社会上的名气最重要。有的作家说起来不得了,他也就是文学小圈子里的名气,在社会上说起来没有什么反响。一个作家绝大的成功,其前提是,让自己的作品变成一种大众阅读,而不是文学圈子里的高蹈。金庸的成功,金庸的武侠小说,就超越了文学小圈子,达到了一种社会效应。所以说,我站在这个世界上,有了动静,别人说你是转型转的。有的作家一条道走到黑,写小说一辈子写小说,写散文就光写散文不写其他,我就忌讳这个事情。写小说我是迫不得已,因为你要闯进这么个圈子里,你不能不以写小说起家。我写散文随笔,就又打开一个层面,开辟一个新领域;我写批评文章,就是要给这个死水一潭的文坛搅起些风波;包括我后来写传记,那不是说谁想做就能做的,那是靠多少年积累的学识做根底。"

韩石山还有一个公开的表述:"写小说过气了写散文,写散文不行了写评论,评论写不动了做学问。"韩石山一副自嘲自贬的架势。

喜形于色溢于言表的语气之下,是志满意得气冲斗牛。这是一个成功者的表述。

近几年,韩石山声名鹊起影响日隆。我摘录几段网上的评价以做印证:

我大文曾把韩先生比作大陆的李敖,我现在要说韩先生与李敖之不同:

李敖张而扬之;

韩先生蓄而含之;

有异曲同工之妙。

我极欣赏李敖的骨气;

我极欣赏韩先生的……对不起,我还没找到一个赞美的词。

好!韩先生写得真好!开始还光是乐呢,乐得我实在忍不住了!这么淋漓尽致的文字!后来有些安静了。重的东西在后头呢!

一直不喜欢王朔……我以为王朔在文化方面的贡献比不上韩先生,在语言的表述上差得就更远了。韩先生,加油!

前周要做"国家读书日"的博文推荐。把你的和余秋雨的散文同时登出。

……又拿什么和韩老师比?

写得好。写得太好了!

韩老师还有评论的文字更是精彩,又多了一把刷子哩!

……

以李敖、王朔、余秋雨三位文坛当红人物做了韩石山的坐标系陪衬物。

韩石山书房照

韩石山以《猪的喜剧》《磨盘庄》等小说步入文坛,加入中国作家协会,可算是小说家;韩石山以"纵横文坛一刀客"的威名,运斤成风,"横扫千军如卷席",把文坛诸名家逐一评点,或出口成章妙笔生花,把一个人点石成金捧上九霄云端;或唇枪舌剑巧言如簧,把一个人搞得千疮百孔打下十八层地狱,无疑又是酷评家;韩石山以传记文学《纵横谁似李健吾》《徐志摩传》,学术著作《少不读鲁迅,老不读胡适》等,俨然还是研究学者。

2006年由中国友谊出版公司推出了韩石山的"文坛剑戟录":《谁红跟谁急》,更使韩石山"日出江花红胜火","霜叶红于二月花",赤遍全球,层林尽染。

韩石山获得了大成功。

韩石山在上世纪80年代初,写过《偷祭器者的自供》一文:

如果说文学是一个神圣的殿堂,我觉得,自己就像一个混入殿堂的偷祭器者。善男信女们在那里顶礼膜拜,烧香祷告,我却一边装作磕头的样子,一边贼眉鼠眼地左顾右盼,看有没有一个偷祭器的机会,看有没有人在注视着自己。

但是,就在这左顾右盼之际,我被殿堂的肃穆气氛所震慑住了,被拜谒者的虔诚感动了。于是，我又想在这殿堂里找个隐身之处，长久地住下来，以净化我那卑污的灵魂，虽然还存着一线再偷的想法。

可能有那么一天，我会被殿堂的执事们发觉，被善男信女们斥为"非我同类"，甚至痛打一顿。与其那时蒙屈受辱，有口难辩，倒不如趁现在能说话的时候，及早老实交待，也许还能得到神明的宽恕，收下我这个不成器的偷儿。

我们从故作轻松状的戏谑中，读到的是一个痛苦灵魂的独白。

俗话说："雁过留声，人过留名。"人生在世，谁不想"赢得生前身后名"？莎士比亚有句名言：一个人传诸后世有两样：留下著作；留下子孙。

韩石山的扬名欲望，来得有些与众不同非如俗见。

韩石山在山西大学商学院做过一次演讲，演讲的题目是"二流大学怎样出一流人才"。在这次演讲中，韩石山说："世上公认的一流人才有两种，就是曹操说的，一种是能流芳百世的，一种是能遗臭万年的。好成样子的不多，坏成样子的也不多，真要坏成样子了，从智商能力上说，就是一流人才，他不过是往相反的方向发展罢了。同样是偷东西，要是偷了千百次都不失手，那肯定是一流的小偷。要是第一次偷东西就被逮住了，那肯定是世上最笨的小偷。李清照说过，'生当做人杰，死亦为鬼雄，'人之杰，鬼之雄，都是了不起的。《红楼梦》里贾雨村说，'天地生人，除大仁大恶，余者皆无大异。若大仁者应运而生，大恶者则应劫而生。'大仁者和大恶者都是有大本事的，不过一个是应运而生，一个是应劫而生罢了。也就是说，是大仁还是大恶，是社会环境造成的，与他们本人没有多大关系。"

韩石山还说："中国文坛这么大，人们的眼光这么挑剔，你要成个好名不容易的，要成个坏名也是不容易的。你要当个坏人，在你家巷口当个坏人，那太好办了，站在你家门口，见人来了就骂，捡起砖头就砸，三天过来人人都知道你是坏人。要在太原市当个坏人就不好办了，不犯上一两件大案子，是没人晓得的。要在山西省当个坏人就更难了，要在全国当坏人呢，那就难上加难，除非全国通缉。文坛上的道理也是一样的。我的坏名声也是来之不易的。我出了二十几本书，先铺下了底子，又狠狠地批评过几个所谓的大名人，你说是罪恶累累，实际上也是硕果累累。当作家坏名声大到这个程度，等于是犯了大案子全国通缉了，能说不是一流人才吗？"

韩石山在山东海洋大学的讲演中，讲得大概有点口无遮拦满嘴跑舌头，得意忘形之间，竟然一语道破天机："有时候人的名声，都不知道是怎么来的。十年苦读无人问，一举成名天下知。我写小说，写了那么多年，写散文写了那么多年，那都是我精心撰写的呀，但是没人理。这个社会就是这么不公道。你老老实实做人，勤勤谨谨过日子，没人理你。你发上一次横，撒上一次泼，嘿，成了，都说山西还有一个韩石山，韩石山居然能写出这么好的文章！"

中国有句古谚："有心栽花花不开，无意插柳柳成荫"。韩石山不是军人，却是深谙"曲线救国"的迂回包抄战术。韩石山是文人，更是精通"他山之石，可以攻玉"的奥妙，韩石山不愧为文武全才。

带电的云层总要寻找宣泄倾泻的时机，蓄势已久的洪水，终于找到了薄弱的决堤之口。

3. 韩石山拿谢冕初试"韩刀"

韩石山所说的"发一次横"，"撒一次泼"指的是"谢冕事件"。

韩石山如是说："大约是 1997 年初，北京大学教授谢冕在国内同时推出了两套百年文学经典。一套是和钱理群共同主编的《百年中国文学经典》，一套是和孟繁华合编的《中国百年文学经典》。两套书的书名几乎完全一样，只是'中国'和'百年'两个词对调了一下。前一套是八本，后一套是十本。书出来后，山东大学的施战军、山东师大的吴义勤二位老师首先提出质疑：一个人同时编了两部经典，这就是个问题。经典就是最好的，经过时间检验的。经典的鉴定，允许见仁见智，各有取舍，但是同一个人，你不能这个眼睛看一下，是经典；那个眼睛看一下，又不是了。或者同一个作家的作品，这个眼睛看一下，这部是经典；那个眼睛看一下，另一部才是经典。施、吴二位老师看出了问题，指出了问题。"

韩石山敏锐的神经意识到："我知道这是一个机会"。"人家施先生和吴先生都把要害给你指出来了，只是让你把话说足，哪儿找这样的好事去？"韩先生说得很坦率，如果施战军和吴义勤"当时批评得厉害些，力度大些，口气大一些，就没我的事了。不写这样的文章，你们照样当你们的教授，我可就当不成批评家了。"

施战军老师显然是与人为善的，他说："当时我和山东师大的吴义勤老师批评谢冕先生的时候,当然要给谢冕先生留一些情面。谢冕老师是行内人,经常低头不见抬头见的,韩石山先生这个时候就直接说出来,痛快淋漓地把问题捅到了根子上。虽然是我们最早写的文章,但出了名的是韩老师。"

韩石山说:"施先生一点仁慈之心,机会就转到了我这儿。"

"机会说",不像文学上的用语,倒更像是商业上的专用名词。很多人乐于充当文学上的卡桑德拉。他们其实不是在做文学或文化上的判断,而更像是麦卡锡公司的分析师,在进行市场收益和投资回报的预测。

韩石山敏锐地从《百年中国文学经典》和《中国百年文学经典》两部书中发现问题,抓住了这个"百年一遇"的机会。

韩石山的文章,一上来先摆出一副受害者的姿态:

> 北大是中国的最高学府,对北大的教授,我从来是心存敬意的。在我那愚蠢的想象里,别说教授了,就连北大的清洁工也都一个个蓝袍飘飘,浑身的书卷气。北大是中国文化的代表,中国什么地方没了都可以,不可没了北大。有北大就有中国文化,有北大就有中国。然而,往后我不会这么愚蠢了。谢冕先生,你破坏了我的一个美丽的幻想,一个纯真的信仰。

在这个开场白说过之后,韩石山这样介绍他后面的文章:"接下来就写我怎样上当受骗,买了谢冕编的一套经典。我怎样穷,怎样忍着痛,就和拿刀子割似的,掏出我身上仅有的百十元钱买了一套经典。书店老板又怎样笑话我,说还有一套你也该买呀。"

韩石山不愧为小说家出身,他在这里运用了小说笔法,创作了一个情节。韩石山自己坦言:"实际上我连书店都没去,那套书是阎晶明去买的,小阎当时是我们机关理论研究室的主任,能花得起这个钱。"这不是撒谎吗?韩石山回答:"我不这么看。这叫技巧,

2006年元月15日韩石山书房照

恶人韩石山——一种文学现象的剖析

231

叫文章的写法,与品质无关。"

在做了如上介绍之后,韩石山说:"文章一定要做足,才是好文章,我这样写,就是做足了。开头这样好,后面就可以想见了。怎么恶毒怎么来,怎么痛快怎么来,也不是谩骂,只能说讽刺挖苦吧。"

韩石山说:"就是什么电视上说的,该出手时就出手。"

韩石山被称为"文坛刀客",谢冕撞到了韩石山的刀口上。韩石山当仁不让拿谢冕小试"韩刀"。

若干年以后,韩石山的语境和处境都发生了变化,我又听到了韩石山另一种说法:

"别人好像说我是借着他们名气做文章。比如谢冕,让学生写文章骂我:你以为你是谁?谁名气大你批评谁!我在文章中提出来,你一个年轻人这么凶悍,我可以告诉你,你们谢老师是十七年旧教育制度上的大学,他是1955年,我是1965年,我是考上的,你问你的谢老师是怎么上的?谢冕是调干生。我怎么知道他是调干生呢?我有准确判断,因为我们家书多,马上拿出一本《新中国文学辞典》一查,他是1949年参军,1955年上了大学,我一下就判断出他是调干生。("嘿嘿嘿嘿",韩石山发出其独特风格的笑声。)他也参加考试,但分数很低,就是过一下就行。一直到我上大学时,还有这类学生。我是凭自己真本事考上的,他怎么上的?只能说他根子正,苗红留了校。我出身卑贱,所以发配到吕梁山区。你去问你们谢老师是不是这样一个情况?我就不认这个,你们比我高!"

韩石山又说:"无论学历还是学识,我说,你们谢老师1985年出了一本《谢冕文学评论集》,我1988年出了《韩石山文学评论集》,这是一个档次上的书。但是,当时你们谢老师是四十八岁,我是四十一岁。从出书上看我比你们谢老师早。但那是你们谢老师的最高文学成就,而对我来说,只是我的最低文学成就。谢冕出过什么书?20世纪50年代评论董必武、陈毅的诗,没有一本正经学术成果的书。没有一本成本的书。名气很大,就是沾了北大的光,要是山大哪有他。包括魏明伦呀什么,不过就是个有才气的高玉宝。高玉宝就是没才气的魏明伦。在现在这个社会里面,他要成为个人物,他首先的前提是多次运动,把多少有才能的人打下去了,才露出你们。所以,我对这些人从根子上看不起。不是因为多次政治运动,哪里能轮上你?我那年在文讲所说,不让沈从文写作,而要把浩然培养成沈从文。我文章里这么写。我批评的那些人,我根本看不上。我看出了你们的问题,为什么不说?你们先看我批评得对不对,我批评了这么多人,除了陈漱渝写过文章反驳,其他人都没有反驳。我是受过史学训练的,尤其在批评人的时候,绝对不说过头话,不说没有根据的话。都是根据你们自己的资料,进行推理。一般搞评论的还真没我这两下。前一段有记者来采访我,我说,第一,我不认为我比他们差;第二,你就不能以我是个什么样的人来定他们对不对。我就是杀人犯,那也是另案处理,与本案无关。你先说你对不对,不能说我是个什么人。我从来不认为你们是什么人物,我认为是恶紫夺朱。如果不是这么一个社会,如果不是共产党几十年的文化政策,能轮上你吗?如果你们连这么一点反思精神都没有,你得意什么?"

4. 韩石山顽强地要发出"自己的声音"

在韩石山的一次讲演中,有同学提问韩石山:"扬名和做学问之间有什么关系?"

韩石山答:"我认为没多大关系,有人扬了名,实际上并没有什么学问。有的人满腹经纶,却一生默默无闻。"

回答完毕,韩石山又特意强调一句:"不过,我要告诉你们,扬名的感觉是太好了。"

韩石山青灯黄卷,跬路褴褛,有着太为强烈的"扬名"欲望。

韩石山说到他的姓名:"我原名叫韩安远,发表第一篇作品时,署名石山。后来觉得这不像个名字,才加上了本姓。所以取名石山,也自有一番考虑。本来我想叫'他山',取'他山之石,可以攻玉'之意,又觉得太露,才以'石山'为名,而以'他之'为字。以此可见,在写作之初,我已心怀'鬼胎'了。"

韩石山还说:"我的本名,意思是平安而长远。十数年间,它没有跟我荣耀过,却跟我蒙受过许多不白之冤,那平安而长远的字意,恰成为绝妙的讽刺。"韩石山还说:"参加工作后曾想改个名字,后来听人说得写申请,经领导批准后再去公安局备案,而且半路改名,会被人怀疑是不是做过什么见不得人的勾当,因为咱们中国人向来讲究'行不更名,坐不改姓'。麻烦事本来就多,谁还想自找麻

韩石山在印社

烦,遂作罢。"

克尔恺郭尔有一句名言:"一种人是因为要做自己而痛苦;一种人是因为不要做自己而痛苦。"

人生奋斗的本身,就是一个痛苦的过程。克尔恺郭尔所说的两种痛苦,交替更迭地煎熬着韩石山的内心。因为要做韩石山而痛苦。亦因为不要做韩安远而痛苦。

韩石山在上世纪80年代初写过一篇文章,题目叫《自己的声音》。文章不算长,全文摘录如下:

闲来无事,忽发奇想:听听自己的声音。因由是,前几天给一位初相识的朋友打电话,我刚问了一句,他便说是老韩吧,当时心里颇觉奇怪,他怎么听得出来的?再一个因由是,昨天得到一台小录音机,还不知效能如何。

安上电池,搭上磁带,揿下录音键,磁带转动起来了,却心慌得不知说什么好。就像此刻不是坐在家里,而坐在主席台上,面对着成百名听众。总得说呀!

"同志们,咳咳,我代表……"没词了。不像不像,哪有领导干部这么油腔滑调。还是背诵一首诗吧,于是便背诵了闻一多的《静夜》的前半部分。兴犹未尽,又唱了一首歌,是我高中母校的校歌。自我感觉还不错,想来定然音质优美,悦耳中听。

真的优美中听么?该放了,心里直打鼓,迟迟不敢按下放音键。豁出去了,纵然不像黄莺啼啭那么美妙,怕也不会像鸱鸮哀鸣那么森然可怖吧。沙沙地响起来,心提得老高,快了,快了,啊——"同志们,咳咳,我代表……"

(噫,还真像那么回事,可惜没继续讲下去。)

"谁稀罕你这墙内尺方的和平?我的世界还有更辽阔的界境。"

"中条苍苍,黄河泱泱,我校诞生在解放的战场……"

这又像哪个歌星在演唱,费翔还是蒋大为?不知哪根神经出了毛病,鬼使神差地,又放了一遍,这次不是欣赏,而是细细地品味。

不品不要紧,一品还真让我把味儿品出来了。那味儿全在腔调上。

我生在晋南农村,主调自然是晋南土话。并未一土到底,十岁上随父母在山东生活过几年,又带上点山东腔,上学期间基本上是这种东腔西调。参加工作后常外出,发觉这种腔调在本省还无妨,一到外省便不妙了,于是改进方略,一出娘子关就说普通话,那种生硬的晋南普通话。

来到太原后,也有心学几句太原话。后来发觉,太原话太软,姑娘们说说还婉转动听,大男人说起来就不那么入耳了。举个例子,你看大街上那些赖小子吵架,可有一点阳刚之气?要是用我那东腔西调吵,定要痛快得多。于是便打消了学太原话的念头。

唯一于心不安的是,这样一来,谁也不把我的话当成"自己话"了。太原人说我是晋南话,回到晋南,一开口乡亲们又笑我连老家话也忘了,山东和北京人更不买我的账。

想来想去,觉得这样也好,不管好听不好听,至少至少,这声音是自己的声音,能见出我的性情,不是那号人云亦云的大路货。

文章写得既像一首回旋曲,又像一首变奏曲,峰回路转,云遮雾罩。但是,从那跳动起伏的音符中,我们仍听出了韩石山的"主旋律":

韩石山强烈地要向这个世界,发出"自己的声音"。

5. 韩石山的"千古绝唱"

凡是听过韩石山唱歌的,一定印象深刻。

晋冀豫三省大型文学期刊组稿会散记中,记载了韩石山的"唱歌":

去白洋淀的途中,受同伴们豪情的感染,韩石山唱了首"文化大革命"中流行的歌曲《金瓶似的小山》。破锣似的嗓子,公鸭似的嚎叫,听得人目瞪口呆,咋舌不已。有行家评道:历史与现实的混淆,感情与理智的背离,七个音符全不在地方,也实在不容易。

形诸于文字的记载,尽管进行了修辞,但读者仍不难品出其中意味。

我第一次听韩石山唱歌,是在一次作品研讨会的联欢晚会上。朋友笑着告诉我,韩石山的独唱,是联欢活动的保留节目,也是联欢活动的高潮。

前期的保留曲目是《金瓶似的小山》;后期的保留节目是《拐子参加红军》。也还穿插唱过《十送红军》等革命歌曲。

大家拍手,要韩石山来一个。韩石山也不扭捏,引吭高歌一曲《金瓶似的小山》。

韩石山的嗓门很大,底气也很足,属于浑厚粗犷的男中音。然而,不敢恭维,唱歌其实不是唱嗓子,而是唱耳朵。韩石山耳音不佳,所以五音不全,是俗话所说的"左嗓子"。他放声高歌,没唱几个音就跑了调。用一位作家的话说,韩兄也真有本事,调不知跑到爪哇还是尼亚加拉去了,他还能继续跑,他也还能七拐八拐找回来。

下面的人,一个个笑得前俯后仰,人倒马翻,掌声热烈地响起,而且一浪高过一浪。一位女作者捂着肚子,直叫出岔了气,笑得脸上都淌下了泪珠。

韩石山似乎浑然不觉,仍然唱得十分认真,不,准确点说应该是唱得万分投入,而且忘情。

韩石山向山西的作家们介绍过他上小学时音乐考试的情形:那时候期末考音乐,老师压着风琴,让三四个人一起唱。按说,你只要"滥竽充数"混在一起唱完,至少也能得个七十分。可韩石山总想让老师听见自己的声音,唱得格外卖力,结果别的同学都顺利过关,唯独韩石山。老师眼睛一瞪:"你捣什么蛋?瞎搅和,五十分!"

诗人潞潞还讲述过一个细节:有一次他去"作家楼",上得坡就听见院墙里有人在哼哼,听不清哼的是山西梆子还是眉户,拐进院门,迎面碰到韩石山捏着嗓子在唱,才听清他原来哼的是流行歌曲:"让世界充满爱"。

我冒出一个念头:人都有自我表现的欲望。但这种表演欲都是扬长避短,极力展示自己的才华,即便是马戏团里的小丑,以滑稽展示的是更为高超的技巧。没有一个人会是太原话中用的那个专用词——"露茶气"。韩石山的表现欲,难道竟然强烈到了没有自知之明的扭曲程度?

我错了。韩石山很有自知之明。

他在《总算占住一头》中写下这样的文字:"我这个人,音乐和体育上几乎是白痴……唱歌,连唱《东方红》也会走调。有时也想哼哼几句,那都是前后瞅瞅没人,赶紧嚎上几声,一见人来便戛然而止。"

韩石山还写过一篇《都要放声歌唱》,摘录几段如下:

"我想唱歌可不敢唱,小声哼哼还要东张西望……"这是电视台近来每周一歌节目里播放的一首歌曲,题目叫《我多想唱》。

就说我吧,先天不足而又后天失调,是个五音不全的人。"文化革命"中,我连那两首最金贵的歌子都不会唱,滥竽充数达十年之久,也算是韬晦有术吧。但这并不妨碍我也有一点唱歌的雅兴,唱的都是些旧歌子,也只会那么三两句。唱的办法是:前面瞅瞅没人,后面瞅瞅没人,赶紧大声地嚎上两声。不管调子准不准,只求声音高,过瘾。人一来赶快停住,你瞅啥哩,我正经得很呢。

来到太原后,到处是人,当然不能嚎了。有时在家里嚎上两声,妻子还要训斥:"不嫌邻居听见笑话!"硬是把我的这点爱好给革除了。秋天去吕梁山里玩,趁陪伴的当地同志不在,我便在山坡上大嚎一通。同伴说我发神经,我反问他:"在机关里你敢这么痛痛快快地嚎一下吗?吓死你!"

因为自己常有这样的压抑感,在大街上见了过往的行人,便揣度他们未必不想边走边唱,只是跟前有人,才做出这么一副正经样子。要是大街上只有他一个人,像我在吕梁山上那样,准会唱个尽兴。

由此又想到,我们的生活所以这样沉闷呆板,怕是因为每一个人都无形中制约着别人,又被别人制约,都想唱又不敢唱,互为绳索,捆得谁也别想宽松一下。这种社会心态不破除……

韩石山面临所有的人都曾面临的屏障。面临屏障也就面临着检阅跨越的决心和勇气。

韩石山终于有了一次跨越。

韩石山在《看出了门道》一文中说:"……尽情表演的,也许有人会讥为轻狂,毫无表情的,或者会自诩为端庄。我不那么看。端庄诚然是美德,也要因时而异,这不是比端庄的时候。我们的生活够沉闷的了,好不容易有这么个节日可以乐一乐,轻狂点也没什么。此刻的轻狂,正是表现欲强,自信力强,责任心强。"

我们看简单了韩石山。一个唱歌,韩石山有着颇为丰富而复杂的心理活动。

韩石山在成都电子科技大学演讲

"脱掉鞋,坐在马路边,任街风吹拂着散乱的头发,肆无忌惮地打量着过往的红男绿女……"韩石山在《看看咱是啥模样》一文中,做了一番狂放不羁的描述后,问:"你敢这么副德性吗?你敢脱掉鞋坐在大街上吗?"

韩石山发出勇敢的呼喊:"看看咱是啥模样。"

鞋是对脚走路的束缚。韩石山渴望"脱掉鞋"。

韩石山"脱掉鞋"了,光脚的不怕穿鞋的。韩石山面对众目睽睽,面对并不友好然而也无恶意的掌声,面对充满揶揄也是充满赞赏的笑声,韩石山坦然地、发着韩石山式独特的"嘿嘿嘿嘿"的笑声站了出来。

站出来就是对自我的一次超越。

李锐曾撰有专文,题目就叫《拒绝合唱》。韩石山要独唱。

韩石山没有滥竽充数,"滥竽"不怕别人听到自己真实的声音。屠格涅夫有句名言:"大狗小狗都得叫,就各自可着自己的嗓子叫吧。"

从韩石山这并不优美却充满特色的歌声中,我们看到的是作为一个作家的鲜明个性。

韩石山得意地说,《黄土地》中那句歌词最有味儿,"公家人他不知道我会唱歌"。

人们再欢迎,韩石山还唱。人们也还起哄鼓掌,韩石山也仍一如既往,旁若无人地用他那"左嗓子"唱着(准确地说是吼着),"嘿嘿嘿嘿"地笑着。

我有点搞不清楚了:是大家在取笑韩石山,还是韩石山取笑了大家。

说到韩石山的唱歌,毕星星说了一句很有见地的话:"老韩是很善于把负面影响,开发为正面资源的。"

韩石山的唱歌也是那样具有个性色彩。

6. "战罢玉龙三百万","残鳞败甲满天飞"

也许是从谢冕事件中获得了经验尝到了甜头,就此韩石山横刀立马四方出击纵横捭阖八面威风,文坛上谁红跟谁急,学界里谁冒尖拿谁开刀,在韩石山主编的《山西文学》上,以题名《战罢沙场月光寒》分期连载,记录下了韩刀客"战罢玉龙三百万","残鳞败甲满天飞"的刀光剑影。

王朔——

在长时间的沉寂之后,要复出了,要出版他的《看上去很美》了,先来造势,说他要一连写十部长篇。这就离谱了。文学成就,从来就不是以量取胜的。好的作品,有一部足够青史留名……这就不像个有见识的文化人说的话。那一会儿,王朔不像个作家,倒像个什么部的官员。

钱锺书——

钱锺书是中国文化的一个异数,赞美他的,和批评他的,很可能到头来都是一样的不得要领。从小说层面认识他的,看到的是他的诙谐多智,是个东方朔一流的人物。从学术层面看他的,看到的是博学多识,是个百科全书式的人物。若是想到他成名于解放前,生存最久的又在解放后,处逆境而自甘淡泊,受尊崇而不事张扬,还得说是个耿介之士。尤其是他的死,那么平静,那么简约。综合这几点,可以说,只有他知道他是个什么样的人。我们不过是瞎子摸象罢了。

我对钱氏,绝无一究其底里的奢望,只是对他的为人与为文,有一些兴趣。写他的"淫喻",评他的"赞语",都是出于这样的心理。对他的为人与为文,能会心地一笑,已然是了不起的理解。虽然如此,在别的文章中,对他的学问,也说过一些不恭敬的话。记得曾说过,要靠他的《管锥编》打通中西文化,比骆驼穿过针眼还难。还说过,他的学问有多大,若用白话文写出来,就全明白了,用文言文写出来,实在不敢恭维。为这几句话,还受到几个坚定的钱迷的攻击,说我是无知,是伧夫。我没有辩白,本来就是伧夫,就是无知嘛。

然而,待到钱锺书杨绛夫妇,为《围城》的校注本对四川文艺出版社的龚明德大张挞伐,为《钱锺书与〈围城〉》一文的笺证对辽宁的范旭仑、李洪岩提起诉讼,我就觉得这两位大作家大学者做得有些过了。偌大年纪,偌大名气,为什么要在这样的些须小事上动真格的呢,"四人帮"肆虐多年,也没见你们动过这么大的气,怎么几个年轻人不过是因为热爱你们才校注、笺证你们的作品,就这么不依不饶呢?莫非钱杨这样的大智者,到了晚年也会像常人一样糊涂了吗?

贾平凹——

或许是爱之太切又期之太殷吧,越到后来,我对此公是越来越不满意了。我总觉得,成大名之后,他身上少了些清俊之象,而多了些酸腐之气。具体表现是常谈玄学而少读书,不恤苍生而敬鬼神。在当今之世,对一个作家来说,这是很可惜,也是很可怕的。文化人要有识见,要有担当,纵然自己受过些磨难,也应虽九死其犹未悔才是正途。谈玄学,敬鬼神,不管如何自命高雅,都是逃避,都是怯懦。

整整二十年后,又写了这篇《贾平凹:果不读书耶》,意在劝平凹不管名气多大,都不要忘了多读书。不是说多读书对他的写作有多少益处,而是要他砥砺气节,勇于担当,负起读书人的责任来,莫要辜负了读者的殷切的期望。

汪曾祺——

在《沙家浜》的署名问题上,汪先生的表现,也不像个有胸怀的人。这种事情,错了就是错了,疏忽了就是疏忽了,根本没必要说那些辩解的话。你得想想,那个写出沪剧《芦荡火种》的人,也是个和你一样的知识分子,他已悄无声息地死去了,而你却如日中天。再就是,就《沙家浜》的演出本说,肯定是一种集体的创造,你把它堂而皇之地收入《汪曾祺文集》,真的就一点也不羞愧吗?要收也可以,你可以收入你最初给剧团提供的那个草稿,如果你还留着的话。退一步说,《沙家浜》里最好的也就是《智斗》那一场,你要是有充足的证据,证明那一场是你写的,把它收入你的文集也行。就那也得注明它的故事是别人写的。

余秋雨——

在《余秋雨散文的缺憾》中,我对余氏散文的批评,主要是指出,他犯了散文写作的大忌,把散文当小说写了,误导读者,欺哄读者。再就是,他的散文,是一种盛世文章,言下之意是品质不那么高。

韩少功——

　　从1996年冬天,张颐武、王干的挑起事端,到1998年夏天海南法院做出判决,前后三个年头,因韩少功的长篇小说《马桥词典》而起的那场争论,其跨度之长,争论之烈,在中外文学史上,都是罕见的。作为一个文坛上的老兵,我经见参与了这一事件的全过程。当时有个特别的现象,至今仍然值得回味,那就是,一开始,这场争论,就带有"派系"的味道。攻击者一方几乎全是评论家,为韩少功说话的,有作家也有评论家。那些评论家也是平日就跟作家关系密切的。可以说,这是一场作家与评论家之间的争论。支持攻击者的,就我有明确的作家身份。仅此一点,就可知韩少功其人在文坛的地位,也就可见这场战斗,在实力方面是怎样的悬殊。

　　我不管这些。我觉得谁对就支持谁。张颐武、王干没有错,至少这两个年轻的评论家,代表了一种蓬勃向上的时代精神,敢于挑战权威,敢于面对庸常的中国文坛,响亮地说一声"不!"

不必一一列举了。我们可以开出一长串韩石山指名道姓批评的名单:王蒙、刘心武、萧乾、余杰、摩罗、孔庆东、柯灵、韩东、朱文等等。

俗话说,金无足赤,人无完人。搬出文学史上任何一位大师,是既有铜肩铁背硬头颅,也有囊肌赘肉软腹部。韩石山这种"攻其一点,不及其余"的批评方式,被山西作家同行用太原土话叫做"专掐懒经"(点人穴位)。

韩石山在批评汪曾祺时,自己说过这样一句话:"想起来,我真不是什么好东西,常是在作家,还是那些名作家最得意的时候,斜刺里冲出来给上一闷棍。"

韩石山给人以"有失厚道"的印象。

被公众赞誉为"永远的批评者"的钱理群曾给锐利的批评家余杰一封信。钱理群在信中表达了这样的观点:

　　……我能够理解你对中国知识分子的人格弱点的不满与批判,实际上我自己近年来也一直在作这方面的反省,而且这样的反省与批判还应该继续下去。但任何合理性往前多跨一步,就有可能产生意想不到的问题。

我自己是时时为自身的软弱而自责的，但我也仅能限于自责，而不能以一种居高临下的姿态去要求、责难别人。这里确实有一条原则，说是道德原则也可以，就是律己要严，或者用你的话来说，要"严格严格再严格"，但对于他人，只要不是"主子"与"帮凶"，则是应该尽量宽容的——不是不可以批评，但这种批评应以理解为基础，是"劝说"而不是"判决"。

　　我提醒你，在对一种社会文化现象作批判的时候，言词不妨尖锐一些；但在批评具体的人，特别是指名道姓地批评时，则要谨慎，要充分地考虑到批评对象的复杂性、多面性，批评要有余地，不要只图自己说得痛快而有意无意地伤害别人，也就是说，既要坚持原则又要宽厚待人。

7. 韩石山的"寻根"文学

　　上世纪80年代，韩石山在谈到"寻根"文学时，发表过这样一番演讲：
　　"一批有才华的青年作家，掀起的寻根热，精神是可嘉的。我们的民族成为今天这个样子，确实需要从'根'上找找原因。认准病症，才能对症下药。鲁迅当年也是个寻根派，他说国民的劣根性，正是根上的毛病。现在还有寻下去的必要。
　　"问题在寻的方法上。民族性是精神的东西，不是什么物件，丢在山野里了，拨开草莽便可找见；埋在地下了，掘地三尺便可发现。只有现在仍然在侵蚀或可以弘扬我们民族精神的根，才有寻的必要。现在的寻根，似乎不是这种深层的探索，而是寻找创作的题材或凭借，那就背离了初衷了。
　　"根在什么地方？不在荒野，也不在远古，就在我们每一个人身上，就在当今的每一个时刻。一个人从精子与卵子的结合到呱呱坠地，便是一部人类的生命史；再长大成人，便是一部社会发展史，或者说是文化的发展史。我们的身上，凝集着几千年历史的文明与尘垢。我们现在的每一刻，都是历史的延续，折射着远古的反光。深刻分析我们自己，我们的每一刻钟，便找到我们民族的'根'。鲁迅说他总是在无情地解剖自己，实在是最好的寻根的方法，也是最准确的寻根的地方。"

如果不仅仅是把韩石山的话局限于文学创作、文学流派的层面来看,而把视野放宽泛到社会层面、哲学层面来理解,韩石山的话真是说出了海德格尔存在主义哲学的深刻意味。

海德格尔哲学的深刻性在于,他在其传世名著《生存与时间》一书中,对"存在"的认识超越了传统沿袭的三维空间,而上升到加入时间的四维时空观。海德格尔认为:过去以"潜在出场"延伸入当前,而未来又以"期待到来"影响着当前。当前的生存之根,深植于过去和未来。

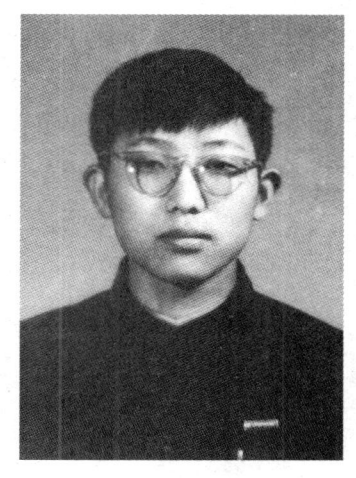

韩石山 1970 年大学毕业

弗洛伊德的《精神分析研究》证实:任何人成年后的反常行为,都与他童年时受到的伤害密切相关,都能在人的下意识潜意识中找出蛛丝马迹。

韩石山童年时代、学生时代的记忆,深深镶嵌在他下意识潜意识之中。

韩石山在上世纪 80 年代初,写过一篇文章:《雪茫茫,路茫茫》。韩石山在文章中描述了他毕业分配后走上就业之路的情形:

　　……天就全黑了,后来的几十里路,全是瞎摸着走的。北风嗖嗖,身上的棉衣被汗水浸湿了又冻成铁甲,走起来裤腿上冰碴嚓嚓地响。悲怆的心情,使我禁不住喊出了蒋光慈《悼拜伦》中的句子:"毁谤啊,飘零啊,这是你的命运罢,抑是社会对你的敬礼!"……

　　那是怎样的路啊。

韩石山毕业后在踏入社会之前做过一首诗:"思乐村里不思乐,红土沟中脸不红。我师良言犹在耳,车未发动途已穷。"韩石山这样阐释自己的诗:"当时学校战备疏散到昔阳县,我们就是在这儿被'集装箱'似的装上卡车就近送往阳泉火车站的。思乐村和红土沟,都是我在昔阳住过的村子。'一打三反'开始后,我曾被半夜抄家,上批判会,住'学习班'。'不思乐'和'脸不红'即指此。'车未发动途已穷',是我当时的真实心情。后来,我把这首诗寄给我大学时的一位老师,碍于那时的形势,我把最后一句改为'披荆斩棘是前程'。这一前一后的两句诗,可说是我后来相当长时期的生活写照。两者互为表里,相辅而成。有时心里想的是'途已穷',做的是'披荆斩棘';有时说的是'途已穷',想的又是'是前程'。"

韩石山说："'高者挂罥长林梢,下者飘转沉塘坳',我当然是低者,一下就被撒到吕梁山里的汾西县。"

在新世纪之初,韩石山又写下《苦难止于诗》一文,忆及"办学习班"此段苦难经历:

"文化革命"中最让人害怕的惩罚,有一种叫"办学习班"。我就让办过一次。那是1970年春节后的事。当时山西大学"战备疏散"到昔阳县,就是大寨所在那个县。我们历史系的师生,住在一个叫红土沟的村子里。一天晚上,已睡下了,突然来了几个人,有工宣队的师傅,系革命领导小组的老师,还有班上的头目,叫开我和几个同学住的民房,一进来就让我穿衣起来,交出"反动日记"。我从高中起就写日记,一本一本全在床下的箱子里,不知哪个同学告发了。抵赖是没有用的,只好乖乖地拖出床下的箱子。经清点,共十三本,全部拿走。走之前郑重宣布,明天起办学习班。

重新躺下。我很害怕。这叫抄家,办学习班的第一步,搜集证据。当时全国都在"一打三反",打者,打击反革命分子也。全校已开过几次斗争会,揪出好几个反动分子,或者说是反革命分子,有老师,也有学生。偏偏这天晚上,我又做了件蠢事。抄家的人走后,我又悄悄起来,将没有抄走的几页日记塞进身边的火炉里。刚要用铁杵捅火,那边炕上一个同学,大喝一声"你要干什么!"扑过来从炉口里抢走那几页日记,然后拿着赃物找工宣队去了。回来后气哼哼地说:"明天再说!"

再也睡不着了。明天肯定要开批判会。办完学习班,说不定会开除学籍。五年大学,不到一学期就毕业了,回去怎么见父母,见亲戚朋友。一面哆哆嗦嗦的害怕,一面又觉得有点可笑,古代那些志士仁人们,被捕受刑之际,不会也是我这么怯懦吧。想着想着,脑子里突然闪过两句诗:"既将此身许中华,何惧尔曹夜抄家!"身边的窗台上就有毛笔,真想将它写在土墙上。当然是不会写的。

第二天早饭后,果然开了批判会。大概是没有合适的地方,说办班,仍让我住在原来的宿舍里,办班的人也都是同学,不过平日革命些。班(年级班)里开过两次批判会。此外就是劳动了,不是去煤窑给灶上拉煤,就是去井台给灶上挑水。不办班时,也做这些活儿,只是现在更多了。直到四月中旬,才宣布解脱。这期间,我一直没有理发,谁再劝也不理,曾对一位要好的同学说,这叫"蓄发明志",古代的志士仁人们都是这么做的。解脱后的那天下午,那位要好的同学陪我去昔阳理了发,理发之前我们还合影留念。后来我还在校部所在地的下思乐村工作过一时间,主要是写材料,直到毕业分配。

曾写出《潜规则》、《血酬定律》等名著的史学家文学家吴思,写过一篇文章:《"学习班"小考》,把"学习班"与土牢、拘禁、限制人身自由做出联系。这无疑是一种深刻的历史洞见。进"学习班"是韩石山人生中一段刻骨铭心的历程。

"是前程"和"途已穷"成为命运变奏曲中反复出现的两个旋律。路,在这里成为一个哲学意念。卡夫卡眼中只有天堂没有路;鲁迅眼中,没有天堂只有路。

韩石山通往天堂之路走得无比艰难。韩石山的人生,经历了太多的磨难。塔尔柯夫斯基拍摄了《伊万的童年》,媒体这样评价:一种被扭曲、偏离生命轴心的奇特性格在他身上发展起来,所有童年应有的无价之宝都无可挽回地从他生命中消失,一出场便伴随着炫目的,给人刺痛的光……他的行为无法以逻辑和因果推断,充满了偶然的突发的意想不到的爆发……一种自作聪明而实际作茧自缚的智性。

屈原厄而赋《离骚》,仲尼困而有《春秋》,史马迁残而著《史记》,文学史上多少壮丽诗篇,皆为激愤之作。艰难困苦,玉汝于成。"天将降大任于斯人也,必先苦其心志,劳其筋骨,饿其体肤……"苦难可以赋予人以财富,苦难也可以剥夺人的品行,一个人对苦难的认识水平和承受能力有着截然不同的两极取向。

8. 韩石山心灵深处永久的创伤

张石山在《文坛行走三十年》一书中,对韩石山的家庭和身世做了这样的描述:

> 韩石山,父亲早早参加革命,乃是在国家要害部门公安机关工作。但国家的关于出身成分的政策是要上溯三代,比如周恩来在家庭出身一栏是必定要填写"官僚地主"的。老韩的父亲却没有做到总理那样的高官。好比旧军官,在我们设定的历史反革命里属于"军政警宪特",你

是师长军长少将中将也罢,不免像战犯黄维似的担任个把全国政协委员不在话下;仅仅是一个小小连长,那就活该倒霉,永远戴了重如泰山的反革命帽子,被严酷专政。只许规规矩矩,不许乱说乱动。运动来了,还要被屡屡打翻在地、再踏上一只脚,永世不得翻身!

韩石山的祖父,成分是地主。他弟兄六人就命定地背负了"地主出身"的家庭成分,沐浴着政策的种种恩典。分配到边远山区,你得表示感激不尽;本职工作,你要做得尽善尽美,还不敢居功;稍有风吹草动,你应该夹紧尾巴做人;不积极,"你在对抗、腹诽",太积极,"你算什么东西?"那简直不是人能够忍耐的日子,度日如年,却只能过了一年又一年。

祖父为了自身解脱,更为了不再祸殃儿孙后辈,毅然自尽。死者长已矣,存者还得忍耻偷生。

正值婚娶年龄的韩石山,此时还遇到了找对象的问题。尽管是堂堂大学生,因为出身受歧视,因为工作地点边远,最基本的人生需求难得圆满解决。大家知道,后来韩石山和温柔漂亮的表妹小魏喜结连理,婚姻堪称幸福美满。但近亲结婚,表妹当初还是农村户口,我们能够多少猜测得出:这或许是一种无奈的选择。纵然齐眉举案,到底意难平。

要改变处境,要证明自己,要脱离苦海,要寻求出路。不止一个失意者要到文学领域来讨取生活、淘金盗宝,这动机距离文学的本意何其遥远。但这就是我们的文学曾经的遭遇。文学爱好者们的遭遇决定了文学必得面对这样的遭遇。

在绝对不止千百名淘金者当中,于是有了一个韩石山。

韩石山在文章《清明雨》中,写到他的爷爷时有这样一段文字:

……我考上运城康杰中学后,爷爷很高兴,说他当年还听过嘉康杰先生讲课哩。初入康中一年多,我的生活费用由爷爷负担,每月寄我十五元钱,五斤粮票。在当时,十五元钱是个不小的数字,使我比一般同学要富裕得多……后来,不知是嫌爷爷负担我的学习费用不合理,还是觉得远在山东的父亲寄钱光荣些,我给爷爷写信,往后别寄钱了,由我父亲寄吧。

韩石山在书中还写道:"这事很让爷爷伤心,他认为我是嫌他不进步是个工商业者。"

在这里,韩石山煞费苦心地选择了"不进步"这样一个词。但从中我们仍不难解读出其中隐含的惨痛社会内容。一向文字功夫酣畅淋漓的韩石山变得笔端滞涩了。语焉不详地"后来,不知是嫌爷爷负担我的学习费用不合理,还是觉得远在山东的父亲寄钱光荣些,我给爷爷写信,往后别寄钱了,由我父亲寄吧"的话语中和"不进步"三个字,竟链接成一幅既若隐若现又触目惊心的印象派画图。当我读到韩石山最后一句"爷爷,你不孝的孙子给你上坟来了"时,不由得天颜大恸潸然而泪下了。

我无法判定韩石山"拒绝爷爷的钱"和发生的"爷爷自杀"有无关联,我只感受到此事给韩石山的心灵所镌刻的深深烙印。

我在与韩石山的谈话中,当韩石山讲到他的家庭时,我出于心中的疑团,不经意间插问了一句:"听说你爷爷是自杀的?"

韩石山的话语猛然打住了。从这凝滞中,我意识到自己的提问是多么唐突和不得体。我不经意间触动到一个人内心深处的伤疤。

韩石山还是回答了我的提问:

"我在《文学自由谈》上写过一篇文章:《桃花你就红来杏花你就白》,写了我的经历和思索。从小学到中学,直至大学,我一直生存在那么一种严酷的环境中,当然首要一条就是生存的考虑……我爷爷……'文化大革命'中我住过学习班,上过批斗会,我爷爷……1965年上半年吧,……戴上帽子……老汉倒不是受不了那个苦,而是受不了那个屈辱……家里边关管押……那时候奶奶已经死了,她有高血压。(此时在一旁的韩夫人插言:在那以前,已经抄家,批判,在门上还糊着对联,就是标语、大字报……)所以,他受不了那个屈辱,我是1970年毕业……我爷爷……双开,开除公职,那是1965年以前?1966年的春天,'文化大革命'开始以前,四清的后期,……到1986年、1987年才平反……像我这么一个家庭……一般人都……事实上我没有让家庭压垮……我在县里面工作,我肯定要保护自己,批判……要了解我这个人,必须考虑这三方面的情况,家庭的政治状况;个人的学习成绩;还有就是经济状况……"

我整理录音的时候,尽管多次反复,极力分辨,但能够听清的就是以上记录的断断续续的话。

韩石山对自己的口才,一向是深信不疑的。他说:"我这一生——只有一条,就是口才太好了。十几年当教员,不管上什么课,前脚踏上讲台,不等后脚提上来便开讲,一股清泉,汩汩流淌,下课铃都响了,还要翻它几个浪花儿。上我的课,不用维持秩序,学生们只有惊异,这家伙怎么有这么多话!"

韩石山又说过:"只要有演讲的机会,天大的事都能搁下来。说好讲两个小时,不超出半个小时停不下来。有朋友对我说,看你到了两小时的时候像是要停止的,我说是呀,那半小时是惯性运动,想停停不下来呀。"

韩石山还说过:"如果把我平日的谈话、演讲,录下音整理成书,肯定比我写的书要多得多,也要好得多。"

而韩石山一说到他的家庭,尤其是说到他的爷爷,就成了钱锺书笔下那个满腹经纶而讷讷于言的方鸿渐。这是韩石山心中永久的痛。我再没插言,也没追问,我不愿再去戳动这个已结疤痕的伤口。

韩石山转换了话题,语调顿时又变得高昂起来,又恢复了好斗公鸡的架势:"你想想,我这么一种情况,一旦立稳脚跟,那我⋯⋯"

韩石山用他那独具特色的"嘿嘿嘿嘿"笑声替代了做出结论和答案。

韩石山说:"我就等于是一个天然的叛逆者,反抗者。"说着,韩石山又发出"嘿嘿嘿嘿"几声笑。

我插话说:"有韬光养晦的时候,就有扬眉剑出鞘的时候。"

韩石山:"哎,就是这样。我一开始是个显露头角的青年作者,一直在文坛上混,但是呢,也没有大出息。然而也没有三二年的沉寂,一直是缓冲地往上走。到了一定的时候呢?它就要有一个跨越式发展。"说着又发出"嘿嘿嘿嘿"几声笑。

我说:"当说话的时候不会危及到你的生存,你就要站出来说话了。"

韩石山:"当然,所以说调入作协是一个大的转折。1988年的选举,也是一个很大的转折。"

韩石山在作协院子里

9. 张石山说，韩石山吓的，见了南华门的狗都要作揖

张石山说过这样一层意思的话："韩石山此公，如今成为刀枪不入的酷评家，经常骂人、也不断挨骂，而能气定神闲、从容应付，绝对是反对资产阶级自由化、清除精神污染那场来势凶猛的大批判烈火，硬是把一块顽铁，炼成了大闹天宫的孙猴子。"

张石山在《文坛行走三十年》一书中，这样描绘了当年大批判烈火中的韩石山：

> 韩石山在引发争议的《静夜》之后，大约在1983年，写出了他的著名中篇小说《磨盘庄》。好像是发表在河南的大型文学杂志《莽原》上，记忆不很的确。（笔者注：当年引起争议的韩石山作品，主要为：1982年发表于《莽原》第一期上的《磨盘庄》；1983年发表于《山西青年》第二期上的《静夜》；1984年发表于《花城》第二期上的《魔子》；1985年发表于《黄河》第二期上的《一个名声不好的女人》等。）
>
> 但那部中篇我读过。印象深刻。我敢断言，那是老韩一辈子写得最好的小说。
>
> ……
>
> 《磨盘庄》应该引发轰动，应该全国得奖。小说艺术的相对圆熟之外，题材领域的开拓、文学笔触的幽微，堪称领异标新。右派作家张贤亮也善于写女人、写少妇，但他的所有人物都成了先验的符号，都成了证明主题的玩偶。张贤亮后来才发表并且轰动文坛的《绿化树》，与韩石山先期发表的《磨盘庄》相比，那是"冯太太说马太太——差的不是一点"。
>
> 但老韩生不逢时，《磨盘庄》生不逢时。这部优秀中篇，没有得到文坛的认可、重视与应有的评价。
>
> 非但如此，《磨盘庄》非但没有获奖，反而受到了批判！
>
> 新时代之来的开初几年，文学界几乎年年有一个"倒春寒"。
>
> 《磨盘庄》发表之际，不幸就赶上了本年度"倒春寒"。本次寒流，名

曰"清除精神污染"。

批判《磨盘庄》,省委宣传部出面,省城各大媒体出动,南华门机关全体作家编辑出马,下面地市文联、知名作家出席。如临大敌,集体围剿。

发言积极踊跃,争先恐后,唾沫几乎淹没韩石山;摄像头、照相机瞄准,必欲万箭齐发,要将小小韩安远射成一只刺猬。

后来多少年,成一兄和我还说起:那一回老韩可是给吓坏了!

老韩也许不愿提起,特别是不愿提起自己当时的害怕样儿。但我和成一,以及当时在场人员,都能作证。

大家一定都注意到了,酒桌上老韩带了酒意,往往口不择言;本来唇枪舌剑,此时更加毒汁四溅。要是一条莽汉不干了,要反击老韩,韩石山酒醉心明,会立即站起来认错。虚情假意的、赖不叽叽的,连连鞠躬、连声道歉:我错了!我不对!我该死!我向你诚恳道歉!我错了还不成吗?

这样的场景,会让人不由想起许多似曾相识的批斗会的场面。

韩石山自称"外圆内方"。我想给他另外注释一下,至少在当初,可以叫做"色厉内荏"。老韩嘴尖毛长,有时张牙舞爪的,其实他骨子里有极其胆怯的一面。

地主的孙子不是地主,但我们的政策是株连亲属。叫他们是"狗崽子",文雅些书面化一些讲话则是"阶级敌人的孝子贤孙"。孝子贤孙们于是学得了爷爷和父亲的把戏,惯于认错认罪。你要批判我,我认罪!你要打倒我,我立刻趴下!

《磨盘庄》受批判的时候,韩石山被通知按时前来参会。进了南华门,他见了南华门里头以及南华门外头的狗,都要作揖!

见了熟人,面带微笑,比哭好看不到哪里。讲话声音暂时不曾打颤,脸色却瞒不了人,煞白泛青。他是吓坏了。批评,批判,离着批斗没有多远啊!

我就此事问过韩石山:"你早期的小说,比如《猪的喜剧》呀,《韩梅英》呀,都能够感觉出你在写法上一直追求标新立异不同凡响。当你写出《磨盘庄》一批小说,受到批判的时候,给外界的感觉是你很紧张。"

韩石山这样回答:

"不是紧张,就是非常害怕。如果真把你干掉的话,那时候老婆孩子还没调来,那你就彻底完蛋了。如果过去你还能在汾西当个教师,如果当时再发展下去,你连这点也没有了。谁知道形势会发展成什么样?我当时正努力把老婆孩子转成城市户口……"

我插话:"那说明大家说得没错,韩石山其实最胆小。"

韩石山:"那是面临一个什么形势?识时务者为俊杰。人家让认错认错,让写检查写检查。当时,《山西日报》让写一份认识检查,我照样写了登在《山西日报》上。还有在晋祠宾馆开了一次宣传系统的批判会,我也照样胆战心惊地做检查。那时候清除精神污染就抓了我一个。全国有五家报纸和刊物发批判我的文章。当时我的小说发在哪,哪里开始批判。《飞天》发了我的小说《棉田明月夜》,甘肃省委宣传部让发消毒文章。河南的《莽原》发了《磨盘庄》,河南省委宣传部专门责令《莽原》编辑部让韩石山写检讨文章。《莽原》派一个编辑找我,我正在山西受制呢,那个编辑说,上边一定要让你写个检查在刊物上消毒。我说,老杨,我在这儿天天干这事。我要过堂呀,在并州府过堂就行了,没必要再拉到郑州府过堂吧?你们爱怎么怎么去。辽宁也是发了个小说,叫《转正》,我是个纯正青年时,就转不了正,我跟上领导变成坏人了,把我转正了。辽宁省委宣传部也让《鸭绿江》发了批评文章。《中国青年报》发过批评文章,《人民日报》发过批评文章。那么大的声势,你能不害怕?"

10. 韩石山"孤傲人生"的背后

韩石山在研究鲁迅中,可说是慧眼独具,注意到鲁研界普遍忽视的一个细节:"人们往往只注意到鲁迅、周作人讥讽陈西滢等人为东吉祥胡同派,现代评论派,正人君子,很少注意到陈西滢的什么话惹恼了周氏兄弟。我认为最让周氏兄弟恼火的,是'某籍某系'四个字。某籍就是浙江,某系就是国文系。这话真是捅了马蜂窝,捅到了太炎弟子们的心窝子上。这就和卖菜扒堆一样,嗖嗖嗖一拨拉,这一堆是某籍某系,很看不起的。"

为什么论战中那么多唇枪舌剑的言语没有触动韩石山,而韩石山独认为是"某籍某系"四个字"捅了马蜂窝","捅到了心窝子上"?

这话说起来有些费解。这是韩石山类似生命感受中的一种"心有灵犀一点通"。

宋元明曾给韩石山一信,旧事重提又说到有关"谢冕事件"。韩石山在回信中说:"韩石山写文章批评了,就是'人身攻击'。我的文章中,只是说谢冕怎样不该同时编两套'经典',怎样粗制滥造,怎样欺世盗名,没有一句话涉及到他的'人身'。到现在我也不认识这位北大教授,他是胖是瘦,是高是矮,是吊梢眉还是斗鸡眼,都全然不知,怎么会对他的'人身'进行攻击呢? 真要说人身攻击,谢冕在文章中暗指我是'边远地区的作者',他的学生徐文海写文章说'韩石山是黄土高坡上的人',山西一点都不比福建边远,我出生在晋南平原,如今在太原住家,绝不是'黄土高坡上的人',这才是涉及到人身并带有歧视的意味,这才可说是一种人身攻击。"

一句"边远地区的作者",一句"黄土高坡上的人",触动了韩石山敏感的神经。

韩石山在反击文章中写道:"我是考上大学的,你问问你的谢老师是怎么上的大学?"韩石山还说:"我查了他的履历,不用查,他的履历就写在《新中国文学词典》里。他是 1935 年出生,1949 年参军,1955 年复员并考入北京大学的。我还不知道这儿'考'是什么意思吗? 这就是调干生,比后来的工农兵学员强不了多少。是我们党为了改变学生成分而采取的一项革命措施。"

韩石山认为这不是"人身攻击"。

韩石山在介绍鲁迅时,说过这样的话:"我对鲁迅的看法,什么时候改变的呢,1987 年我去上海送书稿,顺便去了浙江几个地方,在富阳拜访了郁达夫的长子郁天民先生。郁先生当时六十出头了,有病,说话有气无力的,他问我,二三十年代浙江出了这么多文化名人,你知道这是为什么吗,我说不知道,他说,这些人大都是:一,家道中落,二,寡母抚孤,三,个子都很矮小。前两项我能理解,后一项我不太明白,问郁先生这是为什么,郁先生说,个子矮小的人狠呀。"韩石山然后介绍说:"鲁迅有多高呢,前两年我去过厦门大学,校园里塑着鲁迅的全身站像,那么一点个子,好多人都很奇怪,鲁迅怎么会这么矮呢。厦大的朋友说,这是按鲁迅的实际身高塑的,当时人家还说了一个准确数字,我忘了,顶多不会超过一米五五。后来我翻看《鲁迅全集》每卷前面的照片,发现鲁迅很少照全身像,要么是半身,要么是坐着的,一两幅全身照,也是跟别人一起照的。"后来,韩石山在山西大学商学院演讲时,讲到"狠劲",又旧话重提:"鲁迅你说有多高,不会超过一米五五。厦门大学校院里塑了个鲁迅的全身像,据说是按鲁迅的真实身高塑的,我到了跟前,只打到我嘴巴这儿,你说能有多高。"

韩石山在说到鲁迅对陈西滢等人的对立情绪时,还说了这样一段话:"这些人还带来一套新的生活做派,西装革履,仪表堂堂,头戴礼帽,手拿STICK(文明棍),听音乐,喝咖啡,没事了办个舞会什么的。这也是长袍马褂,自命风雅的太炎弟子们望尘莫及,自叹弗如的。要是再和这些人的家庭、婚姻生活相比,就更让鲁迅这些人心寒齿冷了。他的个子前面说了,要说长相,照片是说明不了问题的。见过的人说的才是真的。年轻人是这样的看的'一件灰青长衫,一双破皮鞋,又老又呆板'(马珏),'黄瘦脸庞,短胡子'(吴曙天),那时鲁迅才四十几岁,和鲁迅私交甚好的曹聚仁说过,有次鲁迅外出,碰到一个人贸贸然地问:'那种特货是哪儿买的?'特货是指鸦片,他的脸庞很削瘦,看起来好似烟鬼。这是曹聚仁的原话,不是我编的。"

韩石山也不认为这是"人身攻击"。

而"某籍某系"四个字,而一句"边远地区的作者","黄土高坡上的人",就是"很看不起的","带有歧视意味"的"人身攻击",就是"捅了马蜂窝",就是"捅到了心窝子上"。

韩石山曾说过这样的话:"什么事情都是与个人的切身利益相关的。即使其时鲁迅已具备先进的思想了,没人招他惹他,也不会这么穷凶极恶的。"而韩石山对招惹鲁迅"穷凶极恶"的"我认为",应该说是触类旁通,触景生情,有感而发。

从韩石山独具慧眼的"洞察"中,我们机缘偶得地触到了他那根敏感而紧绷的神经。

让我们先看韩石山在演讲中的几段话:

韩石山在山东大学演讲时这样说:"我是1970年大学毕业的。学校嘛,很抱歉,跟山东大学只差了一个字,名气可差远了,叫山西大学。山西大学只能说是一个古老的大学,而山东大学是一个既古老又有着革命传统的大学。像李希凡、蓝翎这样有革命批判精神的学生,山西大学是出不来的。"

在母校山西大学演讲时,韩石山有这样一段话:"今天我讲的题目是,《二流大学怎样出一流人才》。你们会奇怪,海报上不是写的是《文学与人生》吗,怎么又换了题目。实际上当初我想讲的,就是现在这个题目,只是考虑到,这个题目要是写在海报上,会引起误解。说不定就不让我讲了。这个题目我考虑了很长时

作品讨论会上

间,一直想着,什么时候山大叫我演讲就讲一次。那位老师问题目时,动了个心眼,顺口就说了那么个好听的题目。要是说了现在这个题目,你们会想,怎么,我们山西大学就是个二流大学?我是好心。这个题目,只能在山大讲,只能跟自己人讲,到了别的学校就不能讲了。"

韩石山还说:"怎么说呢,说山西大学是二流大学都是客气的。中国的一流大学是北大、清华、复旦、南开、南京大学这些大学。二流大学是哪些就不说了。我出去开会,一说是山大,人家就说,噢,山东大学呀。我赶快更正,说对不起对不起,是山西大学。这样说了人家脸上还有点疑惑,没说出来的话可能是,山西还有大学呀。"

到演讲结束时,韩石山又返回到这一话题:"前些年,有次讲演,我说过这样的话:'如果它是暗淡的,将因我而光彩,如果它是平庸的,将因我伟岸。'记住这句话,对学校有好处,对我们个人也有好处。学校好了,我们到了外面脸上也好看。别再像我遇到的那样,一说山大,人家就说,噢,山东大学呀,弄得你脸都不知道往哪儿放。"

韩石山后来把演讲稿整理发表时,后面有一个附记这样写道:"2002年10月19日我在山西大学科学会堂演讲,题为《我对鲁迅的看法》。2003年9月24日我在中国海洋大学文学院的演讲中主要也是谈鲁迅。此稿系将两次讲演综合而成。副题只写中国海洋大学而不写山西大学,不过是虚荣心作祟罢了。"

韩石山还写过一篇文章:《你就是我的从前》,文章中有这样的文字:

四十多年前,高考过后,回到了老家的村子。考试的成绩,自我感觉尚可,可我知道,能不能录取跟分数没有多大关系,全在政策的宽与严,宽一点说不定会乘隙而入,严一点就只能回村务农了。那是1965年,经过"四清"之后,农村的形势一天比一天严峻。像我这样的本地高中生,最好的出路是当个民办教员,到一个小村里教书,若是村长支书看不上眼,那就只有劳动一途了。而一个出身不好的农村青年,只能是做最重最脏的活儿,年纪再大些,就是挨家挨户掏茅粪了。这是我最为害怕的。想一想都让人了无生趣。

万幸,一个月后,通知书下来了,虽说不是自己理想的学校,好赖总是个大学。长长地嘘了口气。不管怎么说,总算是逃出了农村。

韩石山还说:"从高中三年开始,我算是体会了人情的冷暖。……总是歧视我,有时还说些不三不四的话,故意伤你的心。"

音乐里有回旋曲。反复回荡反复再现的音符,展示着音乐家内心的主题。

韩石山是幽默的。韩石山喜欢说玩笑话。我不会傻到憨到麻木到把玩笑话当真。然而,一个人总寻找什么内容来开玩笑,其实既是一种宣泄,也反映着他的观念层面和思路趋向。

崔卫平说过这样一句话:"一个人经常谈论的东西,往往是对他本人具有威慑力的东西。并且,他知道这个东西不属于自己。"

多少年来,韩石山对自己毕业于山西大学历史系,一直是"别有一番滋味在心头"。

韩石山说:"我本来是能够考上更好的大学的。"韩石山还说:"我当年为没有考上更好的学校羞愧不已。"

韩石山是1965年考的大学。韩石山高中上的是山西全省闻名升学率极高的康杰中学。韩石山一直是成绩名列前五的高材生。但是韩石山说:"1965年夏天,阶级斗争的弦绷得已经很紧了,学校也左得不得了,把所有出身不好,家庭有历史问题的考生,全放在一个考场。过了多少年,我都大学毕业了,一次在火车上遇见我当学生时的数学老师,当时已是副校长了。他对我说,你知道不知道,你们那个考场就考上你一个呀。"这其中,还因了山西大学历史系主任许予甲先生与韩石山爷爷、父亲辈的关系,而给予了特别的关照。

对此,几十年后的韩石山仍忿忿不平。他说:"我后来批评社会上的一些不良现象的时候,就不由得会想到,怎么能让这些人胡作非为,而那么多的优秀学生却默默无闻!就是批评谢冕的时候,我也想的是,真要是公平竞争,你谢冕上得了大学吗?"

韩石山还说:"五六十年代的时候,我常听说有县委书记、县长的孩子考不上大学的,现在哪会有这样的事,不光能考上,还都是好大学。'文化大革命'中的推荐上大学，更是荒唐。就是现在，我也不主张保送上大学，说是品学兼优，都是学生，又没有杀人放火，怎么他就品行优良，我就品行不优良？都是学生，都是公民，谁能上谁不能上，一个字：考！"

韩石山还说："江西那个叫枪毙了的副省长胡长清，他拿的是北大文凭，管理学硕士，你们以为是假的吧，错了，是真的。谁给的？肯定是学校里的人给的。这能光怨胡长清吗？"

就是对谢冕同时编两套经典之事，韩石山也发表着这样的看法："比如说山东大学的某个教授做了这事，我想施老师会一笑了之，老师缺钱吗，编两套就是两份钱嘛。但你谢冕不能这样做，你是北京大学的，影响太大了，这是误人子弟呀。"

韩石山在反击谢冕学生的文章中，还说了这样一段话："从所受的教育上来说，我和你的谢老师是同时代人，都是'十七年旧教育制度'时期进入大学的。学校不同，学历是相同的。只不过他根正苗红留在了大学里，我出身卑贱去了吕梁山里。"

前文韩石山在与我谈到谢冕时说过一句："名气很大，就是沾了北大的光，要是山大哪有他。"

一个人成长发育中受到的创伤，势必给人的一生留下印记，刻下疤痕。

上世纪90年代初，《火花》杂志上开辟了一个栏目，叫"成名背后"。韩石山在其间有一段"自白"，他自命名《孤傲人生》。

  大学期间，是"文化大革命"闹得正凶的时候，公道说，同学之间相处也还平安。只是有那么几个人，一旦来上个什么运动或是掀起个什么高潮，对我这个先天有亏的畸形儿，总是倍加关照，不遗余力地帮助，却叫人无法接受也无从感激。遇上个屁大的事儿，别人三言两语便可搪塞过去，你就没那么便宜，得狠挖思想根源乃至阶级根源。明知受之有愧，也只得受了。但这得有个度，正年轻气盛，一超过那个度我可就不依了。

  比如小组会上，我做过检查，同学们依次帮助，此时若哪位老兄的话过于激烈，伤了我的自尊心，当时反驳又有所不便，我就会拧一下脖子，狠狠地斜他一眼或者轻蔑地撇撇嘴。那意思等于说，你也配批评我么？

可别小看了这一手,往往会收奇效。对方的声调,遽然间便会低了许多柔和了许多。说不定末后还会特意表白,他是怎样出于至诚绝无恶意。

这是我在那个岁月里,保护自己的一个秘密武器,从未向外人道破,也未被大家识破。——一道破识破就不灵验了。

……

可这能全怨我吗?倘若有人(神?)在四十年前对我许诺,你的家庭可以平安无虞,你自己也可以事事顺遂,不用东拼西杀,不用含辛茹苦,只要心平气和地学习工作,一切都会如期而至!我要是不努力当个谦谦君子,那我准是天下头号傻蛋。最有力的证据或许该是,我三五岁时总跟别的孩子一样天真无邪吧?但是有一天,我忽然发现,我跟我的小伙伴们并不完全一样,他们做了错事,老师,村里的长辈,总是笑呵呵地原谅了,我要做了错事,那些人眼里总有些异样的神色,不完全是恶意,也有担忧的成分。回到家里,母亲也格外严厉,似乎我是个不晓事的逆子(笔者注:韩石山另有一文《母亲是怎样摧毁知识分子的》)。后来才明白,这一切都因为那个可恶的家庭成分——我至今都不明白这两个字的确切含义是什么,物质的化学成分是哪些元素,家庭成分不好,那不就是说其中包含的元素与其他家庭不同?

……有人诋毁,不必去辩白,也毋须为此改变自己的为人行事。安然若素,是对诋毁者最大的轻蔑。

成也萧何,败也萧何。孤傲,这一亦是亦非的品格,我若真有什么建树因了你,若再受什么磨难,准还是因了你。你这合不来又离不开的冤家!

被誉为"人本主义心理学之父"的美国哲学家马斯洛说:"人是一种不断需求的动物,除短暂的时间外,极少达到完全满足的状况。一个欲望满足后往往又会被另一个欲望所占领。人几乎总是在希望什么,这是贯穿人整个一生的特点。"马斯洛并且提出了"需求层次论",把人的需求层次做了一个阶梯形的排列。一、生理需求,也就是温饱的需求。这是人的所有需求中最基本、最强烈、最明显的一种需求。只要这一需求还未得到满足,他就会无视或掩盖其他的需求;二、安全需求,如果生理需要相对得到满足,接着就会出现安全需求。安全需求的直接涵义是避免危险和生活有保障,引申的涵义包括职业稳定、存有积蓄、社会安定等;三、归属与爱的需求,当一个人的生理需求和安全需求都很好地得到满足以后,爱、感情和归属的需求就会产生,并上升为新的行为动机中心;四、尊重需求,当上述三方面的需求获得满足之后,尊重的需求就会产生并支配人的生活。希望自己能得到他人和社会的积极认可和高度评价;五、自我实现的需求,自我实现的需求是人生欲望的最高阶层。它可以看为是对自我发挥和完成的欲望,也就是一种使人的潜能得到最大实现的倾向。《纽约时报》评论说:"马斯洛人本主义心理学是人类了解自己过程中的一块里程碑。"

韩石山作为一个"人",经历了马斯洛所言的需求的每一个层面。他有过为"生理需求"的拼搏,有过对"安全需求"的惶恐;还有过对"归属与爱"的孜孜以求。他凭借自己的聪明才智,也凭着不懈的奋斗,有了一次次的超越。他终于达到了"尊重需求"和"自我实现需求"的层面。

苦难是磨刀石。苦难磨砺于肉体,是增加了厚度,肌肤用老茧抗衡着岁月的风刀霜剑;苦难磨砺于精神,则使敏感的自尊心日见脆弱,以至如同玻璃器皿一般易碎易损。

有人把自尊心称为一种会发炎的东西。当自尊心发炎时,寻找不到控制炎症的"甲硝唑"、"利君沙",于是炎症引发高烧,把一颗玲珑剔透的自尊心,烧成一尊玻璃器皿。

还有人认为,自尊心是由碳性物质组成,它在不断增强硬度的同时,韧性则不断弱化,变得脆弱易碎。

韩石山对"尊重的需求",对"自我实现的需求"敏感脆弱得如同一尊玻璃器皿。

(首发《中国作家》2009 年第 1 期,再刊《人物》2010 年 3 月号,摘选自《恶人韩石山——一种文学现象的剖析》一书)

「何不潇洒走一回
　　——钟道新的智者人生

何不潇洒走一回

——钟道新的智者人生

1. 科技神笔凭空折

正在蒙特利尔写钟道新的智慧人生,万里外传来钟道新遽然离世的消息。

《何不潇洒走一回》是早已拟定的题目,它与写赵瑜的《天降大任于斯人》构成姐妹篇。"拯救"与"逍遥"历来是宗教、哲学,也是文学功能的命题,是人类生命价值和生存方式的两极取向。

谁曾想,一句状写钟道新人生理念生存哲学的话,竟成为对人生无常生命短暂的悲叹。颇有了曹操诗句"对酒当歌,人生几何"的意味!

说来有些离奇,有些匪夷所思。我在电脑上写作,使用的一直是"汉王笔"。"汉王笔"是钟道新所推荐,我南方口音拼音不行,学其他输入法,我又抱定"人过五十不学艺",于是,独得科技之先的钟道新向我推荐了"汉王笔"。使用了七年一直好好的,怎么突然有一天,《何不潇洒走一回》正撰写了一半,毫无预兆毫无缘由地电脑就失去了识别功能。

科技神笔凭空折!我只好停下手头的写作,从头学五笔字型。

苍天从来妒英才!我没想到,意外竟应在一个不愿相信的消息上。

在为钟道新送行的众多文章中,几乎都使用了"潇洒"一词。

《黄河》杂志主编张发曾无数次地发出感慨:"潇洒谁似钟道新。"

文坛人称钟道新为智慧写作。钟道新无疑是一个智者。钟道新对我国历史上的另一个智者庄子,表现出惺惺相惜英雄所见略同。

钟道新谈到过庄子的《逍遥游》,钟道新说:"庄子最有代表性的作品无疑是《逍遥游》,它讲的既是一人生哲学,也是一生活态度。逍遥游就是无拘无束我行我素,逍遥游就是天马行空独往独来。"

鲲鹏展翅九万里,背负青天往下看。钟道新的智慧给人以一种横空出世高屋建瓴俯瞰人生的姿势,让人觉得他似乎时时嘴角透着一丝微笑,以一种大悲悯的情怀对世人说:瞧瞧你们活得多累。不能活得轻松点吗?

钟道新在书房

钟道新有一次戏谑地说:"昆德拉写了本《生命中不能承受之轻》,我来它一本《生命中不能承受之重》怎样?"

钟道新说:"人生就是一过程,一个逗号一个句号,人生就这样结束了。"

钟道新还说:"著书都为稻粱谋,稻粱有了,不谋了,人生苦短,玩吧。"

钟道新活得潇洒。

从加拿大回到南华门作协大院,听到了众声一词的痛惜。

李锐说:"现在心血管疾病算个什么病!现代医学这么发达,我去年做了一个心脏搭桥手术,不一点事都没有。道新半个月以前就感到胸口憋闷,我劝过多少次,他就是不去医院检查。"

焦祖尧说:"我也搞不清楚,道新为什么就是不去医院,有正高职称的人,每年有一次例行体检,他一次也没去过。"

司机林源说:"有一次,我给他化验单也开好了,开车把他拉到医院门口,他还是没抽血。他好像是怕进医院。"

钟道新的夫人宋宇明,提起她时我用样板戏《沙家浜》上的一句台词:"这个女人不寻常"。有一次钟道新出了车祸,住进石家庄医院抢救,她得到消息,居然能镇定自若安顿:不要输血,免得治聋治哑落下后遗症。此次钟道新遽然去世,她依然语出惊人:"这可能也是钟道新的一种自我选择。他就是不去医院,他一辈子都追求处于一个能够由自己掌控的环境,他选择写作就是这样。到医院,完全身不由己了,一切得听医生的,任由医生摆布。钟道新活着时说过,我去医院看过病人,让剥得赤条条精光,插上各种管子,谁过来也可以揭开看,哪还有一点人的尊严。钟道新还说,一个植物人似的供在那儿,活着还有什么内容?生不如死。人的生命不仅是个数量,更是个质量。他没有任何痛苦地走,这大概正是钟道新一生所追求的……"

宋宇明的话说得够坚强,可泪水还是情不自禁地夺眶而出。

宋宇明还说:"钟道新一辈子活得潇洒,走得也潇洒,他不愿意拖累任何人,老天爷是遂了他的心愿。"

也许,知夫莫如妻?

死亡将一个人凝固于"盖棺论定",钟道新以自己的全部生命实践,完成了"何不潇洒走一回"的人生命题。

2. 蜗牛,背负着生命的沉重

笔者与钟道新的最后一次交谈,是 2006 年 3 月 29 日在他的西客厅进行的。

"西客厅"是笔者的叫法,以此区别于他的另一客厅。

山西作协盖起一栋新宿舍楼,钟道新以副主席一级作家的身份分得一套一百五十多平方米的住房。在西单元二层东面。几年后,对门邻居阎晶明荣调中国作协,举家迁往北京。钟道新"近水楼台先得月",又住进了西面户。这栋宿舍楼的格局是一梯两户,对门邻居成为钟道新的独层独户。

钟道新的二哥来山西,看了钟道新的新家后,很纳闷地说:"你英文也不会,数学、物理也不会,怎么住这么大的房?"

钟道新的二哥是我军有名的通信专家,授衔少将。他发明了复读机、逆向英语学习法(通常学英文,都从写到读。而此方法,却从听到写。故称逆向),在中央电视台开过专题讲座。还写过很多专业著作。他一向认为唯有能够经验的、重复的学问,才是真正的学问。视写作这个职业为左道旁门。

钟道新出生在一个理工世家,父亲是留学美国麻省理工的博士。钟道新有两哥一姐。大哥子承父业,从上世纪50年代起就在清华大学任教;二嫂后来是清华大学工物系的党委书记;姐姐在清华图书馆供职,也是一位学者;姐夫是当年"九颗红心向祖国"中巴外交风波中家喻户晓的外交家王耀庭的儿子,是新华社驻香港特别行政区的高级官员。无论从家学渊源还是身世背景,钟道新都顺理成章应该从事理工,成为一个科学家。然而,一场风暴把一个生命抛出了预定轨道,就此改变了一个人的人生。

钟道新这样回答二哥的不屑:"您英文也会、别的也会,住多大房也应该。兄弟我什么都不会,也住大房,才是真本事!"

钟道新还说:"您是通信专家,了解行当中的一切。但物理的世界,是一个简单的世界:地球上任何一个地方,两个电阻串联在一起,都等于分电阻之和。可兄弟我懂得人。而人是变化的,用您的行话说:人是多元复变函数。其中奥秘,很少人能懂。兄弟我就是其中之一。"

钟道新很喜欢《红楼梦》上的两句诗文:"世事洞明皆学问,人情练达即文章!"多次在作品中使用和在与人谈话中提到。

在那天的交谈中,钟道新拿出一张照片给我看,钟道新说:"这就是当年我们家住的那院、那房。叫新林院。新林院是清华名头最大的一个住宅区,通常只分配给从国外回来的教授,而且由当时的校长梅贻琦亲自掌握。周培源、梁思成、潘光旦、钱锺书,都居住在这里。新林院的房子很高大,屋顶铺的都是青石板。我们家住的这院,最早是蒋南翔住的,后来是宋平,再就是我们家住。这是美国人建的房子,光这条路现在也值点钱了。这是松墙,美国人的房子是开放式的,这是现在照的,以前这儿是一花园,九间房子。我们家那时候住二百多平方米,就我和我爸、我妈三口人。我哥我姐都出去了。现在二百平方米不算啥,那时候够宽敞。所以我结婚后,好长时间房间里不能有人,我上学时痛苦极了,一有人我就不自在,出差三个人住一房间我就不会,毛病还挺大。我结婚时就一间房,还没上下水,每月房租四分钱,不也照住生孩子。当时,我最大的想法,就是有一套房子。没条件就说没条件,你不能说从前,阿Q说他祖上还挺富。你说你以前怎么着,没用。到哪会儿说哪会儿。"

钟道新还说:"我刚调回作协来那一阵,就住在李锐蒋韵他们家。那时候也没钱,住不起旅馆招待所,就住他们家。他两口子住在机关后面的小二楼,楼下还有一间厨房。他两口子对我挺好,收拾出楼下的厨房给我住,吃饭也叫我一起。可是别人再热情,你也是一种寄人屋檐下的感觉。现在踏踏实实的想住哪住哪,总统套间也是咱住的。不过你不能现在说算什么,那会儿很重要。我至今念人家李锐蒋韵的好。"

我环视一圈钟道新陈设堪称宽敞豪华的西客厅说:"如今你是鸟枪换炮了。"

钟道新笑着说:"兄弟我一支笔,从一无所有,小房子写成大房子,容易吗?"

钟道新有一次这样问我:"你还记得'文革'中那个'蜗牛事件'不?美国人送中国代表团一礼品,蜗牛烟灰缸。江青'四人帮'说这是对中国人民的污蔑,是讽刺我们的经济像蜗牛一样爬行。抛开当年别有用心的政治背景不说,可见江青这帮人是多么的不学无术孤陋寡闻。美国够富,可住房也是一最大经济负担。一辈子还房贷,人称之为'房奴'。人家美国人是把蜗牛当一吉祥物。世上万物万种,连人类也包括在内,唯有蜗牛,它的住房是与生俱来的。上帝馈赠的大礼包。你说还不是大吉祥?住房,是物种生存的基本条件。金窝银窝狗窝,啥不也得有个窝?"

蜗牛背负房子的形象成为一种象征。生命中不能承受之重。钟道新对住房的议论中,有着复杂的潜意识内容。

3. 钟道新说,本人现在什么都不缺,就缺高兴

钟道新与我交谈的西客厅,西北两堵墙上都是一式顶天立地的核桃木书柜,里边陈列着一套纪晓岚主编的《四库全书》。

钟道新津津乐道地讲了核桃木书柜和这套《四库全书》的来历:

"为了充填'空巢',我随即订购了三十个到顶的书柜,而且是核桃木的。公司经理是我的朋友,他认为根本没有必要,普通的木头,三十年也没问题。我坚持要做:这东西对我,不仅是实用,而且有美学价值。他接着给我讲了唐代名将郭子仪的故事。说皇上批地给郭建房,郭每天都去看,嫌地基不牢、嫌柱子太细。不一而足。工匠于是问他到底要干什么?他说要传五代。工匠于是对他说:我家祖传干这个的,京城的大宅子都是我家建造的。迄今为止,还没有见过一幢传过

三代的。郭子仪听说之后,默然良久,从此不再来监工。我反驳说:'郭子仪是郭子仪。我是我。'

"1995年春节,我与一位爱书的企业家朋友一起喝酒时,他对我说:'上海古籍出了《四库全书》,只印了两千套。你要不要?'我毫不犹豫地说:'当然要。'稀缺就是好,这是计划经济过来人的一个固定观念。

"大约一个月后,朋友电告我书已经定下。又过了一个月,他把书给我送来了。我一看就傻了:《现代汉语辞典》那么厚的书,整整一千五百本。没地方放,只好堆在阳台上。这五十箱书,害得我一晚上没有睡着觉:生怕把阳台压塌了。次日清晨,我就开始了'上架工作'。整整用了三天时间,才让它们归位。我望着四种颜色的经史子集,心里很高兴。"

我看看满满两堵墙的《四库全书》,问钟道新:"这得好几万吧?"

钟道新:"十二万。"

我目瞪口呆:"你看得过来吗?"言外之意:花十二万买闲书,你钟道新一掷千金,也潇洒得可以。

钟道新说:"不止一个人问过我。这书就不是看的,而是查的,需要什么查什么。书到用时方有用。备而不用。一共三亿四千多万字,全看了就成了纪晓岚了。"

钟道新又补一句:"还有人问我,这书有什么用?我一律斥责他们庸俗。晚霞有什么用?白云有什么用?中央芭蕾舞剧团有什么用?干吗非要有用呢?我看着高兴就行。本人现在什么都不缺,就缺高兴!"

钟道新在书房

"五花马,千金裘,呼儿将出换美酒。"有钱难买一高兴。

4. 钟道新说,不是金子就能闪光

钟道新向我讲述了他早期的创作经历:由投稿、退稿,到1987年一年中给

《山西文学》的四篇稿全用了。

我说:"是黄金总会闪光。"

钟道新说:"你这说法不对。不是金子就闪光,它金子是一大堆沙子中淘出来的,淘尽狂沙始见金。这里边有运气。你碰的人恰好对……你打击两下,像我这种人,肯定干别的去了。属于灵活的人,不会死谋一条道,一条道走到黑。"

我在钟道新的文章中还看到这样的话:"他并不是很看重才能,人谁没有一点才能呢?就是走卒贩夫之流也有。关键是有没有舞台,英雄无用武之地,照样窝了你的经天纬地之才。所以他常说,是因为伯乐,千里马才戒其为千里马。"

钟道新还说:"物弃物用,其实全在人的一念之间。只能说你碰的人对。你碰上了'四人帮',就是一冤假错案;你碰上胡耀邦,就给你平反昭雪了。韩非子讲过一个和氏璧的故事。同一块玉,怎么一会儿是一钱不值的石头,一会儿成价值连城的宝贝?那深山老林里埋藏的金子多了去了。"

我联想到类似的一句话:"一块煤,用你,你就能发出光放出热;不用你,你就是一块又黑又硬的石头。"

钟道新涉及了文学作品社会承认的问题。从中我们品味出钟道新话语中的潜台词。

5. 海市蜃楼也是现实中某一场景的折光反射

钟道新总喜欢把自己的写作称之为"无中生有"。他在谈话和文章中多次表达了这样的观点。

有一次,钟道新与某"强势电视台"打交道,饭桌上人说了一个"小说有小说的规矩,电视剧有电视剧的规矩,你要写电视剧,就得遵从电视剧的规矩。"钟道新马上反驳:"这电视剧有球的规矩,你说戏剧有理论,斯坦尼理论,布莱希特理论。电视剧有球的理论!二三十年前,你他妈连电视也没见过。就是有理论有规律,也是我这种人创造出来的。"人家说了个"你这人物也没有,生活也没有。"钟道新又马上反唇相讥:"阿Q没有,鲁迅写完后就有了。创作就是无中生有,大变活人。"

有一次,王志文王志方兄弟让钟道新弄一电视剧,说先写一提纲。钟道新说,我从来不会写提纲,要写就直接写本子。旁边一记者说他会写,于是给他三万块钱让他写。结果写了一个月写不出来了,重新找钟道新。钟道新马上损了他一句:"你当新闻记者,终极目标就是成为我这样的。你写报告文学靠的是你采访对象,靠的是事实;我这是无中生有,我会编。当时写提纲我说我不会你说你会,你要采访乔丹的话,你说你要成为乔丹那样的人,你对乔丹是个污辱,你成不了,你也没那个弹跳。我一个字没有我会写,你离开采访对象你不会写。"

还有一次,钟道新的《配方博弈》有出版社要用,问他多少字。钟道新说二十万。出版社说,二十万少点,三十万好卖。钟道新马上用十天时间把二十万的小说拉长到三十万。他让编辑看,哪些是新加上去的?编辑说看不出来。钟道新得意地说:"兄弟我就是干这个的。写书不发愁,说来就来。"

钟道新说:"学英文要什么方法?会死记硬背就行。使劲念谁也能念会。我这才有方法,我这是创作,无中生有。我写电视剧我就知道,五个人,三男两女,你愿意汉朝就汉朝,你愿意唐朝就唐朝,就五个人够了。写二十集电视剧悲剧的话,你死三个人,七八集的时候死一个,十几集再死一个,最后一集那个最重要的人物死了就完了。什么东西都有方法,我早感悟出来了。戏都有套子。韩剧就更简单了,一条主线,两条副线,你把它交织一起,写一百集也写下来了。源源不断,枯竭不了。总能给它编出来。"

其实,钟道新是一位写实作家。阎晶明在评述到钟道新时说过这样一番话:"他描述自己记忆中事件的能力远远超过他的虚构能力。对于他熟悉的人物、事件,他的艺术表现就显得格外生动。《风烛残年》和《继承》这两篇自叙色彩甚浓的小说是他最为动情的作品。他以围棋界为表现对象的中篇《国手》,前半部分表现童年时代痴迷围棋的诸种事件就比后半部分成为国手后与日本棋手抗衡要更细腻,更富有浪漫色彩。《第二故乡人》中,专门表现留在乡村的北京女知青芳宁无聊、苦闷的生活现状一节,就比表现当地人情风貌的其他章节给人印象更深。这一切都源于作者对所表现的对象的熟悉程度。我总觉得,钟道新对中国高知层人物已形成自己的一套成熟的理解和认知,他的人物中,个性色彩突出的形象并不多,他不注重描写个体人物的特别命运,而是展现一个群体的纷纭是非。当现实环境中的某个领域引起他的兴趣后,他便去撷取其中一些事件,把它们串接起来,形成一部小说。"

了解当代社会生活的人读钟道新的作品,都能感受到他的作品是以什么背景来创作的:《国手》似乎是以聂卫平的某些经历来叙写有关围棋界的情况;《经济风云》则与"中信公司"有某种相似;而《有感于斯文》无疑在写科技体制改革中出现的北京"四通集团"……

钟道新给我讲过他与棋圣聂卫平手谈过招的情形;也谈到他在"中信公司"、"四通集团"都有熟人和朋友。

任何作品都只能是社会生活的反映。包括现代派、后现代派小说,荒诞派戏剧,无一不是现实生活以及对现实生活的切身感受通过作家头脑的折光反射。巧妇难为无米之炊。

钟道新在下围棋

创作的想象,无论它如何天马行空,三千白云由剪裁,它也与现实有着千丝万缕盘根错节的联系。即便虚无缥缈的海市蜃楼,也是现实中某一场景的折光反射。我们总能从那些镜花水月的蛛丝马迹中,找出潜意识中的生命之根。

当我们了解了一个人的家庭渊源和个人经历,就不难分辨出小说中的细节,哪些是想象的发挥,而哪些是切身的感受。

正如任何看似鬼斧神工天才灵感的科学创造,也发源于"自然的启示"。很难想象:如果没有鸟的飞翔,人类会有飞机的"想象";没有鲸鱼的曲线,能想象出潜水艇的形状;没有蝙蝠的盲飞,能想象出雷达的搜索原理……

钟道新走后,钟夫人宋宇明让我翻看了钟道新留下的众多资料。

早在上世纪70年代,钟道新就做了厚厚几个笔记本的生活细节摘录和许多读书心得。唐敖庆的《五十年来的量子化学》、戴元赛的《现代天文学正在变革》、美国J.K.皮尔斯的《波与信息》等科技书籍,钟道新都做了详尽的读书笔记。这一切,客观上都成为钟道新创作的前期准备。

宋宇明还讲过一个饶有趣味的现象:"钟道新有一手段,他碰上他不满的现状或是要批判嘲讽的对象,当人面他又抹不开面子,他就会拿我来说事儿,来一个张冠李戴,指桑骂槐,把事安在我头上。我们家老宋怎么怎么地,然后就能放开来讽刺挖苦。这也是他的聪明之处(我想到说聪明婆婆的一个词:借闺女骂媳妇)。刚开始我也接受不了,有朋友听了就对我说,你家道新说你什么什么,我挺生气,这是哪儿跟哪儿呀,根本没影子的事,谁的事安我头上。后来我明白了,他不骂我,骂人家谁呀?自己的老婆不怕得罪,我也认了,别人再说,我就哼哼呀呀瞎应承。"

宋宇明还向我讲了这样一番话:"人们问他,你是从电力系统出来的人,对电力系统那么熟,你怎么一个也没写过这方面的作品?他说我一写那还了得,谁也很容易张三李四王五麻子,对号入座进去了。因为你不可能凭空捏造,总会有生活中的影子。(我插话:"与其说是无中生有,还不如说是捕风捉影。")对对,他会把自己很熟悉的这些人呀事呀,给他改头换脸,放到另一个环境和系统里去了。所以他小说中的人物,我基本上都知道原形是谁。"

钟道新在发表《权力的界面》以前,在《太原日报》上发表了一篇短文:《界面》。写一个系统领导层在"接班"问题上人与人之间那种复杂而微妙的关系。权力的交接,一直是钟道新关注的主题,他的早期小说《交接》就是一篇描写新老科学家权力交接过程的短篇。由于对电力系统领导层的熟悉和了解,笔者从文章曲折隐晦的字里行间,还是看到现实中电力局某些领导的身影。当我与钟道新谈起这篇文章,钟道新笑笑说:"你甭给对号入座。我从来是就事不就人,就是说一理。"钟道新说:"自古天意高难问,大人物往往有一个特点,他的心思不是直截了当说出来,而是让你猜,从你的猜测中,判断你的心理活动和他的同一性程度。伴君如伴虎,一般人总以为察言观色是最重要的,其实侍候一个喜怒无形于色的领导,听觉才是最重要的。有些事他说东时,实际上是想着西,你听不出来,南辕北辙,就迷失了大方向。尤其在交接班这个敏感问题上,他强调退的时候,可能正是以退为进。你一个不小心,就成了抢班夺权。接班人是很容易变成野心家阴谋家的。历史上都这样,当王储难,当接班人也难。"

钟道新还说:"就我这写法,还有好些朋友说我是含沙射影指桑骂槐呢。"

我恍然大悟:许多小说总喜欢在扉页上题记:本文纯属虚构,如有雷同,实是巧合。

钟道新极力强调自己作品中的人物和故事是"无中生有",这种"此地无银三百两"的表白,岂不也是其智慧的一种表现?

6. 钟道新理解的《应帝王》

我问钟道新："你爸在1957年被打成右派了吗？"

钟道新笑笑，说了一段陈寅恪在打右派时"言能言之言"的故事：鸣放运动期间，有人要陈寅恪出来讲话，陈寅恪只说了一句："孟小冬戏唱得很好，当今须生第一，应该找他回来唱戏，以广流传。"

钟道新在讲完这个小典故之后说："陈寅恪有一种大智慧。王顾左右而言他。'月晕而风，础润而雨'；'云腾致雨，露结为霜'。聪明人什么没见过？还能让人钓了冤大头！"

钟道新的回答使人想起文坛上一位老人类似的话。

当有人问他是否被打过右派时，他说，我怎么会被他们打成右派呢？语气中有着明显的自鸣得意，还有着耐人寻味的潜台词。

钟道新无疑是一个智者。他对我国历史上的另一个智者庄子，表现出惺惺相惜英雄所见略同。

钟道新与我说起过庄子的《应帝王》，钟道新说："现在的人们都把庄子的《应帝王》看成是庄子对帝王的一种谏言，像玛基雅维利的《君主论》，是为帝王出谋划策应该怎样统治人民。我不这么看，我认为是庄子在教人们怎样应付帝王的一种技巧和智慧。从来天意高难问，伴君如伴虎，你得有应付的办法。这是人生在世的一种智慧。《应帝王》中有句很经典的话：'鸟高飞以避矰弋之害，鼷鼠深穴乎神丘之下以避熏凿之患。'矰就是一种短箭。弋就是月箭射飞鸟，惹不起还躲不起？明知政治是高压线，你还要去以身试法？鼷鼠是一种小老鼠，小老鼠把自己的窝建在神丘下，就是神坛、祭坛下，以此防范人们用烟熏洞，用铲掘地。老鼠尚且知道拉着大旗做虎皮，做护身符，深藏于神坛之下，让人投鼠忌器，保住自己的窝，你一人难道连两小动物的本能也不如？顺应环境，适者生存，这里面有大智慧。"

中国的文化是早熟的文化。其中充满生存智慧、活命哲学。儒家也好，道家也罢，其学说中无不充满重生之道，对不知道明哲保身，为了某种信念某种理想而拿着鸡蛋往石头上撞的不识时务者，充满了嘲讽和规劝。有学者把中西两位文化先圣孔子和苏格拉底进行过比较。苏格拉底在法庭上拒绝宣誓改悔,从容地面对死亡。苏格拉底说:"只要我的良心和我那种微弱的心声还在让我继续前进,把通向理想的真正道路指给人们,我就要拉住我遇见的每一个人,告诉他我的想法,绝不顾虑后果。"苏格拉底为传播真理付出了生命的代价。而中国的孔子则教导人们:"邦有道,危言危行;邦无道,危行言孙。"比起苏格拉底,孔子显然很富于现实感,很识时务,很有生存的智慧。

在中国传统文化的熏陶下,中国文人多成为看风使舵顺坡下驴的"智叟"。在 20 世纪后半叶,面对强权政治的泰山压顶之势,中国知识分子出现了整体的崩溃。

钟道新说:"你说现在的作家比五四时期的好我就不信。英文英文不会,古文古文不好,能好哪去。就说'文革'作家,锅里烙出的饼,你饼不可能大过锅去……中国近代作家能够名垂青史的,我认为一个没有。文学作品有文学价值的,一个没有。在世的作家,作史料价值还行,文学价值没有。诗人还有个把,小说家一个没有。人们说中国合格的经济学家不到五个,这个时代就是浮躁的时代,文坛没好作家,街上连个好小偷也没有。都是抢,不是偷。明抢暗偷,抢是蛮横,偷得学,得练,神不知鬼不觉的还需要点技巧。鼓上蚤时迁,偷也偷出个人物来……咱充其量是个二流作家。咱每天浮躁得不行,我只是把这当成一职业。"

谢泳在评论到钟道新的作品时说了这样一段话:

> 钟道新选择文学的动机似乎与别的作家不同。他不像新时期出现的其他作家那样,是出于对现实生活的热爱、关注、不满或其他社会理想而选择这一职业的。他的小说创作出于一个偶然的机会(据王子硕《钟道新其人》一文说,他是为了与朋友打赌),这种动机的直接后果导致了钟道新的小说具有游戏的味道。他的大多数小说给人一个作者在展示自己才华的印象。钟道新本人在《部长

钟道新(左二)与李锐、成一、赵瑜

何不潇洒走一回——钟道新的智者人生

约你谈话》的一则说明中讲过,他对《战争风云》的兴趣远胜于福克纳的《喧哗和骚动》。我非常赞同这样的回答,因为这里不仅有作家的真诚和坦率,而且更适合于我们这个时代的实际。我们知道,作为一种社会分工,小说创作虽然属于精神生产,但从客观上看,小说家的出现是一种严格意义上的职业分工。作家从事创作的目的虽然各不相同,但以此为谋生手段的也不罕见,而且这并不妨碍他们创作出为读者喜欢的作品甚至伟大的作品。承认自己创作中具有功利目的绝不是在贬抑作家,而是希望剥去作家职业上那些矫情的东西。巴尔扎克就曾多次明确说过他写小说的动机是为了还债,但巴尔扎克同样伟大。钟道新的出现,实际上使我们有理由认为当代作家中本来可以有相当一部分人成为像西方畅销书作家那样的人,他们以此谋生,但在创作中也享受巨大的快乐。他们不愿为社会开药方,倒希望给人们在紧张的工作之余多一点消遣的东西。

钟道新在作品中说过这样的话:"小说创作从某种意义上说,也是一种工业,顶多说它是比较神秘的工作。工业的特点就是能够复制,批量生产和有固定程序。创新是危险的。所以它的第一要义就是光滑,不能有特色,要成为公分母。"

钟道新说:"文学作品都是时代的产物,文学作品是人写的,能和时代脱了干系?你学不了钱锺书陈寅恪,你不可能有独立之思想,自由之人格。咱弟兄们这一茬,就比马烽老焦他们性格独立。比咱更年轻的一茬就更独立,这都跟时代有关。"

钟道新说:"以前咱们的认识有个误区,好像人是为了工作和奉献而生的。而实际上人类的许多伟大创造,都是受利欲或者更宽泛地说,是受人与生俱来的欲望驱使的。"

钟道新通过作品中的人物之口,又说过这样一句话:"没有眼力见儿。除了把自己决绝抛弃于社会的繁华之外,清高能给他带来什么世俗好处?"

钟道新通过作品中的人物之口,还说了这样一段话:

现在的科学家和18世纪的科学家不一样,那时的科学家是出于一种爱好而研究科学的。这个情形和作家差不多:盛唐时代的李白、杜甫,明清的冯梦龙、曹雪芹等大艺术家,没有一个是为了稿费而写作的。他们或出于爱好,或出于理想。所以在写的时候,大都心闲气定。而现在的作家,不是为名,就是为利——其实这两者是一回事,名即利、利即名——所以他们写起来,都心浮气躁、急功近利,因此难得见到好作品。

7. 文化哲学意义上的"假晶现象"

钟道新在《路由人走》一文中说了这样一段话:

> 写作这事,说来容易:我认识的很多官员、学者和但凡有点文化的人,都爱说:"等我退休了,也写本小说。"诸位可曾见过声称退休后写它一本《数论》,抑或《天文学》的?肯定没有!可这活儿干起来,却不简单:英国物理学家(可能是)狄拉克说过:"科学,就是用大家都懂的语言,说大家都不懂的事情。"这话千真万确:买一本华罗庚的书,每个字你都认识,可一句也看不懂。至于艺术,他则说"是用大家都不懂的语言,说大家都懂的事情"。这话绝对真理:《梁祝》说的是人人都懂的爱情,可那旋律,神仙都想不出来。
>
> 我苦苦求索着"大家都不懂的语言"……

钟道新(右二)与文友们在平朔

我们其实不妨把此段论述作为钟道新的创作谈。钟道新在无意间一语道破天机,说出他写作风格的诀窍。

钟道新在另一场合,以作品中的人物之口说出这样一番话:"如果你想比一群人高大,就必须说些他们似懂非懂的话。毛泽东深知其中奥妙,在党内干部面前,他引经据典,谈古论今;而在知识分子面前,他又大讲政治,大讲经济。"钟道新还说:"术语,行话是玩'权力游戏'的一项重要元素,它们经过精心设计以后,越显得深不可测,能将大部分'不懂'的人弄得如同雾里看花。"

钟道新的语言总要"黄河在这儿拐一个弯",把文学的话题绕到科学的领域。

让我们略为巡视一下钟道新的作品:

钟道新的《宇宙杀星》是一篇写夫妻间情感纠葛的小说,文学史上有着太多此类不断被讲述的爱情婚姻故事。诸如《魂断蓝桥》、《克雷默夫妇》、《罗伯特家的风波》等等。钟道新说:"爱情是永恒的主题,也是一个被无数大师们写滥了的旧话题。"

对于这么一个老生常谈,钟道新却独出心裁或者说以其惯有风格,写下这样一段别开生面的"引子兼绪论":

> 宇宙杀星是美国科学家不久前发现的。这是两颗进入晚年期的恒星,天文命名白矮星。这两个星球的体积虽然小,但质量却比太阳大得多。他们还发现,这两颗星靠得很近,彼此都绕着对方旋转运动。而在这个运动中,彼此蚕食的现象极为明显。其中大一些的恒星几乎连续不断吞吃对面的小星,把它表面的物质剥下来吸附到自己的身上,使自己的体积不断地增大,而那颗被吞吃的小星,如今已经仅剩下一个光秃秃的核心了。
>
> 为什么会有这种相互吞食的生死演化现象呢?科学家的解释是:恒星体在旋转的过程中,既产生向心力,又产生离心力。一般情况下,这两种力量处于平衡态。但当两颗星距离很近时,由于万有引力的作用,质量大的星的引力克服了对方的向心力,从而把物质吸引到自己身上。

钟道新的《股票市场的迷走神经》,用"迷走神经"这样一个科学术语,来描绘我国股票市场上的不规范操作:

"我多次试图解剖股票市场,可它的内部充满了类似迷走神经似的东西。"迷走神经是一根脑神经,从主干伸出,走遍全身,解剖时它乱窜,故而被公元二世纪的古希腊医生命名为"迷走"。

　　股票实际上是这样一种东西:当一个公司的股票上市之后,它的真实价值实际上与这个公司的经营情况没有直接的联系,或者说只有很小的联系:如果你的公司经营得好,每季度分红派息可能会多一些。但是在炒股票的人里,真正只想享受红利股息的,百人中不会超出三个,剩余的九十七人,都是想在买进卖出之中吃差价的。

　　股民的这种心理,使股票完全脱离了发行者本身,蜕变成另外一种东西:某种股票的价格上升或者下跌,完全取决于股民的行为:他们如果都想买进,股价就上升;如果都想卖出,股价就下跌。

一度时期,权力成为一个时髦的话题。于是,《权力的平台》、《权力的角逐》、《权力场》等等平庸的题目比比皆是。而钟道新则为他的小说题名:《权力的界面》。用一个一般人很陌生的现代科技新术语,来对人们津津乐道或者已经话说三遍淡如水的权力进行表述,使人耳目一新:"物质两相的分界面"、"一个其两侧物质性质不同的薄层","它显示出表面张力之类的性质,表面张力使界面略似绷紧的弹性膜。"

再如:《超导》、《公司衍生物》等等,至于作品中所涉猎到的科学术语,则更是比比皆是俯拾即是不胜枚举。

科学的术语为文学的语言注入了清新。

"清新庾开府,隽逸鲍参军",文学的风格往往镌刻着时代的烙印。也与作家个人的生存境遇和价值取向有关系。庾信的清新风格是他的思维方式和价值取向;鲍照的隽永风格也是他的思维方式和价值取向。

人心各不同,所以风格自然也不同。

钟道新还说过这样的话:"现在科学界兴起'边缘学科',往往在两门学科的边缘交叉部位,最容易寻求到突破口。而军事家指挥一个大战役,也往往是在两个不同番号部队的接合防位来寻求突破。"

钟道新深厚的理工家学渊源,使他在十八般武艺中又多了一招绝杀。

笔者也不妨学钟道新之手法,对钟道新的创作风格给予一个科学命名:"假晶现象"。

假晶现象本是一个地质学上的观念,特指一种岩石的熔岩注入他种岩石的缝隙和空洞中,以致造成了一种混生的"假晶",即貌似乙种的岩石,实际包裹的却是甲种岩石。一种文明的精神生活,借助于他种文明的表现形式而展示开来——这就是文化哲学意义上的"假晶现象"。

8. 人生选择的智慧和困惑

钟道新在早期小说《姓赵的山东人》中,描述了一个聪明人的选择,让我们比照一读"姓赵的山东人"的自白,大概对揭示钟道新的选择心理不无裨益。

所以你在清醒地分析形势的发展后,开始了后半生的自我人才设计?我问。

是的,我采取的战略第一步就是:摘掉工农兵学员这顶帽子。走资派帽子随"文革"定性不摘自无,右派摘帽靠的是中央文件,可我这顶帽子该怎么摘?

办法只有一个:考研究生。可考哪一科呢?又如何才能考上呢?第一个可供选择的方案就是,考我的本科,也就是工科。可工科几乎将全中国最优秀的头脑全都网罗去了。前有"文革"前毕业的老大学生,他们中的一个有一次曾这样对我说,我就希望试题的难度大一些。我忙问为什么,他说,省得别人和我竞争。好一个省得别人和我竞争,这并不是信口胡说,他从1968年一离开校门开始,就在一个穷山沟里闭门读书,每天十二小时,国内外理论物理方面的书,无论经典,还是新著,他都用心研读过并写下了八十万字极具创见的论文,另外还能读、能写、能听英、法、日三门外语,完全可称为物理学界的陈景润。

如果你往后看,就能见到一大批神童,联袂结队,翩翩而来。他们得天独厚,六岁就认三千字,十岁就读完高中课程,十二岁就做微积分题消遣。

所有这一切都令人望而生畏,于是乎,这个方案被否决了。

第二个方案就是考文科。我爸爸常说,聪明的人最好去学文,因为文贵与人异,异愈殊则愈佳。这样一看,聪明就能派上大用场了。而理工则贵与人同,如果你试着离经叛道,则十之有九是白费力气。所以它主要是靠功夫深。

可搞文也得有个专业呵,我依次估计了一下自己在音乐、美术、文学方面的才能,一句话,都觉平平。

但虽说各项皆平平,总和却并不算小,那么,哪门学科垂青总和大的人呢?答案是美学,于是我就选中了它。

我是全国头一批硕士,无论干什么,头一次总是最认真的。所以一般的题目极难通过。假如你想以别林斯基的美学思想为题,或者以柏拉图、莱辛、普洛丁为材料做菜,那可正中考官下怀。因为他们大多是搞苏俄或西方美学出身,从他们的简历上即可看出,几十年来的研究,他们已穷其微末,如数家珍。我敢说,他们提出来的问题,即令这些大师再世,也肯定答不出来。你若想换条路,从陆机、司空图、刘勰等人的著作入手,那好,另一批专门搞国学的专家在恭候大驾。

凡尔纳把科学文学化,成为一代宗师;茨威格把精神分析引入文学,从而成为读者最多的德语作家。而且,家父的学术经历也给了我很大的启发,他在英国时,就开了中国宋代建筑这门课,而回了国,就改开文艺复兴时的希腊建筑,反正是左右逢源。所以我也效法他们,利用本人念工科时攒下的虽不算高深,但对美学来讲足够用的数学知识,以《数学和近代美学》为题,一次通过硕士考试。

……基本上没有什么人能超越我论文范围提问。那些考官年事已高,而人只要一老,所有的器官功能和大脑判断力、注意力都会软化,精神活动也要缩减。再说在他们求学的年代,模糊数学、泛函分析、多问等数学工具还不时兴,所以即使他们想刁难我也办不到。

擒拿术的招法固然很多,但基本观念只是一句话:对手的胳膊不会朝哪个方向运动,就强迫他向哪个方向运动。只有这样,对手才会就范。如果你再进一步想,就会发现这也是世上所有对抗性活动的基本原则。

难道不能找些数学家来?

美学家的胳膊不会向数学方向弯,同样,数学家的胳膊又不会向美学方向弯。他们彼此听不懂对方的行话,根本就无法交流。所以我从从容容地从中间穿了过去。

一个作家在文章中塑造的人物形象,我们不应该简单地对号入座把他视同作家本人,但在人物身上无疑透露出作家观念情感和思维逻辑的信息。"姓赵的山东人"的智慧,我们不妨看做是钟道新的智慧,或者退而言之,至少可以认为,即便现实生活中真有这么一个"姓赵的山东人",那么"他山之石,可以攻玉","姓赵的山东人"的生命体验,也已经融入了钟道新的智慧库中。

钟道新在结尾处还说了这样一句话:"他姓李,当然也可以姓赵,或者随便姓什么……"

不管他姓赵,或者姓赵钱孙李百家姓上的哪个姓,钟道新显然是把"这一个"作为一个典型来塑造的。

人生总是面临选择的困境和悖论。

钟道新很善于围棋之道,据他说与棋圣聂卫平也过过招。钟道新用围棋的术语说过选择:"你想保留选择。围棋的最高技巧就是不急于'定型',保留变化和选择。但是,这种高层次的选择需要你居于高层次的平台。你达不到这种'段位'。绝大多数的选择,都属于信息不完整的选择。人人都避免不了自身所处位置的局限和视野的闭塞。瞎子摸象,井蛙观天,是选择中谁也会犯的失误判断。你永远看不到别人手中的底牌,所以永远会买不如会卖。"

一枚硬币抛上去,落地时已经决定了你的命运。人生原本就是这样一个抛起坠落的过程。

9. 小船也曾有过舵

钟道新有一部长篇小说叫《超导》。它描述了中国科学家与美日科学家同时向世界科技的难题低温超导冲击。与资金实力雄厚,各方面条件优越,并且能顺利发表论文和实验证明的西方科学家相比,中国科学家则把大量的时间和精力以及聪明才智都用在了争取科研经费,处理人际关系。总之一句话,"功夫在诗外"。就是在这样的条件下,中国科学家还是凭着自己的意志和智慧,与美日科学家几乎同时完成了这项重大的科学研究。但最后仍然由于种种盘根错节节外生枝的制度局限,眼睁睁看着别人用同样的成果拿走了诺贝尔奖。在这里,钟道新表达了一个人生体验:如果一个社会的整体文明程度不高,如果全社会对从事科学的人才缺乏应有的尊重和理解,如果一个社会的生产力水平太低,再大的聪明才智也只能消耗在一些科学以外的事物中,使科学的理想化为空想和泡影。

钟道新在卷首写下这样一句意味深长的话:"愿民族的血脉能呈超导状态","无损耗地"、"循环传输"。

小船也曾有过舵。在钟道新的血脉中,也有着理想主义的热血激荡。

钟道新是很善于把科学与文学嫁接的。我们是否可把这一对科学的论述也借用到文学上呢?

谢泳对此有一段颇为深刻的话:

> 这实际是一个常识问题。首先我们先要明白我们是在什么样的历史条件下成长和写作的。如果在这样的历史条件下,我们还能写出什么了不起的文学作品,那么结论只有两个:一是这样的社会环境是不会扼杀文学的,二是所谓的了不起的文学作品,根本就不存在。除此之外,我们还能得出什么结论呢?一些自然科学家就能非常坦率地承认,自己在这样的环境中,无法与国际上同类学科对话。为什么到了一些作家那里,一方面自己在那样的环境下受了多少苦难,而一方面又盲目地夸大自己的所谓文学成就呢?还有一个常识问题,也常为他们自己所忘记,那就是他们的所有文学作品都是在一个特殊的社会环境下被意识形态所允许变成铅字的,发出真正独立的声音,是需要一个特定的社会环境的。

10. 杯中本是烧心物,借酒浇愁愁更愁

《山西日报》的记者刘剑在采访钟道新后说了这样一番话:"见面前,就听朋友说钟道新是个极其雅致的人,靠'智能、经历和知识写作'。两个多小时的漫谈中,我体会到了他知识之渊博,思维之敏捷。然而,说到经历,尤其是知青经历,他总是不经意间一语带过。我曾试图围绕知青话题与之展开深入探讨,可他一句'痛苦来源于选择'使我不忍心继续追问下去。'没有选择,就无所谓痛苦了',说这话的时候,他似乎很轻松,但我却分明体会到一种无以言表的'无奈'。"

记者以其职业的敏锐,捕捉到钟道新"潇洒"外表下所隐藏着的选择的无奈

和痛苦。

钟道新有一次曾对我说:"搞写作是我走投无路下为自己寻找的一出路,这条路就此改变了我的人生。我们家是一直主张我搞理工科的。"

钟道新还说过:"我们这一代人,学问都不会太好。做学问如种地,倘若种子下去,因天旱未出苗,等到夏天雨后再补种,顶多种些六十天还仓的高粱之类。聊胜于无吧。"

我当时就感觉到钟道新心中那丝心有不甘心有遗憾的慷忾。而此时正是钟道新在创作上功成名就春风得意之际。

这是钟道新内心不肯轻易示人的一角?

钟道新的"偶尔露峥嵘",蓦然间让我想起俄罗斯作家莱蒙托夫笔下《当代英雄》中皮却林的形象。"时势造英雄",我心中油然而生一丝悲怆。

在与钟道新及其夫人的交谈中,有一个不能不提及的细节:我与他们两人的谈话是分别进行的。我问宋宇明:"你最反感钟道新的是什么事?"宋宇明答:"就是他在酒席上说,再来一瓶。"我问钟道新:"你知道夫人最反感你的是什么事?"钟道新毫不打磕地回答:"我说再来一瓶。"我不由得笑了,说:"你俩可以上中央电视台的'和谐夫妻'节目了。"

钟夫人宋宇明对我说:"从结婚到现在,我没为别的事和他吵过,就为喝酒,他喝醉酒挺烦人的,要么给你讲课,说啊,你那一百分怎么怎么,我的一百分是怎样怎样,那是那一阶段,反正处于兴奋状态,滔滔不绝。钟道新的长项在理工科,他在神头,给人讲课,给人高考补习,讲的都是数理化。我特服他的一点,那么多公式,他都能给你推演出来。某一阶段,总是那么一个话题,刚结婚那一阵,就是给你讲公式,你知道什么什么,给你念一串公式,你知道什么什么,又给你讲公式的推演,你说你烦不烦?天天喝多了回来,就给你干这个。到后一阶段,又有变化,喝醉了开始打电话。给那些朋友,给那些社会上认为的成功人士打……打着打着电话,他会掉泪……"

钟夫人宋宇明还说:"他那酒量就是二两,二两的时候很风趣,酒桌上笑声不断。四两以后舌头就大了。四两以后就进入'再来一瓶'的状态,反正是已经一塌糊涂了……我们家钟道新经常是夜半十二点,喝醉了酒回来,就开始打电话……你别以为我喝醉了……你有什么了不起……你不就是怎么怎么的……酒喝多后,他痛苦极了……"

钟道新借书中的人物之口说:"你说什么人酒量最大?就是那种喝醉了也说自己没醉的人。但不论他说不说,那段难受的时光他必须自己捱,打落门牙和血咽。"

杯中本是烧心物,借酒浇愁愁更愁。

钟夫人的话把我的心浸泡到了无言的泪中。

钟道新总在人前表白:"我写作跟玩似的,小菜一碟。一晚上一集电视剧,二十天一部小说。"钟夫人对我说:"不是这样的。他写得也艰苦着呢。哪那么轻松?"

钟道新说:"最难的是把握笔下分寸。剑走偏锋,世上难得是中庸。"

钟道新还同我说过这样的话,说他搞创作是"误入歧途",是"不务正业"。一般人听到钟道新此类话大概会认为这是他的自谦或潇洒。然而,我总从钟道新的话语中,掂量出一份沉重,一份"生命中不能承受之轻"。

大概对一个智者而言,潇洒中也有着生命的沉重。难怪刘小枫在写出《拯救与逍遥》之后,马上补写了《沉重的肉身》。

一个极力追求人生潇洒的人,遇到了一个让人潇洒不起来的时代。

我对钟道新的辞世,有了一种痛彻心肺的无穷遗恨。千古文章未尽才。出师未捷身先去,常使英雄泪满襟。

11. 生命的记忆如硬刺插入生存的现实

钟道新很少谈及自己的苦难,这可能也是他极力追求潇洒的性格所决定。这是另一层含义的"报喜不报忧"。

钟道新在他的作品中,通过人物之口说了这样一番话:

文学界如今已非原始的草莽状况,没有稀罕的,就别想立得住,可你偏要去写人情、人性,背景放在"文革"中。而这就像祥林嫂的哭诉——惨固然惨,可已没人爱听了。

钟道新说:"艺术绝对个人,你的磨难最好不要对别人说。原因很简单:说了也没有用。凄凄惨惨戚戚,在苦胆水里泡大的中国人,还有几个人愿意去倾听别人的痛苦?"

张石山以一个作家的敏锐眼力,在写到钟道新时有这样一段话:

我们的前辈知识分子,有的无奈自陈"百无一用是书生";有的曾经呐喊"莫谓书生空议论,头颅掷处血斑斑"。

在优雅和世故的背面,还有一个钟道新。那是父辈受过整治、父辈知识分子骄傲的脊梁骨被打得节节寸断的钟道新;那是自己插过队、有着血泪途程的钟道新。所有一切,"人是各种社会关系的总和",这才是整个一钟道新。

我的父亲也是老知识分子,钟道新在与我说起他们这一代知识分子的命运时,说了这样一番话:"他们这一代知识分子,经历了太多的战乱动乱,太多的突发事件,命运中有了太多的坎坷波折,一颗心变得非常敏感,非常脆弱。杞人忧天,自己吓唬自己。用我妈的话说就是,船还没有翻,自己先跳在水里。"

我在钟道新的《清华园岁月》一文中,看到了这代知识分子的"紧张":

欢乐、幸福、文化这些美好的东西,给人的信号强度,远不如灾难来得强烈。时至今日,回忆起在清华园中度过的岁月,印象最深的当属1966年的五、六、七、八四个月。

钟道新与父亲钟士模

起初,这场"革命"还有些秩序,但到了强调秩序的《十六条》发表之后,秩序就已经全无。

钟道新与父母、姐姐合影

秩序一没有,走资派和教授们的日子开始不好过起来。批判斗争还在其次,最恶毒的行动要属抄家了。抄家这个词大概是最有中国特色的。WPS系统中,根据高频先见的原理,它就在吵架的前面。而四通汉字系统中,干脆只有它。在中国,财产是最得不到尊重的。试想哪次农民起义不是以分田分地为号召?新中国建立后,所有的人的不动产虽然没有了,但浮财总是有的。可在和平时期,浮财在家庭的壁垒中,轻易不见天日。这下好了,有了借口,该让大家见识见识了。于是乎,抄家风以比任何传染病更迅速的速度,一夜之中,蔓延整个中国。

革命来了,知识分子的敏感叫"金风未动蝉先觉",好日子来了,这敏感又叫"春江水暖鸭先知"。"蝉先觉"也好,"鸭先知"也好,反正各家都开始烧东西。

父亲烧的东西首先是相片。别的人物我不知道,反正有和胡适、梅贻琦等人的相片。"我的朋友胡适之"曾经是旧时候文人极大的荣耀,和他照的相,哪怕在第五排最边上一个也不得了。可这会儿却成了罪证。梅贻琦则是台湾清华大学的校长,更是反动人物。另外还有一些和美国军人照的相片。我问老爹是不是和中央情报局的人照的?他愤怒地说:"中央情报局的人是文职。"我看着他的脸色,不敢再问。但在我的头脑里有个根深蒂固的观念:戴笠是国民党的特务头子,他是军人。而国民党学的是美国的建制,美国的特务头子也应该是军人才对。多年之后,哥哥说那是和美国海军足球队比赛的合影。父亲曾经是麻省理工足球队的中锋。

在《书的故事》中,钟道新有这样一段记录:

在强大的外力作用下,他会主动地将吃饭的"家伙"交出去。记得那是1969年,林彪的"1号命令"颁布,要求疏散出京。父亲自然"入选"。他毫不犹豫地把家具都送给了人,但只剩下那一堆书无法处理。于是叫来了收废品的。那个家伙看了一眼之后就说:"三分钱一斤。"然后就动手撕小羊皮的封面。"这东西无法回炉,做不成还魂纸。"父亲当下背过身去。我感觉到他流下了眼泪,就把收废品的轰走了,然后提议送人。

可送给谁却是个大问题:看不懂的人不要,看得懂的人,个个榜上有名,自己的书还不知怎么处理呢!最后决定把书捐献给清华大学图书馆——在中国,捐献不是一件容易事。我的一位"北漂"朋友,被电视上的一个故事所感动,试图捐献骨髓。检查身体等搞了一个星期,但最后关头,却因为没有北京户口而作罢——可图书馆也不肯要,最后还是托了关系,才勉强收下。看着一车一车的书,装上三轮车拉走,父亲脸上的痛苦表情,远甚送我去插队。记得哥哥安慰父亲说:"千金散尽还复来,何况书乎?"父亲摇头说:"怕是'别时容易见时难'啊!"果然一语成谶:父亲至死未能重见心爱之物。

那一段胆战心惊的日子,钟道新的父亲是如何熬煎过去的,钟道新没有留下任何文字记载,也恐怕没对任何人讲过。我问起过他父亲去世的情形。

钟道新说:"我爸1971年去世,六十都不到。陪外宾说着话就倒下了。心脏病。那年西哈努克到清华去,他陪着走,晕了一下,后来他找吴有源,中国最好的心脏病专家。吴有源说星期一你到我医院来。我爸和他一起从美国回来,非常熟悉。吴氏三兄弟么,非常有名,吴阶平、一个泌尿科。陪着外宾最后在科学院,说着说着话倒下就死了。那会人比现在人观念差远了,我爸不吸烟不喝酒,'文化大革命'时候他也害怕,思想压力也大……说点别的吧。"

刚提起个头,钟道新又关闭了此一话语系统。

然而,苦难的记忆是刻骨铭心的,总会情不自禁地流泻出来。钟道新在《风烛残年》中,不经意中在老母亲的身上表现了出来:

> 我搀起母亲的胳膊,咱们回去吧。时值深冬,北风如刀,像我这壮汉子在外面站一会儿都觉得彻骨生寒,可母亲每天这会都要在这路边站上好久,她好像在等什么人,总是朝路尽头张望,那神态和动乱初起那两年站在这等候父亲下班时一模一样。
>
> 我不搬。母亲打断了我的话,脸上露出了老年人特有的固执神态,两眼直直地看着对面墙上,好一阵才慢慢地转动起来,环顾着这间房子。这房子是依照父亲当年的书房小而化之的:靠墙的一边放着一个小书架,最上层放着父亲生前不离手的一个英国式大烟斗和一个釉剥落的旧景泰蓝烟灰缸,底下几层大都是些龙门出版社出版的发黄的旧书和一些校内流通的油印讲义。书架旁边是一张写字台,上面只放着一盏长满暗绿色铜绣的台灯,我拧了拧,发现它根本不亮了;写字台前放着父母常坐的那把旧转椅,好几个弹簧已经露出了头。记得父亲以前晚上备课时,虽然他读的那种塞满蟹行文字和深奥公式的书对她毫

无意义，可母亲总是在旁边陪着他，加火添茶。她也许只是为了能和父亲在一起，为了弥补早年失去的时光。我死也要死在这，除了这幢老房子，没有能让我好好想你爸爸的地方了……在这，你爸爸的书桌会对我说话，他的椅子也会，他种的那株丁香也会……

妈妈拉住我的手嘱咐，她的手特别凉，好像是深井里挖出来的湿泥。

我相信在我的有生之年，这幅在萌发着勃勃生机的初春晴朗天气里，母亲那发苍苍、视茫茫的拄杖倚门送别图，将永存在我的记忆之中。

钟道新在说到父亲的死时，长叹了一口气："心脏病，死时六十都不到。吴有源说，忧伤心，气伤肝。他20世纪50年代从美国回来时，抱一颗拳拳报国之心。空怀报国心，心强命不强。《桃花扇》里有一句著名唱词'唯有敬亭，依然此柳，雨打风吹雪满头。'人生就是一过程，一个逗号一个句号，人生就这样结束了。"

钟道新还说："父亲在看了老舍的《我这一辈子》后，长叹一口气，说，唉，我这一辈子。我想父亲大概想到，当年没有回来留在美国的杨振宁、李政道。"

钟夫人宋宇明说了钟道新这样一句话："那天说到历史是由谁写的，钟道新说，历史是由活着的人写的。谁活得最长，谁就是笑到了最后。好好活着比什么都强。"

听着宋宇明的话，我心中涌起一股酸楚。钟道新一定没想到他会走得这么匆忙，他还有多少未竟的事业在等待着他去做。

我说了一句"最令人遗憾的是，钟道新刚刚走到辉煌，就这么匆匆去了。"宋宇明马上说："还没有辉煌，他其实一直是在争取话语权，你一个普通人的声音能让多少人听到？人微言轻。他刚刚为自己争得一席之地，刚刚有了一些影响，他要开始说自己的话了，却就这么走了。"

宋宇明还向我讲述了他们子女的情况："闺女丁丁快三十岁了，去年底才刚结婚，还不要孩子，说要过'丁克'家庭；儿子眼瞅着也不小了，一点也不急着搞对象，说一个人过独身就挺好。我劝劝他们吧，他们说，你们把我们生这世界上就够痛苦的了，我们何必再生下孩子让他们也痛苦。"

父辈的伤痕划到子辈，又划到孙辈，划了几代人，这伤痕划得够深够长。

我在《唐达成文坛风雨五十年》一书中，记录了唐达成的夫人马中行经历了痛苦的人生历程之后，在日记中写下这样一段话："我的同事说人生等于零，我说不是零，是伤痕。一定要让我们的下一代，换一个活法。"

12. 海德格尔哲学的深刻之处

赵瑜拍摄电视纪实片《内陆九三》时，钟道新撰写了其中的两集，是专门叙述北京知青插队农村的故事。由于审查的缘故，两集东西被封杀。但我们都看到了样片。按照整个拍摄体例，每位撰稿人都在片末有一段言论。一向潇洒飘逸的钟道新此刻几乎是痛心疾首地说："知青，老三届里，出现了若干英模，也出现了一批作家。插队的经历造就了他们。但这只是特例。个别人的幸运，不能掩盖数百万知青曾经遭受苦难的历史。我保证，我发誓：插队再好，我绝不会让我的儿子插队！"

钟道新从不谈及他的知青生活，这经历大概是钟道新"不堪回首月明中"的记忆。

《山西日报》的记者刘剑在《知青在山西》一文中记载了钟道新知青生涯的两个细节：

钟道新插队的地方在山西省昔阳县皋落村。来到山西，临下火车的时候，有朋友送给他一箱子火腿肠，可这个淘气的备受父母疼爱的孩子，因为火腿肠有一股不明的味道，竟然将其全部扔掉了。到了那个每人每年只分配给六十两麦子的村里后，三顿窝头吃下来，他开始无限怀念那箱火腿肠。

少年时代的钟道新过着优哉游哉的生活。可来到昔阳后，他不但要自己洗衣服，而且还要和农民一样下地干活。夏天，在玉米地里锄草的情景，他至今记忆犹新。"穿上衣服，热得受不了，脱了衣服，玉米叶子会像刀一样在你身上划满血道。"说这话的时候，他的表情有些严肃，仿佛那种生疼生

钟道新与插队时的老房东

疼的感觉至今还在。

海德格尔哲学的深刻之处在于：他使我们对生存现实的认识理解超越了三维空间，进入一个四维的时空。他著名的《存在与时间》，赋予我们一种穿越时间隧洞的眼力。过去以潜在的记忆延伸入现实，而对未来的期待心理，又成为时时闪现于现实的曙光。

海德格尔的重大贡献就是：强调"隐蔽"和不在场的东西对于"敞亮"和在场东西的极端重要性，正是"隐蔽"和不在场的东西，才使得一个存在物的"去蔽"和出场成为可能。

钟道新的人生，为我们构成一个当代生存现实的立体空间。

13. 钟道新处理家庭关系的智慧

钟道新说："一般人他总有个认识的误区：觉得在外面需要人五人六，回到家就原形毕露。其实处理家庭关系更需要智慧，而且是大智慧。要不孔子说，唯女子与小人难养矣。疏离则怨，亲近了，又有恃无恐。真是近不得远不得，分寸不好掌握。"

钟道新向我讲述了他家庭中的两个戏谑情节：

钟道新说："哪个家庭，我想大概也听到过太太这样的论调：'嫁给你亏了！'说这话时，要么是陶醉的不得了，逮了便宜卖乖；要么是有了外遇，放出试探性气球。其实这是一个不能论证的'伪问题'。原因就是这是不可逆的过程，即便离婚再找，人的'市场价格'已经变了。一玩笑，这是夫妻中常见的。我是这样回答我太太：每个人都生活在一个层面，平面的坐标是两个：X、Y，空间的坐标是三个：X、Y、Z，你横向的比就是你同学，你同学中有没有嫁得更好的。纵向比你家族、姐妹里，有没有嫁得更好的。我太太不姓宋么？我借题发挥，比方你们老宋家著名的三姐妹，分别嫁给孙中山、蒋介石、孔祥熙。虽然有差别，但也在同一档次。所以，当 X 和 Y 的数值确定之后，你在坐标系中的位置，也同时被确定。换句话说：你可能嫁得更好一些，也可能嫁得差一些，但出入不会太大！X、Y 就确定了你在坐标轴上的数值。决定了你就是找我这样的人，你好不到哪去，你也差不到哪去。你不会嫁给农民，你也不会嫁给大官。她说亏了，我说不亏，能做出科学的分析。"

钟道新还说:"木匠是学来的,作家学不来。不能学的叫艺术,能学的叫技术。那两年总到广州老丈人家过春节,斗贫嘴多了。老丈人说,他们家下一辈全是女孩,就我家钟小骏一个男孩。他说,你们记住:以后找什么人,也不要找作家,这是一些什么都会说,什么都不会做的人。我说,你说得倒容易,也得找得着才行!你要找一工程师,你就嫁给一技术员,若干年后,他就会顺理成章地变成工程师、高级工程师;你要嫁一处长,你就去找一公务员。只要他不贪污腐败出什么事,他也会成一处长,就算没有实职,也能熬成个'副处级调研员'之类的;可作家就不那么容易找了,你能从一大堆工人、农民中找出一个作家来?那也得火眼识真金。我话一出口,就看他脸上一脸的不屑,我赶紧转弯,我说不好找并不等于好,六个手指头不好找,不等于六个手指头的人就好。这才缓和了一些紧张空气。"

我对钟道新说:"我记不清是你哪篇小说中的语言,好像是《单身贵族》里的话,但这句话给我留下深刻印象:'男人有钱就学坏,女人学坏就有钱。'你现在钱不缺,名气也大,按说你是具备了条件……"

我知道,钟道新在这方面挺干净,从来没传出过什么风言风语。作协的人说,打牌吃饭你叫钟道新,上歌厅洗桑拿甭叫他,一是给你助兴,一是让你扫兴。我听说,有一次几个朋友硬拉钟道新去了歌厅,他是不点小姐不唱歌,光一个人在外边转悠,让人当成是前来卧底的"便衣老公"。

我见过多得是的花心男人,挺想了解柳下惠这类男人的心理。就问钟道新:"你就这么洁身自好,从一而终,对老婆如此忠厚老实?"

钟道新说:"一夫一妻绝对不是人类的需要,包括鸳鸯都不是一夫一妻。这是社会的需要。是社会的一种组织形势,它不是人本身的需要,人肯定不是一夫一妻的。没办法,他大部分人没机会,有条件谁也鸡巴弄。再一个是我家

钟道新全家像

庭情况不一样。我爸在美国呆十年,我妈比我爸年龄还大,别人早离了,我爸这方面挺守旧。多方面因素。这种心呢,谁都有。"

我插话:"你父亲的观念,对你恐怕没什么束缚和影响吧?"

钟道新:"有影响,你比方说你爸总离婚,把这不当回事,你也就会不慎重。另外有一些情感、子女的成分……我玩心也太重,我事太多,我不认识什么女人,我也没那个机会。我走哪儿也一帮人,干点坏事也没机会。嫖娼什么肯定不行,说服不了自己,你说它惹上病什么的,说出来挺丢人的。再一个,老宋这人挺好,她十七岁就入党了。我1972年上电校,1974年毕业分到神头电厂,她当时留校了,不要我,她也跟去了。那时候一片荒草,这些年,风风雨雨不容易。那时候我就没吃过粗粮,我吃不了那玩意儿。她细粮票全给我了。后来有了孩子,她一直吃粗粮。她爸是南下干部。在公安局,也是从小娇惯大的干部子女。她为你付出过,这你就没道理。这家庭的事……你要三十岁离婚就离了,你四十岁、五十岁跟人离婚就没道理么。男人六十岁也行,你只要有钱。你能改了,她不能改,这不公平。"

何东在怀念钟道新的文章中有这样一个细节:

我与钟先生那时住在饭店里,每每神聊到通宵达旦,经常在夜里,房间的电话就会响起,并有怪怪的女声问:"先生需要小姐吗?"

待我挂了电话之后,钟先生问我:"你好这一口嘛?"我摇摇头说:"没这业余爱好。"

钟先生当时很怀疑地看我一眼,问:"不可能一点念想都没有吧?"

我笑笑说:"家门口原来有个很大的桑拿浴,去洗过几次澡。有一晚,坐在大休息室,恰恰看见一群刚刚卸了妆的小姐出来,差点没被吓个半死,又没化妆,披头散发,脸色都让毒品给熏成了灰黑色了,养活孩子不叫养活孩子——吓(下)人!"

钟先生又笑笑说:"不管你是说真话假话,没有就好。有,就真危险得很哪!"

我问:"这话怎么讲?"

钟先生说:"我在一本小说里专门写过这事儿。说有一位女妇科大夫,三十出头才嫁,拿了结婚证当天晚上,丈夫是个实诚人,如实向她交代了,自己之前出差在外曾经两次找过小姐。得!女方一听,什么事儿还没干呢，就赶紧穿好衣服，对丈夫说：你忘了我是干什么职业的了！你要是什么都不告诉我倒也罢了，可你这一说实话，咱们明天就去办离婚！丈夫当时急得又哭又磕头地说：我知道我错了，你就宽恕了我的过去吧！那女的苦笑说：我可以宽恕你一个人。可你知道你身上沾了已经不是一个人呀！丈夫当时满面不解。那女人告诉他：你跟那两个小姐有了染，可那两个小姐一天又得侍候几个男人？那几个男人之前分别又沾过多少小姐？那多少小姐又之前沾过多少男人？所以再沾到你一人身上，可就不是两个女的、几个男的，而是几十人、几百人哪！这事情就害怕认真算账，一细算能吓死人。所以咱们这婚，明天必须得离！"

钟先生如此一番推算，当时听得我目瞪口呆。他说完之后拍拍我肩膀说："注意吧！这年头，洁身自好，不是为别人，就是为了对自己好一点！"

钟道新走后，宋宇明给我讲了这样一个情节："今年他过生日的时候，朋友们一块喝酒，他和别人碰过杯，又走到我面前，说，老宋，咱俩喝一个。一口干完后，他还来了这么一句：今生不够，下辈子还找你。你说他怎么会冒出这么句话来？后来我们那朋友的孩子说，钟伯伯一说这个，我觉得挺不好的，他怎么和阿姨说这个。唉，那家伙聪明着呢，他可能有什么预感，他怎么这种事也有感觉？唉，太不应该了，他真应该去看病，又不是什么要命的病……"说着，宋宇明一直强忍着的眼泪夺眶而出。

宋宇明又说："他这人有时候开起玩笑来满不吝。有一次说，咱俩的姓还姓对了，我姓钟，你姓宋，合起来是个钟宋氏。如果颠倒个，我姓宋，你姓钟，就成宋钟氏了。你说他这话说得多不吉利？"

宋宇明还说："钟道新早在七几年，我俩刚结婚那阵子，就在他的笔记本上记下这样的词：'连就连，咱俩相好定百年，哪个九十七岁死，奈何桥上等三年。'《刘三姐》里的歌词。他走后我翻开又看见了。他还把我的一张照片和他的照片一起夹在写这首歌词的笔记本里。他这个人和人相交，真是用心。那天我去永乐园送他，我说（宋宇明的眼泪一直流淌着，有点泣不成声）……你就等着吧……不许你过奈何桥。奈何桥一过……他就忘了……桥不过他还记得。"

14. 一个智者的思想,盖棺未必能论定

我与钟道新在西客厅的这次最后长谈,此情此景触景生情,让我想起钟道新早期的那篇小说《姓赵的山东人》。

谢泳在《对钟道新及其小说创作的一种理解》一文中写了这样一段文字:

> 在这篇小说中,钟道新通过一个经历坎坷而在现实生活中变得相当练达的"姓赵的山东人"的自我表白,来批评一种处世态度和价值观念。我当时对作家的这种判断很不以为然,因为小说中这位"姓赵的山东人"的言行确实具有他的合理性,但作家却对此采取了一种简单的批评态度。重读这篇小说之后,我改变了自己的想法。读这篇小说,你会发现,作家在述说"姓赵的山东人"时,显得生动自然,而作为批评者的"我"却只采取了一种简单的价值判断。注意到"姓赵的山东人"讲述自己经历时的干练和"我"批评他时的无力,我想,在这里,钟道新大概是要了一个滑头:他是不是在借批评一种价值观的时候,传达一种处世之道?借作品中人物之口叙写自己的胸臆,本是许多作家惯用的手法,正如尼采所说:"一个艺术家所塑造的形象并不就是他自己,然而,他显然怀着挚爱所依恋的形象系列,的确说出了艺术家自己的一点东西。"

有些文章是需要用人生经历去阅读的。通过对钟道新人生经历的了解,返回头再来读钟道新的这篇小说,我有了更深一层的认识:这里正是作家内心矛盾内心斗争的流露。

大概在钟道新的内心深处,实用主义的价值取向和对人生终极意义的拷问,行之有效的关系学和传统道德伦理的判断,物欲的本能冲动和理性的约束克制,本我、自我、超我的层面转换,一直在折磨着"人之初,性本善"的灵魂。

别林斯基在分析哈姆雷特性格的文章中,说过这么一层意思的话:矛盾是深刻的表现。越是深刻的性格,越是智慧的头脑,矛盾与分裂来得愈是强烈。一头驴子是没有矛盾的。

读钟道新的小说,你会感受到一股强烈的时代气息扑面而来,但这里的时

代气息,不是指社会政治生活形成的振荡和转型时期产生的矛盾冲突,而是他作品中涉及到的这个时代最先进的前沿科技。尤其值得注意的是钟道新在表现现代生活时,对科技本身的兴趣甚至妨碍了他对现代科技发展影响下的人们心理、行为、思想、态度做进一步的思考。揭示出现代科技的发展对人性的扭曲和异化。由于对高科技的兴趣过于强烈,使钟道新很难成为一个对社会问题做出干预的改革文学作家。尽管他的作品《权力的界面》、《非常档案》等的主题,都涉及到当代社会中最敏感的领域和出现的问题。

联系到钟道新的人生经历以及他走上创作道路的动机,再来看他的创作,就不难理解他的小说为什么缺乏那种更高意义上的哲学思考。

一个作家在他的作品中达到的思想深度,有时与他思想的深刻与否,并没有必然的因果联系。钟道新的作品本身不够深刻,并不能据此认为作家本人肤浅。钟道新从作品主题的选择,对作品中人际关系的描绘等等,都足以证明钟道新对于当代中国的了解达到了相当的深度。还有一点需要强调:思想到语言的表达,不仅是一个文字功力的问题,还有着弗洛姆所说"社会过滤器"的制约。尤其在我们"天网恢恢,疏而不漏"的社会过滤器的作用下,我们更应该对作家的创作给予充分的理解。

也许可以说,钟道新的创作表现出思想的另一种深刻。

人生苦短,用钟道新的话:"一个逗号一个句号,人生就结束了。"在阅尽人间沧桑之后,曾经沧海难为水,选择"何不潇洒走一回",大概无可厚非。其中充满生存智慧。

司芬克斯那个最著名的谜,就是对人的猜想。认识一个人不容易。

一个智者的思想,盖棺也未必能论定。

钟道新以一个作家的整个人生,为我们提供了一部充满生存智慧的大书。

(首发《良友》丛书第六辑,重登《中国作家》2009 年第 3 期,摘录自《何不潇洒走一回——钟道新的智者人生》一书)

「 **孤独的行走**
　　——诗人潞潞印象记 」

孤独的行走
——诗人潞潞印象记

1. 潞潞拒绝合唱

诗人潞潞在《作为写作者》一文中说:"观察者是穿了隐身衣的,他的眼光不愿与任何人的眼光碰触,他不希望被人打扰也不希望打扰他的观察物。"

诗人潞潞是穿着隐身衣在世间行走,他把自己包裹得很紧,使人"不识庐山真面目"。

潞潞的诗歌是心灵的独白,这种独白的晦涩难解是由于它的多指向性,多指向性又是源自诗人丰富的内心世界。

诗人柴然在《历史的期许》中有这样一个细节的记载:

二十年前某个晚上,七八位诗友聚在诗人雪野家喝酒,酒中的中心话题,即是商量办一本同人油印诗刊。商量好创办方向后,大家开始命名,约一个小时左右——其实已经到了凌晨一点钟,诗人郭克亮出他成竹在胸的底牌:"有别于南京的《他们》,我们可以把刊物叫成《我们》!"郭克的《我们》在那个寒冷的冬夜赢得了大家的心。我们都认为,这确能代表我们这群行走在中国主流创作之外的流浪诗人,我们需要《我们》这样的声音,在我们周边,太黯然沉寂,太死水一潭了。

……记得那一夜,郭克把我们那本从未变成什么东西的东西命名为《我们》,我们为之欢欣鼓舞,庆贺她或者会出炉的碰杯之声,整整响到

诗人潞潞

了天亮,豪饮的诗人们为这一命名全喝醉了。

孤独而又不甘寂寞的诗人,为寻找到"物以类聚人以群分"的"我们"而酒逢知己千杯少了。

面对这个曾让诗人们陶醉的"我们",潞潞却是"众人皆醉我独醒"地在《作为写作者》一文中,做了如此清醒的阐明:

> 最初我们以"我们"出现,却没有看到背后黑压压的一片并不是我们渴望的多数,也许只是群山的投影;"我们"的呼喊和召唤,使节日般的狂欢更加令人沉醉,乌托邦的宫殿在脚底缓缓升起。激情、幻想,如此宝贵而真挚,带着那个时代特有的单纯和朴素。然而,当行刑队的枪声响起,我们不敢想象,其中是否有诗在伴唱?那时候,我们太年轻,现在却已经衰老。

潞潞从"我们"之中发现了"我"。潞潞说:

> 此时,他们才发现对自身是如此迷恋,同时发现了对自身的生疏。他们用"我"来为自己命名,他们的诗句越来越接近真实的声音,即使沉默,也源于个人的灵魂和躯体。他们开始端详自己,一个人的沉静和肃穆是多么美呀!他们不禁为自己过去的夸张感到羞愧,因为那些情绪和行为是不真实的。当他们回到真实才算回到诗歌。

潞潞否定了"我们"的强大阵容。潞潞拒绝合唱,他不情愿南郭先生般地混迹于"滥竽充数"的交响乐当中。潞潞要独唱,要发出区别于"我们"的"这一个"的独立特行的声音。

那个被称之为存在主义先驱的克尔凯郭尔无情地指出:"大众是一个巨大的虚无。""当你是多数人中的一个时,你的自由就失去了。"克尔凯郭尔还说:"全部的秘密就在于特立独行。"唯有保持个体存在的独特性,才不会"泯然众人";唯有特立独行,我们才能游走于人群中而区别于众人。归根到底,人永远是作为个体而存在的。

潞潞的孤独,是一种横空出世天马行空独往独来的孤独;是一种鹤立鸡群曲高和寡孤芳自赏的孤独;也是一种不合群不入俗不看风使舵不随波逐流的孤独。

2. 单数复数中的意识形态

早在共和国之始,关于"我"与"我们"的辨析,已经上升到思想观念的层面,成为文学史上具有象征学意义的一个话题。

1957年9月,共和国第一代诗人郭小川在读者质问他为什么诗中有那么多的"我"时,做了这样一番解释:"我要说明的是:我所用的'我',只不过一个代名词,类如小说中的第一人称,实在不是真的我,诗中所表述,'我'的经历?'我'的思想和情绪,也绝不完全是我自己的。"郭小川的这番话是耐人寻味的。诗人为自己遭受指责所作的辩护,可以代表当时作家们的普遍心态?"我"这一个性化色彩浓厚的词,在当时无异于是"个人主义"思想和情绪的表露,是为创作中的一大忌。正如读者所质问的:"干吗突出你自己呢?"文学作品中的"我",必须是阶级?集体?人民的代名词?在集体这一强大的力量面前,个体必须消失?

在被斯大林首肯为"无产阶级革命诗人"的马雅可夫斯基,在他那热情讴歌的颂诗中,我们看到,在他那里,党、祖国、集体与个人之间有着十分复杂而微妙的纠缠;"我"是突出的,独特的,富于活力的,外在的任何伟大的事物都不至于使之消失。

据爱伦堡回忆,马雅可夫斯基曾这样写道:"我想,让我的祖国了解我,/ 如果我不被了解——/ 那会怎样?! / 那我只得 / 像斜雨一样,/ 从祖国的一旁 /

走过。"

爱伦堡说：在最后发表时，马雅可夫斯基听从了他的两位最亲密的朋友的建议，把这几行诗句删掉了。他可能觉悟到：这样的一个"我"，是与当时的"主旋律"格格不入的。

但是，马雅可夫斯基仍傲然保持了一个诗人的个

1986年青春诗会潞潞与诗友在五台山(左至右翟永明、潞潞、宋琳、车前子、水舟)

性。可以明显地感受到：他诗中的"我"不仅仅是"我们"中的一分子，"我"是具有独立意义的生命个体，是不能随意地加以吞并和整合的。相反，真理只有通过"我"而显现，权力只有通过"我"而具有合法的形象，总之"我"是不容改变的。马雅可夫斯基说："我只有一张面孔，它是脸，而不是风向标。"他永远大胆地幻想着，在幻想中，"我"通行无阻：

无独有偶，被诗歌界称之为最成功地借鉴了马雅可夫斯基"阶梯诗"的我国老一辈诗人贺敬之的颂诗中，"我"作为一个词的利用频率是最高的，从现象上来看，这同马雅可夫斯基很类似；但是实际上，贺敬之的"我"是没有独立性的，就像何其芳说的，"我已经消失在他们里面。"在贺敬之这里，"我"是依附性的，工具性的，只是为了显示党和集体的伟大的存在而存在的。在《放声歌唱》里，我们看到，对于党和祖国来说，作为个人没有任何的保留："假如我有 ／ 一千双手啊，／ 我就献给你 ／ 一千双;// 假如我有 ／ 一万张口啊，／ 我就用 ／ 一万张口 ／ 齐声歌唱！——// 歌唱我们 ／ 伟大的 ／ 壮丽的 ／ 新生的 ／ 祖国！ // 歌唱我们 ／ 伟大的 ／ 光荣的 ／ 正确的 ／ 党!!"

非常明显，贺敬之颂诗中频频出现的"我"，其实是一个复数。无非证明"我"的生命以及所有一切都是被赐予的罢了。正如诗人自我表白的那样；"这是党 ／ 为我们创造的 ／ 不朽的 ／ 生命";"党,／ 使我们这样地 ／ 变成巨人！"在诗中，"我"更多地作为修饰性用语出现，表示一种从属关系；或者就像"我看见"，"我听见"之类一样，只是起到一种中介作用。"我"不是主体，"我"是没有力量的，所以诗人说："我 ／ 永远属于 ／ '我们'：／ 这伟大的 ／ 革命集体！"(此处参阅林

贤治《真假马雅可夫斯基》一文）

在一种意识形态的语境中，"我"自觉自愿地消融于"我们"之中。"我"与"我们"的差别消失了，它们已然水乳交融地合为一体。它超越了创作方式的范畴，而成为一种创作观念。

3. "自我"的迷失，是因为在寻找"自我"

潞潞的内心，像莎士比亚笔下那个忧郁的丹麦王子，无时无刻不充满着矛盾和困惑。

潞潞在《作为写作者》一文中，说了这样一番话：

> 学习写诗的过程，其实就是理解诗歌的过程。70年代末，80年代初，那批朦胧诗人的诗对我影响很大，彻底改变了我对诗歌的看法。但是我在创作上的问题并没有解决，时而模仿北岛，时而学学江河，这使我很惶惑。后来大家都"寻根"，我就写黄土地，写黄河，说我是黄河的儿子，刻意写得深沉、有气势。实际上我心里很痛苦，因为我写的并不是我内心的感受和体验，当有人还在赞美这些诗的时候，我已经开始暗暗背叛它们了。那时候已经能看到一些现当代外国诗歌，尤其是西方现代诗学使我大开眼界。我对波德莱尔极为着迷，他诗中的色彩和细腻感受让我倾心不已。我有几首诗模仿他，但我并不羞愧，我那些诗是次要的，重要的是我在摆脱过去，波德莱尔给了我观察世界的全新的眼睛，我的趣味完全变了。所谓"寻根"的东西使我厌恶，它们太虚假了。我把几乎能看到的外国诗人的诗一股脑儿拿来看，很多不知所云，但不妨碍我先把它们咽下去（当然后来又吐出来不少），我一会儿是唯美主义诗人，一会儿是象征派，一会儿又是超现实主义……简直是一条变色龙。这是我重要的成长时期。

潞潞学诗之初，模仿过郭小川、闻一多、艾青、李瑛以及惠特曼、桑德堡、波德莱尔等中外诗人，后来又学习北岛、江河、芒克、多多等诗人，正是在对许多诗人的模仿中，不断地寻找自我。

早在上世纪80年代初，潞潞就写出了脍炙人口的诗《城市与勇敢的野牛之血》。他最早把诗寄给了《诗刊》，由于潞潞的诗与当年的诗歌主潮不对路子，《诗刊》把他的稿退了回来。潞潞又把《城市与勇敢的野牛之血》投给《人民文学》，韩作荣慧眼识珠，不仅采用了，还发了头条。并且同期有老诗人严辰对此诗进行了评介，严辰对潞潞诗歌中的节奏做了分析。这对当年一个尚默默无闻的青年诗人来说，是史无前例破天荒的。历史已经证明了韩作荣的眼力，潞潞的诗一经问世，马上引来众目关注。同年，谢冕在编《1982年年鉴》"诗歌"部分时，把潞潞当年发表在《青春》杂志的《肩的雕塑》收了进去。这是一个有关"使命与担当"的思索和抒发，但是在形式上和语言上有了创新的突破，与深受"文革"影响的诗歌相比，显得相当"陌生化"。后来，谢冕又为潞潞的第一本诗集《肩的雕塑》写了序言：《黄河诗魂的寻觅》：

  他的诗为我们留下了鲜明的当前诗歌发展的轨迹。我们在当前异常繁复的诗变中，通过潞潞的诗至少可以获得一些它的沿革的大致走向的信息，这在他的代表作《肩的雕塑》有明确的显示。

  ……总体追求上却有了与习见的写实的生活抒情诗迥异。他摒弃了直接的和局部的阐释的和配合的再现，他把现实的和历史的命运加以融会，力图通过油画的效果揭示全民族历史命运的深邃性，以具象的描写与总体暗示的深刻性相结合，揭示黄土地上黄肤色的人民的历史命运。潞潞的创作是

诗人潞潞

从传统的创作观念出发，吸收其长处而又实现了根本性的超越。从现实主义到史诗的过渡用其二者的结合，似乎可以说明他的创作这一阶段的特点和追求。

  具有戏剧性的是，当初退稿的《诗刊》，在编当年的《诗选》时，又把潞潞《城市与勇敢的野牛之血》选了进去。

  然而，潞潞在自己大获赞誉的第一本诗集《肩的雕塑》的"后记"里，却写下这样的话：

我注定不能解开斯芬克斯之谜。

当这本微薄的小书出版之际,我又一次陷入疑惑。我不知道怎样裁决自己。

这是我的悲哀。

那些曾经听命于股掌之上的文字、意象,那些毫不经意流露出的洋洋诗情,那些凭借想象力轻松构筑的意境,竟然变得如此强大,使人奈何不得。

任它们是真实的我或伪装的我;任它们是自然的我或造作的我;任它们是高贵的我或平庸的我;任它们是纯洁的我或龌龊的我;任它们是过去的我或现在的我;任它们是我或非我……

然而,我不能裁决我自己。

有时候我迎着太阳走,有时候我逆着太阳走,有时候我离太阳近,有时候我离太阳远,影子随之而变幻。我的影子是我,我的影子不是我。我不能对影子负责,我不能对我的影子不负责。我喜欢我的影子,我厌恶我的影子。我不认识我的影子,因为不认识自己;我摆脱不了影子,因为摆脱不了太阳。

走近斯芬克斯这头怪兽的时候,太阳已经落山了。影子?影子是什么?

然而,我不能裁决自己。

不!我已经裁决了自己。我的裁决是自信的,我的裁决是自卑的;我的裁决是高尚的,我的裁决是卑贱的;我的裁决是光明的,我的裁决是绝望的;我的裁决是伟大的,我的裁决是渺小的;我的裁决是明智的,我的裁决是愚蠢的;我的裁决是宽容的,我的裁决是残酷的;我的裁决是清晰的,我的裁决是困惑的;一如我自身和我的命运。

"自我"的迷失,是因为在寻找"自我"!

潞潞在《作为写作者》一文中还说:

火焰与海水,诗歌的两大精灵,从来没有被我们同时捕获。它们在两端戏弄并与我们周旋。如同美与丑,当我们在迷恋和憎恨的同时,也混淆了它们。

我问潞潞:"你为什么选取了'火焰与海水'这么两个意象?一面是生命激情

的燃烧,一面是滔天海水的诱惑,一半是海水,一半是火焰。"

潞潞说:"这是一种矛盾的表达吧。这是两个对立的意象,我就是觉得在矛盾中、在互相否定中才会产生诗歌。对于一个诗人来说,困惑也许是必要的,没有这个,你还会思考吗?世界就在矛盾中,没有矛盾这个世界有什么意思,当然诗歌也就消失了。诗歌永远处于两极之中。"

我说:"莎士比亚总是运用矛盾的两极,来创造和刻画他笔下的人物。"

潞潞:"这里边我想说的是,诗人常常不是和外界斗争,它永远和自我斗争。诗人是和自我作斗争的人,一个特别对立的人。诗人在自己的内心中永远充满了冲突。小说家可能在写作过程中,通过故事中的人物得到宣泄得到了释放,得到了自我宽慰。诗人不行,诗人与现实很难均衡。"

潞潞还说:"正是内心的矛盾,形成了诗人想象的张力。当一个诗人内心的矛盾消失了,他与自我的斗争平息了,这个诗人的创作生命也就结束了。"

我说:"你的孤独感还是因为,你不断地在朝前走,力图每走一步,都能够不重复自己,超越自己,这造成了人们认识你的难度。人们刚刚认识了昨天的潞潞,刚要说出口,却突然发现又不是今天的潞潞了。人不可能把脚两次伸进同一条河流,人在变,万物皆流。诗人最怕的就是重复自己。"

潞潞说:"1986年的时候,《诗刊》第六届'青春诗会'在太原召开了,当时比较有影响的诗人,比如翟永明、宋琳、于坚、韩东、车前子、晓桦等都来了。'青春诗会'开会要求每个人拿出二十首诗来,我在开会之前,写了二十首诗。这些诗标志着我的诗歌观念发生了变化。和'野牛之血''肩的雕塑'不同了。前面是气势磅礴的,充满激情的那种。庞德说:诗歌不是情感的宣泄,不是号角。这话对我很有启示。这些诗就写得比较宁静,写得美。但是,《诗刊》当时对所谓'口语'比较感兴趣,我的诗还是不大合他们的胃口。我写诗很少有什么观念、说法,我觉得那些东西多半是蒙人的。"

潞潞在《诗人》一诗中,做了这样的表达:

当人们称他是诗人 / 他似乎有些不知所措 / 虽然很久以来他确实在钻研 / 人们认为的那种事情

二十岁后他知道了更多 / 他学会了争论,和朋友们 / 骑着自行车从一处赶到另一处 / 最初他总是在诗里写进苦难 / 但他并没有真正经历过 / 这个词和他常用的"玫瑰"一样 / 是那个时代文学青年的标

志 / 他醉心于湿漉漉花瓣的意象 / 用年轻的胃生吞活剥《荒原》的象征

没人告诉他诗人的生活是什么 / 就像他辨不出梦中的面孔 / 虚荣和才华他都有一点 / 试图把诗写得纯粹，不含杂质 / 像工匠磨炼手中的技艺 / 他身边有时簇拥着美人 / 却很少看到他写爱情诗 / 他的泪水往往会突然涌出 / 那时他一定在亲近的人中间 / 或者远离他们在最寂寞的地方

他后悔当年写下的一些诗句 / 那些空泛而高调的激情 / 他从成长的阅历中认识了 / 土地上的河流、炊烟和人群 / 只有一种可能他会反抗 / ——当祖国不幸陷入暴政 / 他将像一个真正的烈士去赴死 / 而无须因为诗人获得赦免 / 他觉得灵感已不再重要 / 如同他不在意诗带来的羞辱 / 他对诗歌的意义保持静默 / 正是这种静默使他几近于瘫痪 / 为此他写得既迟疑又少。

我在此并无意对潞潞的诗歌探索做成败得失的判定，那是诗歌界评论界，或者说是文学史的事情。我是欣赏和敬重潞潞身上这种不断探索永无止息的创作精神。人的生命在于运动。诗歌的生命在于求变。

4. "灵魂出窍"和"超越生命"

潞潞说："写出《肩的雕塑》时，赢得了好多朋友的好评；当我写出《携带的花园》时，好多朋友都说，潞潞的诗写得退步了；当我写出《无题》、《一行墨水》的时候，一些人看不懂了。山西诗人张不代就曾发出好意的'规劝'。"

张不代比潞潞年长，后来又做了山西作协的领导。早在上世纪70年代末、80年代初，张不代主持着一个发行量很大的刊物《山西青年》，他亲自主笔，介绍了二十位新时期涌现出来的新星作家，其中就有诗人潞潞。并将潞潞评价为"这一青年诗人群体的领袖"。

然而当潞潞走进"无题时期"时，张不代做出了"扼腕痛惜"的评价。他认为，潞潞从诗歌使命上而言，事与愿违，存在"认识上的'得范'和实践上的'失范'"；从审美价值上来说，南辕北辙，陷入"主观上的'求本'和客观上的'得末'"。

张不代在《关于潞潞》中写道:

我注意到,《潞潞无题诗》的评论者们评论该诗时常常使用到如下四个字:追问生命。此处我也以此四字入题,讨论一下潞潞后期诗歌的得失。(笔者注:此文写于本世纪之初,所以只是截至潞潞的《无题诗》和《一行墨水》为止。)

宇宙是个大深奥,生命是这大深奥中的大深奥,人的生命又是整个生命大深奥中极其大深奥。"人"何其渺小,渺小如微尘,脆弱如虫蚁,在宇宙演进的大规律中,它是宿命的,它永远跳不出"规律"的牢笼;从这种意义上讲,所谓"人定胜天"其实永远是一个天方夜谭的神话。但"人"又何其伟大,它竟能以小小心灵蕴蓄宇宙万物,有感有情有谋有为,在"大规律"的这个"有限"范围之内,它是万物之王,它君临一切,有无限的认识和改造客观世界的进取能力,从这层意义上讲,"人定胜天"又是真理。认识人类本身,认识人的生命奥妙,它的有限性和无限性、它的被动性和能动性,这样去"追问生命",无疑,无论对人类社会的发展还是对人类本身发展都极具意义的。

以潞潞为代表的青年诗人们主动把"追问生命"作为诗歌创作的一个重要母题,这一变化,对于一度曾经轻置"生命"(也即"自我意识")于诗外的中国新诗来说,是一个具有革命性意义的变化。在这点上,潞潞们的功绩无论如何是不能抹杀的。

现在的问题是:追问生命,如何去"追问"?"追问"些什么?

一种,从社会学意义上的追问。此"追问"必然依托着一个重要哲学命题:"生存着的"就是合理的吗?生命的意义到底在哪?那么不管你的回答是明丽的还是灰暗的,是赞美的还是批评的,你都必须面对我们老生常谈的两个字:现实——人类生存状况的历史现实与时代现实。这是因为,用一句诗化的语言来说,生命着的美丽和美丽着的生命,才是人生价值的真正抵达。而要实现这种"抵达",你就必须面对现实,有所褒贬,有所取舍。

另一种,是从生物学意义上的追问。这一"追问",则必须从"人的存在"本身质疑,它要面对的不能不首先是如下一个命题:我到底为何物?我从哪里来,要到哪里去?那么,不管回答是真实的还是虚幻的,它

潞潞与四诗人合影（左至右宋琳、翟永明、李笠、潞潞）

都必须借助"现实"的切入，才具有一种真实的、坚实的意义。否则那回答本身既不属于天籁，也不属于"人"自身，这可能吗？即使"灵魂出窍"，那"灵魂"也须有"窍"才对。而"窍"是什么？就是现实的人和人的现实。

毋庸置疑，人类生存的"现实"，才是人的思想灵魂和想象力的出发地。所谓"脱离现实"从根本上说是办不到的。青年诗人们爱用"超越现实"这一概念，其实这一概念本身就是以"承认现实""正视现实"为前提的……因为我相信，即使潞潞自己也不会是不承认现实的，甚至从心底也承认"现实是不可脱离的"。他的要害是"逃避现实"，是不再正视现实。承认现实，甚至承认现实的不可脱离性，而却又在诗歌创作上不再正视现实，逃避现实——并企图于"现实之外"去实现人生的和诗歌的价值和使命，这就是潞潞后期诗歌创作中始终没法解决的矛盾。

关于对诗歌使命的认定，潞潞有一句犯了哲学逻辑错误，却又是他最真实主张的话——"我深信诗歌的使命是广大的、深远的，而不是某个时代尖利、奇特、哗众取宠的回声"……潞潞反对那种把诗歌当做现实时代现实生活"物质崇拜和市场消费"的功利性、商业性的驱使物,而倡扬诗歌在人本意义上的广大、深远、厚重的内涵,希望诗歌艺术地哲学地以历史眼光把"视野""伸向远方,伸向人类隐秘的心灵"。对于我国当代新诗创作存在的庸俗化倾向,也具有一种现实的匡正的针砭意义。这是对诗歌价值的一种"人格化"的定位与取向。在这种认定前提下,处理诗歌与现实的关系时,采取适当的对现实的"疏离"方式是一种值得肯定的做法。距离产生艺术权威、艺术魅力、艺术高标,也产生对时代现实超越的空间的本质认识的提升。但是,绝不能把这种"距离"方式理解为"隔断"、"脱节"和"屏蔽",理解为如风筝和大地之间那条维系之"线"的断绝。

潞潞后期诗歌采取"拉开距离"方式处理与现实的关系,如果应用得当,就如远距离看山,能够直抵时代与历史"这脉大山"的山姿岭势的大形态大走向,直抵人类生存状态的质地和本质,令诗歌有一种高度抽象化了的历史感命运感,按说这应该是潞潞后期诗歌创作的"大得"。但可惜,我的朋友潞潞却走了极端。他在否定那种"紧贴现实"紧贴到无距离程度、拘泥程度的创作观时,又使他的这种"无距离"方式远到了"漠视现实",甚至对现实"熟视无睹""眼不见为净""割断与现实关联"的地步。或者换句话说,他仅仅把那些具体的人类生存状态当做"背景材料",坚壁清野似的藏进他的"意念深处",而在诗歌作品中却不再出现,甚至不再显露丁点儿时代现实生活的痕迹和韵味,使诗歌如断线的风筝,如游灵,或幽灵。

这种对现实采取的"远距离"之眼抽象关注,"近距离"之眼具象漠视的做法,诚然使诗人避免了那种"近距离""无距离"看山时,因满目枝叶有可能引起的"一叶障目,不见泰山"的弊端,但却使诗歌变成了类似X光透视下的印影一样的东西,除了一些模糊影像外,鲜活生命的一切形象与韵味一概丢失。

潞潞对张不代的"仙人指路"提出了自己的见解:"每个诗人的出身,经历,写诗的背景都不同,有差异是必然的。有时候,人们会以自己的经历和审美来揣摩你,所以,就会得出完全不同的结论。这一点儿都不奇怪。如果大家都写一样的诗,那才是可怕的事情,当然也就没有诗了。"

潞潞还说:"当一个诗人真是太偶然了。我小时候从来没想过当诗人,我出生在军人家庭,周围也没那个氛围。诗歌究竟是什么,应该怎么写,也是一会一个想法,变来变去的。到现在还是挺混沌的,所以也没有被任何固有的东西格式化。虽然我生活在山西,也没有什么山西的'山药蛋'风格,我没有在农村生活过,甚至山西的方言也不会。军队子弟大概是挺特殊的一群。一般人觉得知识分子家庭出身的人有传承,可恰恰这种人不容易写好。写诗和学历也没有什么关系。诗人得有一种特殊禀赋,你有就有,没有就没有,不是学来的。它最接近于生命本真的东西。当然对语言也得敏感,并且有能力使语言获得新的意义。"

张不代误读了潞潞,潞潞的"灵魂出窍"实际上不是张不代所理解的"超越现实的距离",而是一种对生命的超越。

潞潞看似是一个随和的人,实际上内心坚定,有自己的主意,并不随波逐流,人云亦云。尤其在诗歌创作上,他坚持特立独行,不赶时髦,不追随任何"观念",不迎合时代和读者,更不看重这奖那奖,他为自己而写作,从不被他人所左右。

对诗人的误解,源自于我们长时期以来根深蒂固的对诗歌的误解。

5. 孤独的灵魂之旅

孤独的"空谷足音"偶尔也会引出几声回响。知音难寻毕竟还有知音。诗人非默对《潞潞无题诗》如是评说:

这是一本孤独的书。

你越是深入其中,越是感到一种灵魂上的战栗、阴郁和寒冷。这是一个如此幽深、又如此令人不安的世界,它吸引你,同时也排斥你,你一次次地接近、理解,并试图进入,又一次次地被从里面推开。你的心里充满了波动,但你又找不到合适的语言来表达你在这本书里所经历的一切。你沉默时,你面对的这个世界有着清晰的图像;你一旦开口说话,这个世界又迅速地隐去,背景重新变得遥远、模糊。于是,你只能再一次陷入沉默,在静默中让那些遥远的事物一点一点显现,直到清晰可见。这是一个诗意的世界,高居现实之上,它是超验的,抽象的,它拒绝所有可能的经验主义的解释和分析。这个世界充满了象征和隐喻,有着极为神秘的成分,你只能尽力敞开你的心灵,去应合,去感知。

诗人续小强对潞潞如是评说:

潞潞在一个诗歌寂寞的年代里显得更为寂寞,他在一片黄风肆虐的沙漠地带精心营造着自己的诗歌花园。因由地域的偏远,他竟然一度为人们所忘却,成为边缘的边缘,但这并不足以妨害他作为中国一流诗人的理由,也许正因为孤独,在被遗忘的角落,清醒的灵魂意识,孕育了他《无题》的伟大。

这是孤独的灵魂之旅,这是伟大孕育的沉默。

我对潞潞说:"我们在交谈中常常有这种情况:你说你的,他说他的,风马牛不相及。他不关心你在说些什么,更勿论他会从你的言谈中去理解你是怎么想的。最多是俩人的交谈,若即若离打擦边球,总有隔靴搔痒搔不到痒处的感受。这正是西方人对现实生存的感受,每个人都是在荒原上行走的孤魂野鬼。这正是我们人类与生俱来的孤独感的哲学根源。"

潞潞:"对对,我们的谈话哪怕有一点能发生接触,我就觉得很高兴。但大部分时候,我们是退而求其次也不可得。有人以为我孤傲,其实不是那么回事。我很少跟人去打牌,不愿意跟人闲聊天,如果因为这个你说潞潞不合群不随和,不入乡随俗不随波逐流,因此而说潞潞清高傲气,那我也没办法。人该清高的时候也得清高。别管那么多。当然我现在学得比过去通融一点了,圆滑一些了,我不

1990年6月潞潞与周宗奇在晋祠

知道这样是不是失去了一些诗人的东西。你可以练达，但不能油滑。如果你是一个社会油子混世魔王，哪还能写出诗来？"

潞潞写过一首《人群》的诗，从中我们也许可以解读出潞潞更多的心理内容。

　　不会增多，只是重复 / 你为自己从来不认识他们而迷惑 / 哪怕那只眼睛盯了你许久 / 也只有一张面孔 / 那么多肢体摆动着，威胁了你 / 但你无法指认哪一只

　　你分享过他们 / 有如一滴水在大海中间 / 你本是怯懦羸弱的人 / 当大海咆哮着扑向陆地时 / 你莫名地获得了荣誉感 / 偶尔也滋长过野心

　　你有了该有的阅历 / 这阅历给了你镇定 / 像此时你从书架上取下一本旧书 / 慢慢地一页页翻着，是植物图谱 / 从根茎到叶脉到果实 / 你都仔细观察着 / 沉浸在这看似褊狭的趣味中

　　可能已经影响到你的写作 / 你尽量让自己平静下来 / 等窗外的脚步渐渐走散 / 用足够的耐心，一个人呆着 / 往往会很晚，在虚无来临前 / 倾听到内心的声音

　　你不需要帮助 / 你情愿付出这样的代价 / 比起曾经的损耗还是值得 / 这是一种审慎的生活方式 / 有些孤寂和懒散 / 保留了一定程度的疑惑 / 却少了许多纷乱

潞潞说，"波德莱尔有句名言：'不是所有的人都能够在人群里漫游，只有保持着孤独的人才有这种特权，才配享受人群的美味'。"

潞潞说，"波德莱尔还有一句著名的话：'谁不会使孤独充满人群，谁就不会在繁忙的人群中独立存在'。"

诗人潞潞在孤独中行走着。

（首发《人物》2010 年第 7 期）